L'intégralité de votre livre* accessible en ligne

W0330055

Votre livre en ligne :
- un sommaire interactif
- un surlignage en couleurs
- l'ajout de notes personnelles

Pour ACTIVER votre livre en ligne

- Rendez-vous sur www.nathan.fr/livre-en-ligne .
- Créez un compte **Nathan** en suivant les indications en ligne.
- Cliquez sur « Activer un livre », saisissez votre clé d'activation personnelle puis le mot du livre qui vous sera demandé.

Votre clé d'activation personnelle :

AADYMU-8C7-B24G

Pour toute CONNEXION ULTÉRIEURE

Connectez-vous sur www.nathan.fr/livre-en-ligne avec vos identifiants **Nathan**.

IMPORTANT

Votre clé d'activation est unique et personnelle : une fois utilisée, elle ne sera plus valide. Elle offre un accès de 24 mois à compter de la date d'activation. Elle est réservée à un seul utilisateur et ne peut être partagée.
Configuration minimale requise : Internet Explorer 8, Mozilla Firefox 3.4, Chrome, Safari, Opera toutes versions.
Retrouvez les conditions générales d'utilisation sur www.nathan.fr/livre-en-ligne.

*Service disponible à partir du 20/01/2022

Concours Gendarme adjoint volontaire 978-2-09-167450-6

Nathan

INTÉGRER **LA FONCTION PUBLIQUE**

Gendarme adjoint volontaire

Agent de police judiciaire adjoint (GAV APJA) et emploi particulier (GAV EP)

CATÉGORIE C

CONCOURS 2022 2023

Sous la direction de Loïc Valentin
Professeur certifié de lettres modernes
Formateur Greta et prépa ISP
Lauréat du concours de Directeur des services de la Protection Judiciaire de la Jeunesse (PJJ)

Pascal Joly
Préfet

Morad Mekbel
Professeur certifié de lettres-histoire
Formateur Greta

Élisabeth Simonin
Formatrice de mathématiques et logique

Nathan

Sommaire

Responsable éditoriale : Géraldine de Saint Palais
Conception maquette : Marc et Yvette
Conception couverture : Vincent Rioult et Lucas Cholewa
Coordination artistique : Vincent Rioult
Fabrication : Emmanuelle Perrier
Composition : CGI
Photographie : Shutterstock (couverture)

ISBN 978-2-09-167450-6

Présentation générale de la Gendarmerie nationale

- En préparant le concours de recrutement de gendarme adjoint, et en le réussissant, vous décidez de remplir une mission de **service public**. Vous vous ouvrez aussi les portes d'un monde aux multiples facettes. Vous aurez un **large choix d'évolution** dans le métier.
- Voici une **liste des différents métiers de la Gendarmerie nationale** qui vous donnera une idée : gendarme adjoint volontaire (GAV), gendarme (sous-officier de gendarmerie), aspirant de gendarmerie issu du volontariat (AGIV), cavalier de la Garde républicaine, fantassin de la Garde républicaine, gendarme de l'air, gendarme de l'armement, gendarme à cheval, gendarme départemental, gendarme des équipes rapides d'intervention, gendarme du GIGN, gendarme du groupe d'intervention régional, gendarme de l'institut de recherche criminelle de la Gendarmerie nationale, gendarme maître-chien, gendarme maritime, gendarme mobile, gendarme en montagne, gendarme à moto, gendarme motocycliste de la Garde républicaine, gendarme N'Tech, gendarme en peloton d'autoroute (PA), gendarme en peloton spécialisé de la protection de la gendarmerie, gendarme du peloton de surveillance et d'intervention de la gendarmerie, gendarme plongeur, gendarme de la sécurité des armements nucléaires, gendarme spécialisé en systèmes d'information et de communication, gendarme spéléologue, gendarme des transports aériens, gendarme en unité de recherches, officier de police judiciaire, pilote de voiture rapide d'intervention, réserviste de la gendarmerie, technicien d'identification criminelle.
- Découvrez maintenant une courte **vidéo du SIRPA gendarmerie** (service d'information et de relations publiques des armées) pour cerner ces multiples possibilités. L'introduction donne l'information suivante : « être gendarme, c'est avant tout la fierté d'appartenir à une institution utile, forte de son identité et motivée par l'intérêt général ». Flashez le QR Code dans la marge pour accéder à la vidéo.
- Au cours de votre préparation aux différentes épreuves, vous aurez besoin d'avoir un **minimum de connaissances sur l'institution** dans laquelle vous allez entrer. La présentation dans cet ouvrage est dynamique et alterne des connaissances, des QR Codes renvoyant à des vidéos synthétiques et des QCM d'auto-évaluation pour vérifier ce que vous avez retenu.

1. Petite histoire de la gendarmerie

- À l'origine de la gendarmerie, il y avait les **maréchaussées** qui ont été mises en place au moment de la guerre de Cent Ans pour contrôler les débordements des troupes. Leur tâche s'est ensuite étendue aux populations pour assurer la sécurité publique. Ce corps prend le nom de « Gendarmerie nationale » en 1791. La maréchaussée avait auparavant le pouvoir de juger, ce qui n'est plus le cas après 1791. La Gendarmerie nationale acquiert un statut militaire. Elle veille à la sécurité des biens et des personnes partout en France, surtout en zone rurale.

- L'histoire s'apprend et se comprend souvent en images. Regardez cette courte et instructive vidéo sur les maréchaussées en flashant le QR Code dans la marge.

CHRONOLOGIE : LES DATES CLÉS DE L'HISTOIRE DE LA GENDARMERIE

- **1849** : la Garde républicaine est rattachée à la gendarmerie.
- **1852-1870** : augmentation des effectifs de gendarmerie et accent mis sur le caractère militaire. C'est sous cette période que l'on appelle le Second Empire que la gendarmerie se distingue en participant à la guerre de Crimée.
- **1914-1918** : durant la Première Guerre mondiale, la gendarmerie doit assurer le rôle de prévôt (uniquement surveillance et répression), ce qui dégrade temporairement son image car elle était dotée de pouvoirs de justice et de police.
- **1918** : création des forces de gendarmerie mobile. Développement d'unités spécialisées dans de nombreux domaines (police scientifique, maintien de l'ordre, police des frontières…). Les gendarmes reçoivent le rang de sous-officier.
- **1921** : création de pelotons de gendarme mobile qui prennent le nom de Garde républicaine mobile ensuite (GRM).
- **1939-1944** : le travail de la gendarmerie est dirigé par Vichy et l'occupant nazi.
- **Après 1945** : de nombreux gendarmes participent aux guerres de décolonisation en Indochine et en Afrique du Nord.
- **1972** : les femmes peuvent intégrer le corps de la gendarmerie. Création du GIGN.
- **1981** : création de la direction générale de la Gendarmerie nationale.
- **2009** : rattachement de la Gendarmerie nationale au ministère de l'Intérieur avec la Police nationale.
- **2018** : création de la brigade numérique de la gendarmerie. Avec le développement du digital, la gendarmerie a un rôle encore plus important dans le développement de la parole des victimes, et notamment des femmes. Le contact avec la population s'accroît puisque l'on enregistre plus de 700 requêtes par jour.

2. Les principales missions de la gendarmerie

La gendarmerie a une **mission de sécurité publique** et une **mission de police judiciaire**.

A. Une double mission de sécurité publique

- C'est d'abord une mission de sécurité publique générale qui consiste à protéger les biens et les personnes. La gendarmerie a un rôle de police de proximité en province.

- Il y a par ailleurs d'autres missions d'ordre public :
  – la gendarmerie mobile a un devoir de maintien de l'ordre et d'intervention en cas d'émeutes ou de manifestations ;
  – elle participe aux opérations extérieures (ce que l'on appelle les OPEX) et a une mission de protection des ambassades françaises.

B. Une mission de police judiciaire

- La mission de police judiciaire représente l'essentiel des tâches de la gendarmerie. Cela consiste à repérer et traquer toutes les infractions à la loi. C'est aussi rechercher et consigner toutes les preuves pour poursuivre les délinquants. Il faut retenir le rôle majeur de l'IRCGN (Institut de recherche criminelle de la Gendarmerie nationale).
- On peut résumer les missions de la gendarmerie avec le sigle **SERRI** :
  Sécuriser et maintenir l'ordre
  Enquêter et interpeller
  Renseigner et anticiper
  Rassurer et protéger
  Intervenir et défendre
  Flashez le QR Code dans la marge pour découvrir les principales missions de la police judiciaire.

C. L'organisation de la gendarmerie

L'organisation de la gendarmerie est calée sur l'organisation administrative de notre pays. Il y a donc 13 régions de gendarmerie. L'effectif total est composé d'environ 100 000 personnes (civils et militaires).

1 - La direction générale de la Gendarmerie nationale (DGGN)

La DGGN est située à Issy-les-Moulineaux. Le général d'armée Christian Rodriguez en est l'actuel directeur. Il gère trois entités fondamentales :
– **l'inspection générale de la Gendarmerie nationale** (IGGN) ; elle accompagne le directeur dans les décisions importantes. Elle intervient dans des enquêtes administratives et est la garante de la déontologie ;
– **le conseil de la fonction militaire de la gendarmerie** (CFMG) ; c'est un lieu d'échanges avec le ministre de la Défense et le ministre de l'Intérieur ;
– **le centre de planification et de gestion des crises**.

2 - Organigramme de la Gendarmerie nationale

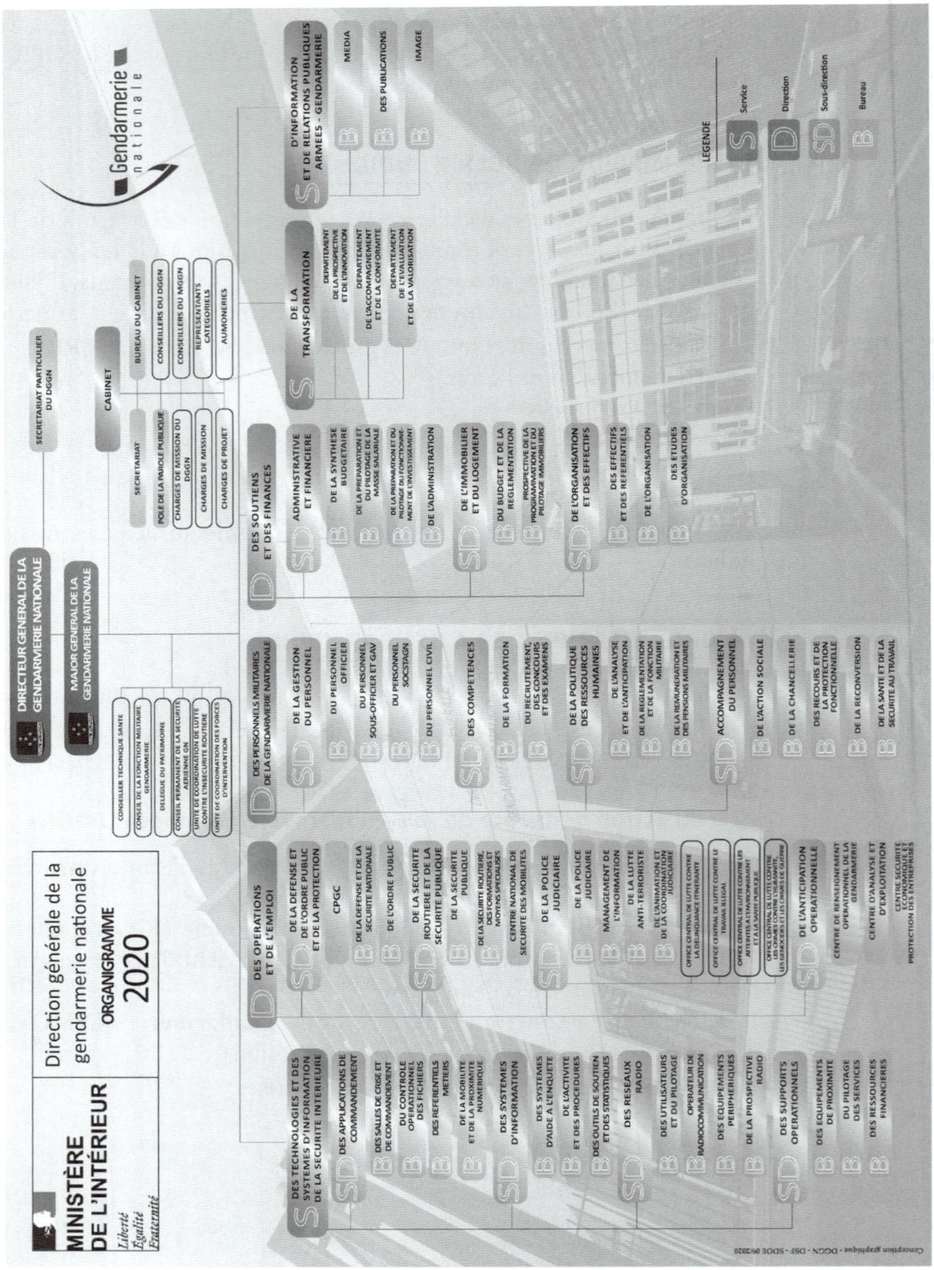

3 - Les différents grades de la gendarmerie

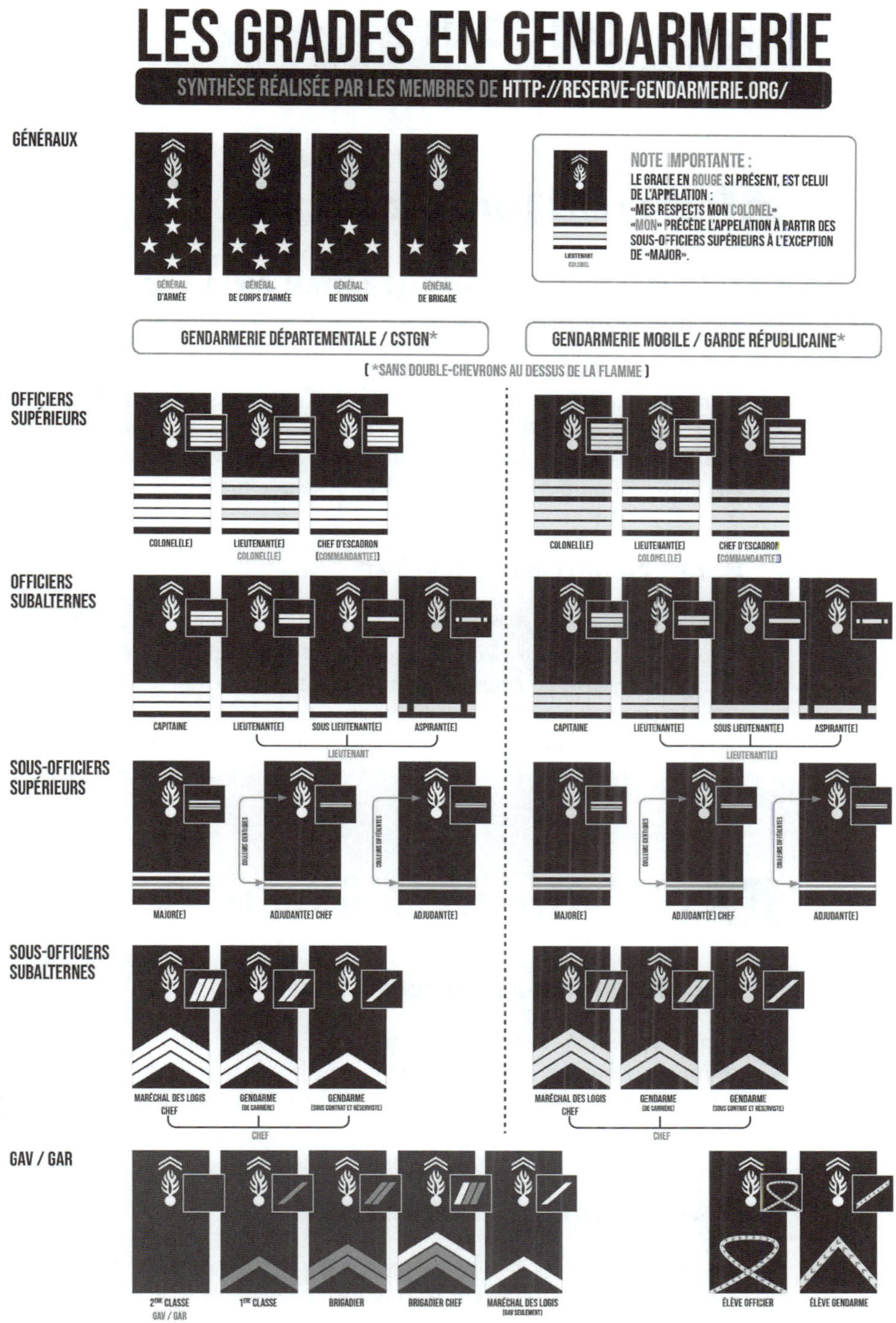

Présentation des épreuves du concours

1. Les conditions d'inscription

A. Les conditions générales (GAV APJA et GAV EP)

Le candidat doit être de nationalité française, son âge doit se situer entre 17 ans et 26 ans au moment du dépôt de la candidature. Il doit avoir effectué la Journée défense et citoyenneté (JDC) ou la Journée d'appel de préparation à la défense (JAPD), un certificat de participation ou un certificat d'exemption est demandé. Il doit être apte physiquement au métier de GAV et jouir de ses droits civiques. Les mineurs doivent fournir une autorisation des détenteurs de l'autorité parentale.

B. Les conditions de diplôme

- Aucun diplôme n'est exigé pour se présenter au concours de GAV APJA.
- Pour le concours de GAV EP, le candidat doit justifier d'une qualification du niveau minimum d'un certificat d'aptitude professionnelle (CAP) et/ou d'une expérience professionnelle en rapport direct avec l'emploi sollicité (sauf pour les emplois de secrétaire, infographiste, assistant-informaticien, électrotechnicien, électronicien pour lesquels le niveau minimum requis est le baccalauréat).

2. Les différentes étapes de la sélection

A. L'inscription au concours

Le recrutement au concours gendarme adjoint volontaire est possible à n'importe quel moment de l'année. Rendez-vous pour cela sur le site https://www.lagendarmerierecrute.fr et cliquez sur l'onglet « inscription ». Vous pourrez alors déposer votre candidature en ligne.

B. Les épreuves de pré-sélection

- À la suite de votre candidature sur Internet, vous serez convoqué dans les semaines qui suivent par un référent recrutement gendarmerie (REF-REC). Ce dernier, qui est souvent un sous-officier de gendarmerie, vous invitera à venir suivre une session d'information et d'entretien dans le centre de sélection le plus proche de votre domicile.

- Cette session comprend deux phases (voir le détail p. 30) :
  – **une phase d'information** destinée à éclairer le candidat dans ses choix d'orientation, articulée autour de la projection d'un **DVD** « le volontariat en gendarmerie ». Ce visionnage est suivi d'un échange entre le référent recrutement et les candidats ;
  – **un entretien individuel de recrutement** avec le référent recrutement.

C. Les épreuves de sélection

Après cette première étape de pré-sélection, vous serez à nouveau convoqué pour une demi-journée d'épreuves de sélection (voir p. 43). Munissez-vous d'une pièce d'identité et de votre convocation.

1 - Les épreuves de GAV APJA

Pour le GAV APJA, les épreuves de sélection sont :
– une épreuve de tests psychotechniques ;
– une épreuve de connaissances générales ;
– une épreuve de compréhension de textes.
– la rédaction sur place et sans modèle d'une lettre de motivation.

2 - Les épreuves de GAV EP

Pour le GAV EP, les épreuves de sélection sont :
– une épreuve de tests psychotechniques ;
– la rédaction sur place et sans modèle d'une lettre de motivation.

3 - L'organisation de la demi-journée

- Vous vous rendez au centre de sélection muni de votre convocation, d'une pièce d'identité en cours de validité, d'une autorisation des détenteurs de l'autorité parentale pour les mineurs et du dossier administratif correctement rempli. Ce dossier vous a été donné avec la seconde convocation (épreuves) ou fourni directement à la fin de la première convocation (session d'information et entretien). Veillez à avoir une trousse bien garnie, une montre ou un chronomètre, de quoi vous restaurer et boire.
- Sur place, vous signez la feuille de présence et vous rendez à la table portant votre nom. Les épreuves commencent, l'ordre varie d'un centre de sélection à l'autre.

3. Le détail des épreuves de sélection

A. Les tests psychotechniques

Les tests psychotechniques du GAV (voir p. 44) sont des **tests de psychologie** visant à vérifier que votre personnalité et votre profil conviennent au métier de GAV. Ce ne sont pas des tests qui vérifient les aptitudes verbales, logiques ou numériques.

Les tests peuvent prendre différentes formes :
– un questionnaire « oui/non » ;
– un questionnaire par degrés « tout à fait d'accord/plutôt d'accord/plutôt pas d'accord/pas du tout d'accord » ;

– un questionnaire où il faut entourer les réponses qui vous correspondent ;
– des phrases à compléter ;
– des associations de mots…

Le test dure 30-40 minutes.

B. Le test de connaissances générales

Le test de connaissances générales (30 minutes) est un questionnaire à choix multiples (QCM) de 100 questions (voir p. 54). Les questions portent principalement sur le français (vocabulaire, orthographe, conjugaison…). Il y a également des questions portant sur le calcul, l'histoire, la géographie, les arts, la littérature, les mathématiques, la santé, les institutions, le sport…

C. Le test de compréhension de textes

Le test de compréhension de textes (40 minutes) propose 15 textes d'une quinzaine de lignes parlant du quotidien d'un gendarme (voir p. 200). Chaque texte est suivi d'un QCM proposant trois réponses pour chaque question : « vrai », « faux », « le texte ne permet pas de savoir ». Il faut lire rapidement, mais consciencieusement, pour répondre à toutes les questions correctement.

D. La lettre de motivation

Lors de votre convocation au centre de sélection régional, vous devrez rédiger une lettre de motivation (voir p. 249). Une feuille blanche sans lignes vous sera donnée et vous disposerez d'une trentaine de minutes pour la rédiger.

4. Après les épreuves

- Les candidats ayant satisfait aux épreuves sont convoqués pour passer une visite d'expertise médicale initiale auprès d'un médecin militaire. Les pièces médicales à fournir sont : le carnet de santé, le carnet de vaccinations, les comptes-rendus d'hospitalisation, radiographies, examen ophtalmologique. De cet examen découlera l'aptitude ou l'inaptitude à rejoindre une école de formation.
- La décision définitive d'autorisation d'engagement (indiquant l'école à rejoindre ainsi que la date) sera notifiée en principe dans les quatre mois suivant le dépôt de la candidature. Elle vous indiquera où télécharger un livret d'accueil. Vous aurez un entretien avec un infirmier lors de l'incorporation. Un médecin militaire peut, si nécessaire, réévaluer votre profil médical ou l'aptitude médicale à servir. Le cas échéant, une consultation auprès d'un médecin spécialiste des armées pourra être nécessaire. Les volontaires déclarés inaptes sont informés de l'annulation de leur contrat de volontariat pour inaptitude physique préexistant à la signature du contrat. La constatation d'une toxicomanie avérée ou décelée par des examens paracliniques est une cause générale d'inaptitude à un volontariat. Le contrat de volontariat est conclu pour une

durée de 2 ans. Il est renouvelable pour une période de 3 ans, puis pour une année supplémentaire. Le contrat comporte une période probatoire de 6 mois, au cours de laquelle vous pouvez le dénoncer à tout moment, sans justification particulière. Cette période peut être renouvelée une fois pour raisons de santé ou insuffisance de formation.

- Écoutez le bref témoignage de Thibault qui a fait un bac ES puis est devenu GAV. Il envisage de passer le concours de sous-officier après cette première expérience. Flashez le QR Code dans la marge.

Présentation de la formation et du métier de GAV

Dans le métier de gendarme volontaire adjoint, deux possibilités s'offrent à vous : **agent de police judiciaire adjoint** (APJA) et **emploi particulier** (EP).

Pour avoir une image concrète du métier et de la différence entre GAV APJA et GAV EP, visionnez la vidéo du lieutenant Hayate Allouch, chef d'un centre de sélection et de concours, en flashant le QR Code dans la marge.

1. Les caractéristiques du métier

A. Le métier de GAV APJA

- Le métier de GAV APJA consiste à seconder les sous-officiers dans quasiment toutes les missions de la gendarmerie au quotidien (protection des personnes, assistance, intervention sur des accidents et des délits en tout genre).
- Il les assiste dans toutes leurs missions quotidiennes qui dépendent de l'unité qu'il a intégrée. Il peut s'agir d'une brigade territoriale, d'un peloton de surveillance et d'intervention sur autoroute ou en montagne, d'unités de gendarmerie spécialisées, de la Garde républicaine, de la gendarmerie départementale, mobile, maritime, de l'armement, de l'air, des transports aériens ou encore de l'outre-mer.
- Un GAV peut aussi intégrer des formations particulières tels que des écoles, des organismes centraux, ou bien des centres administratifs et techniques de la gendarmerie.
- Dans une journée de travail, un volontaire de gendarmerie peut tout aussi bien accueillir les personnes qui se présentent à la brigade ou veiller à la circulation. S'il constate une infraction au Code de la route, il a le pouvoir de dresser un procès-verbal (PV). Il peut également intervenir dans le cadre d'enquêtes judiciaires pour seconder les enquêteurs. Il peut s'agir d'affaires concernant des délits mineurs tels que des vols, mais aussi des affaires de meurtre ou de trafic de stupéfiants.

B. Le métier de GAV EP

- Ce métier est tout indiqué pour les élèves issus de lycée professionnel. En effet, la gendarmerie recherche des profils d'élèves ayant une formation CAP ou BAC PRO. Le bac est requis pour les spécialités suivantes : secrétariat, infographiste, assistant informaticien, électrotechnicien, électronicien. Grâce aux stages en entreprise effectués en lycée, votre expérience est la bienvenue. Il y a aussi les domaines de l'accueil, de la restauration, de la comptabilité…
- Le GAV EP intègre quant à lui un poste lié à ses compétences et à son expérience professionnelle. Il fait partie du corps de soutien technique et administratif (CSTA).

Il peut être amené à s'occuper de l'entretien des espaces verts et des bâtiments, de la maintenance de véhicules, ou à rejoindre des domaines spécialisés comme l'horticulture, la maçonnerie, la menuiserie, la peinture, la plomberie ou la serrurerie.

- On retrouve aussi des métiers dans le secteur du transport (conducteur de véhicules légers, conducteur de poids lourds, magasinier, cariste), de la restauration (serveur, commis de cuisine, barman, boucher, boulanger, charcutier, maître d'hôtel, pâtissier), du secrétariat ou encore de l'électronique.
- D'autres compétences plus variées sont aussi recherchées chez un GAV EP qui peut être assigné au poste de dresseur canin, d'infographiste, de juriste assistant, de coiffeur, de choriste ou encore d'aide-moniteur d'éducation physique. De nombreux domaines d'activité sont représentés.
- Les GAV EP sont affectés au sein d'un état-major. Il peut s'agir d'organismes centraux tels que la direction générale de la Gendarmerie nationale basée à Paris, du centre technique de la Gendarmerie nationale à Rosny-sous-Bois, du centre administratif de la gendarmerie à Le Blanc, d'une région de gendarmerie, d'un groupement de gendarmerie départementale ou mobile, d'une école de gendarmerie, ou encore de la Garde républicaine à Paris.

2. La formation en école de gendarmerie

- À l'issue de la réussite aux tests, les élèves gendarmes adjoints doivent suivre une formation dans l'une des 7 écoles présentes en métropole :
  – Fontainebleau (77) ;
  – Montluçon (03) ;
  – Rochefort (17) ;
  – Tulle (19) ;
  – Châteaulin (29) ;
  – Chaumont (52) ;
  – Dijon (21).
- L'affectation en école s'effectue en fonction de votre domicile dans la mesure du possible.
- La formation est rémunérée, le montant est calculé en fonction du grade et de l'affectation géographique. Vous bénéficiez d'un hébergement gratuit, d'une réduction de 75 % sur le tarif SNCF et de l'affiliation au régime de la sécurité sociale militaire.

A. La formation des GAV APJA

- La **formation initiale** en école dure **13 semaines**. L'enseignement dispensé participe à l'aguerrissement de l'élève en termes de valeurs liées au statut militaire, de discipline, d'engagement physique et de techniques élémentaires.
- Une **formation complémentaire de 12 semaines en unité** consolide les connaissances et les techniques enseignées en école. Le gendarme adjoint est, au cours de cette période, placé sous l'égide d'un tuteur choisi parmi les sous-officiers de gendarmerie les plus expérimentés.

- À l'issue de cette formation, un diplôme de gendarme adjoint APJA est délivré, homologué au niveau V de l'enseignement technologique (équivalent d'un BEP).

B. La formation des GAV EP

- Dès leur admission en gendarmerie, les élèves gendarmes adjoints EP suivent une **formation initiale de 6 semaines** L'enseignement élémentaire dispensé a pour objectif de sensibiliser les élèves à leur environnement professionnel en gendarmerie et de les former au maniement de l'arme de service, à l'emploi des moyens de télécommunications et à la mise en œuvre des techniques d'accueil.
- Une **formation complémentaire de 6 semaines en unité** permet l'adaptation à l'emploi.

3. Après la formation

- La rémunération en sortie d'école est de 824 € nets à laquelle s'ajoute une prime d'alimentation de 224 € et une prime d'activité octroyée sur demande en fonction de votre situation familiale. Le salaire peut évoluer en fonction du lieu d'affectation.
- **Vous vous engagez pour une période maximum de 6 ans.** Le contrat de volontariat est conclu pour une durée de 2 ans. Il est renouvelable pour une période de 3 ans, puis pour une année supplémentaire. Le contrat comporte une **période probatoire de 6 mois**, au cours de laquelle vous pouvez le dénoncer à tout moment sans justification particulière. Cette période peut être renouvelée une fois pour raisons de santé ou insuffisance de formation.
- Vous disposerez de 25 jours de permission pendant la première année, puis de 45 jours par an à partir de la deuxième année. À cela pourront s'ajouter 15 jours de permission complémentaire qui peuvent faire l'objet d'une indemnité compensatrice.

A. Pour les GAV APJA

- Le choix de l'affectation s'effectue en fonction des postes disponibles, du classement à l'issue de la formation et du type d'emploi choisi et de son lieu d'implantation. Il est possible de demander une autre affectation au bout d'un an.
- Le choix peut porter, en fonction des compétences, sur plusieurs types d'affectations : brigades territoriales, pelotons de surveillance et d'intervention, pelotons d'autoroute, pelotons de montagne, groupes à cheval... Au sein de la gendarmerie départementale, de la gendarmerie maritime, de la gendarmerie de l'air, de la gendarmerie des transports aériens, de la gendarmerie de l'armement, de la gendarmerie de l'outre-mer (Guadeloupe, Martinique, Guyane, La Réunion, Polynésie française, Nouvelle-Calédonie, Mayotte), de la Garde républicaine, de la gendarmerie mobile ou des formations particulières (écoles, organismes centraux, centres administratifs ou techniques de la gendarmerie).

B. Pour les GAV EP

- À l'issue de votre scolarité en école, vous serez affecté dans un service dédié aux activités pour lesquelles vous avez été recruté : entretien casernement ; mécanique (maintenance véhicules) ; transport, magasinage ; restauration ; secrétariat, infographie ; assistant informaticien, électrotechnicien, électronicien ; divers (aide-moniteur EPS, archiviste assistant, choriste, coiffeur, linguiste assistant, musicien, réceptionniste ; agent d'accueil et de sécurité).
- L'institution prend en compte votre qualification dans le domaine concerné (niveau BEP et/ou BAC/BAC PRO.) Prenons deux exemples concrets.
  Pour un emploi de GAV EP cuisinier, on vous demandera d'avoir au minimum le CAP cuisine avec pour objectif d'assurer des missions de préparation des repas, de conditionnement et reconditionnement des denrées, ainsi que l'entretien des matériels et fournir de l'aide au service au self.
  Pour un emploi de GAV EP plombier, on vous demandera au minimum votre CAP plombier avec pour objectif d'assurer des missions de travaux de maintenance sur les installations de chauffage et de climatisation, d'identification des pannes et d'entretien des outils et des moyens de production.
- Vous serez affecté au sein d'un état-major : organismes centraux (direction générale de la Gendarmerie nationale à Paris, centre technique de la Gendarmerie nationale à Rosny-sous-Bois, commandement du soutien opérationnel à Le Blanc…), une région de gendarmerie (chef-lieu de région), un groupement de gendarmerie départementale (chef-lieu de département), un groupement de gendarmerie mobile, une école de gendarmerie, la Garde républicaine à Paris.
- Il vous est également possible de déposer une candidature pour les recrutements de sous-officier de gendarmerie ou de sous-officier du corps de soutien technique et administratif sans condition de service si vous êtes bachelier et après un an de service (au 1er janvier du concours ou de la sélection) si vous ne l'êtes pas. Une préparation spécifique vous est proposée.

4. Les qualités et compétences nécessaires pour être GAV

- Pour devenir gendarme adjoint volontaire, il est impératif d'être respectueux des règles, des lois et de la hiérarchie qui caractérisent le domaine militaire. Il faut également être sensible aux problèmes de société et être prêt à s'y dévouer. Le contrôle de soi, la rigueur et la discipline sont d'autres qualités indispensables.
- Une bonne condition physique et un mental d'acier sont deux qualités importantes pour ceux qui exercent sur le terrain. Un GAV doit aussi aimer travailler en équipe et savoir se rendre utile auprès de ses collègues. Pour cela, il doit se montrer polyvalent, patient, empathique et efficace.
- Au cours de leur formation, les futurs GAV sont formés au maniement de leur arme de service, aux techniques d'accueil, et à l'utilisation des moyens de télécommunication.
- Être titulaire du permis de conduire n'est pas obligatoire pour les gendarmes adjoints, même si c'est vivement conseillé.

Ce métier est fait pour vous !

– Parce que vous êtes dynamique.

– Parce que vous avez l'esprit d'équipe.

– Parce que vous recherchez une première expérience professionnelle valorisante.

– Parce que vous êtes curieux et souhaitez découvrir la gendarmerie.

Des témoignages à visionner avec attention

Flashez le premier QR Code dans la marge et écoutez le témoignage de Mélanie, qui a d'abord travaillé dans le domaine de la coiffure après un CAP, puis s'est tournée vers un emploi particulier de GAV dans le secrétariat. Elle est affectée à la gendarmerie de Tulle.

Flashez le deuxième QR Code et regardez le témoignage d'Antoine, affecté en tant que GAV dans le Puy de Dôme et qui est titulaire d'un bac pro usinage. Soyez attentif à ses motivations.

Calendrier de révisions

1. Comment réviser et apprendre ?

- Pour réviser et apprendre efficacement, il est impératif de travailler avec méthode et régularité toutes les matières. Pour cela, suivez les conseils du livre, appuyez-vous sur la proposition de calendrier pour élaborer le vôtre, travaillez au calme, sans musique ou autre distraction.
- Élaborez des objectifs atteignables (temps, quantité de travail…) pour les respecter et tenez-les. Commencez toujours par ce qui vous semble le plus pénible et/ou le plus difficile.

2. Un calendrier de séances de travail

A. Un calendrier évolutif à prolonger

Ce calendrier comporte 14 séances, l'idéal est de réaliser 5 séances par semaine. **Ce calendrier est évolutif, c'est-à-dire qu'il faut le changer et le prolonger en suivant votre avancée dans les révisions** (ne recommencez pas la séance 1 quand vous avez fini la 14e, mais **bâtissez vos séances de travail** 15, 16, 17...). Ce calendrier peut vous servir de point de départ, puisqu'il inclut des travaux qui ne seront réalisés qu'une fois (constitution de la lettre de motivation).

B. La réalisation des tests du livre et du concours blanc

- Réalisez les tests de français, mathématiques, culture générale de cet ouvrage et faites plusieurs fois les exercices. Refaites ces tests dans des séances espacées, jusqu'à ce qu'ils soient parfaits. Dans la collection *Intégrer la fonction publique* des éditions Nathan vous trouverez des exercices d'entraînement idéaux (français, histoire, mathématiques, culture générale…) pour le test de connaissances générales.
- Pour le test de compréhension de textes, comme le précise la présentation de l'épreuve, nous vous conseillons d'abord de réaliser vos propres tests blancs. Lorsque vous en aurez constitué deux, et que vous y auriez répondu, faites ceux du livre.
- Enfin, nous vous conseillons de réaliser le concours blanc (voir p. 263) environ 3 ou 4 semaines avant la demi-journée du concours. Faites-le impérativement dans les conditions les plus proches du concours.

Séances	Travail à réaliser	Temps (minutes)
1	Révision de français (partie conjugaison) Révision de mathématiques (fiche 1) Révision de culture générale (histoire) Constitution d'un 1er autotest de compréhension de textes (2 articles à trouver et 6 questions à inventer)	30 30 30 30
2	Exercices de français (conjugaison) à faire deux fois Exercices de mathématiques (fiche 1) à faire deux fois Exercices de culture générale (histoire) à faire deux fois Constitution d'un 1er autotest de compréhension de textes (2 articles à trouver et 6 questions à inventer)	30 30 30 30
3	Exercices du livre sur la gendarmerie (QCM) Préparation de l'entretien avec le référent recrutement : écrire son parcours et ses motivations… Lecture de la partie du livre : présentation des tests psychotechniques Constitution d'un 1er autotest de compréhension de textes (2 articles à trouver et 6 questions à inventer)	15 30 30 30
4	Révision de français (vocabulaire) Révision de mathématiques (fiche 2) Révision de culture générale (géographie) Constitution d'un 1er autotest de compréhension de textes (2 articles à trouver et 6 questions à inventer)	30 30 30 30
5	Exercices de français (vocabulaire) à faire deux fois Exercices de mathématiques (fiche 2) à faire deux fois Exercices de culture générale (géographie) à faire deux fois Constitution d'un 1er autotest de compréhension de textes (2 articles à trouver et 6 questions à inventer)	30 30 30 30
6	Lecture de la partie lettre de motivation du livre et rédaction de la lettre Constitution d'un 1er autotest de compréhension de textes (2 articles avec 6 questions à inventer)	90 30
7	Révision de français (orthographe lexicale) Révision de culture générale (arts et littérature) Constitution d'un 1er autotest de compréhension de textes (2 articles à trouver et 6 questions à inventer)	60 30 30
8	Exercices de français (orthographe lexicale) à faire deux fois Exercices de culture générale (arts et littérature) à faire deux fois Préparation de l'entretien avec le référent recrutement : présenter à l'oral sans notes son parcours et ses motivations Constitution d'un 1er autotest de compréhension de textes (1 article à trouver et 6 questions à inventer)	60 30 15 15
9	Révision de français (orthographe les homophones) Révision de mathématiques (fiche 3) Révision de culture générale (science) Recopie de votre lettre de motivation de mémoire sur une feuille blanche	30 30 30 30
10	Exercices de français (les homophones) à faire deux fois Exercices de mathématiques (fiche 3) à faire deux fois Exercices de culture générale (science) à faire deux fois Exercices du livre sur la gendarmerie (QCM) Préparation de l'entretien avec le référent recrutement : répondre sans notes à 4 ou 5 questions-types contenues dans le livre du référent recrutement	30 30 30 15 15

11	Réalisation du 1er autotest de compréhension de textes Révision de français (orthographe : mots difficiles à connaître) Révision de mathématiques (fiche 4) Révision de culture générale (actualités)	40 30 30 30
12	Exercices de français (mots difficiles à connaître) à faire deux fois Exercices de mathématiques (fiche 4) à faire deux fois Exercices de culture générale (actualités) à faire deux fois Constitution d'un 2e autotest de compréhension de textes (2 articles à trouver et 6 questions à inventer)	30 30 30 30
13	Révision de français (orthographe les accords) Exercices de français (conjugaison) Préparation de l'entretien avec le référent recrutement : répondre sans notes à 4 ou 5 questions-types contenues dans le livre du référent recrutement Constitution d'un 2e autotest de compréhension de textes (2 articles à trouver et 6 questions à inventer)	30 30 30 30
14	Révision de français (les accords) Révision de mathématiques (fiche 5) Recopie de votre lettre de motivation de mémoire sur une feuille blanche Constitution d'un 2e autotest de compréhension de textes (2 articles à trouver et 6 questions à inventer)	30 30 30 30
15	**À vous de composer vos séances suivantes…**	

Auto-évaluation n° 1

Ce questionnaire à choix multiple a pour objectif d'évaluer ce que vous avez lu et compris dans les pages précédentes.

1 La gendarmerie est rattachée au ministère :

☐ **A.** de la Défense
☐ **B.** de l'Intérieur
☐ **C.** des Armées

2 En 2021, la rémunération mensuelle nette d'un GAV en sortie d'école est de :

☐ **A.** 724 € nets + une prime d'alimentation de 330 € + une prime d'activités octroyée sur demande en fonction de la situation familiale
☐ **B.** 824 € nets + une prime d'alimentation de 425 € + une prime d'activités octroyée sur demande en fonction de la situation familiale
☐ **C.** 824 € nets + une prime d'alimentation de 224 € + une prime d'activités octroyée sur demande en fonction de la situation familiale

3 La maréchaussée avait un rôle de :

☐ **A.** sécurité et de jugement
☐ **B.** mise en demeure et de sécurité
☐ **C.** sécurité et d'emprisonnement

4 Les femmes intègrent la gendarmerie en :

☐ **A.** 1985
☐ **B.** 1972
☐ **C.** 1988

5 La gendarmerie mobile est créée en

☐ **A.** 1925
☐ **B.** 1918
☐ **C.** 1912

6 L'IRCGN est :

☐ **A.** l'institut de recherche criminelle de la Gendarmerie nationale
☐ **B.** l'institut régionalisé de la compagnie des gendarmes nationaux
☐ **C.** l'institut de région criminogène de la Gendarmerie nationale

7 L'âge minimum pour postuler à GAV est :

- ☐ **A.** 18 ans
- ☐ **B.** 17 ans
- ☐ **C.** 20 ans

8 Combien y-a-t-il d'écoles de gendarmerie en France métropolitaine ?

- ☐ **A.** 7
- ☐ **B.** 8
- ☐ **C.** 12

9 L'hébergement est assuré pour :

- ☐ **A.** 6 ans
- ☐ **B.** 12 ans
- ☐ **C.** toute la durée pendant laquelle vous travaillez pour la gendarmerie.

10 En 2021, la direction générale de la Gendarmerie nationale est assurée par :

- ☐ **A.** Christian Garcia
- ☐ **B.** Christian Rodriguez
- ☐ **C.** Christian Gomes

11 Quelle est l'entité que le directeur général de la gendarmerie ne gère pas ?

- ☐ **A.** la DGSE
- ☐ **B.** le centre de planification et de gestion des crises
- ☐ **C.** le conseil de la fonction militaire de la gendarmerie

12 La brigade numérique de la gendarmerie a été créée en :

- ☐ **A.** 2015
- ☐ **B.** 2020
- ☐ **C.** 2018

Corrigé

1 **Réponse : B.**

2 **Réponse : C.**

3 **Réponse : A.**

4 **Réponse : B.**

5 **Réponse : B.**

6 Réponse : A.

7 Réponse : B.

8 Réponse : A.

9 Réponse : C.

10 Réponse : B.

11 Réponse : A.

12 Réponse : C.

Auto-évaluation n° 2

Le test ci-dessous vous permettra de mieux connaître le métier de gendarme adjoint volontaire et la gendarmerie. Refaites-le régulièrement jusqu'à mémoriser les informations. Ces connaissances seront utiles pour l'entretien individuel avec le référent recrutement, elles attesteront de votre movtivation et de votre sérieux.

Plusieurs bonnes réponses sont possibles.

1 Le contrat d'un gendarme adjoint volontaire (GAV) est un contrat :

- ☐ **A.** de 6 ans maximum
- ☐ **B.** de 7 ans maximum
- ☐ **C.** de 4 ans maximum

2 Les possibilités d'évolution pour un GAV sont :

- ☐ **A.** un accompagnement vers une carrière en gendarmerie (concours sous-officier en interne)
- ☐ **B.** l'obtention d'un CDI en gendarmerie
- ☐ **C.** l'obtention du CDI pour la Police nationale

3 Les trois forces de police qui cohabitent en France sont :

- ☐ **A.** la gendarmerie, la Police nationale, la police municipale
- ☐ **B.** la gendarmerie, la police, l'armée
- ☐ **C.** la gendarmerie, la police, la sécurité civile

4 La gendarmerie est chargée de la sécurité publique :

- ☐ **A.** dans les agglomérations de plus de 20 000 habitants
- ☐ **B.** dans les villes de moins de 20 000 habitants et sur le reste du territoire
- ☐ **C.** dans les villes de moins de 10 000 habitants et sur le reste du territoire

5 Un GAV APJA peut participer à des missions opérationnelles :

- ☐ **A.** de sécurisation, de police judiciaire
- ☐ **B.** de prévention
- ☐ **C.** de sécurité routière

6 La zone de compétence de la gendarmerie se nomme :

- ☐ **A.** zone prioritaire de gendarmerie (ZPG)
- ☐ **B.** zone Gendarmerie nationale (ZGN)
- ☐ **C.** zone gendarmerie d'État (ZGE)

7 Un GAV EP travaille principalement :

- ☐ **A.** dans des missions de coordination avec la Police nationale
- ☐ **B.** dans des missions opérationnelles de gendarmerie
- ☐ **C.** dans le soutien technique et administratif

8 En 2021, la zone de compétences de la gendarmerie représente :

- ☐ **A.** 48 % de la population et 84 % de la superficie de la France
- ☐ **B.** 35 % de la population et 90 % de la superficie de la France
- ☐ **C.** 51 % de la population et 96 % de la superficie de la France

9 La formation initiale en école de GAV APJA est de :

- ☐ **A.** 24 semaines
- ☐ **B.** 13 semaines
- ☐ **C.** 8 semaines

10 La formation initiale en école de GAV EP est de :

- ☐ **A.** 13 semaines
- ☐ **B.** 6 semaines
- ☐ **C.** 8 semaines

11 L'effectif de la gendarmerie comporte :

- ☐ **A.** environ 100 000 personnels civils et militaires
- ☐ **B.** environ 250 000 personnels civils et militaires
- ☐ **C.** environ 150 000 personnels civils et militaires

12 Un GAV APJA seconde dans les missions de gendarmerie :

- ☐ **A.** les officiers
- ☐ **B.** les sous-officiers
- ☐ **C.** les réservistes de la gendarmerie

13 Un GAV EP met ses compétences au service

- ☐ **A.** des unités opérationnelles dans le soutien administratif et technique
- ☐ **B.** des officiers
- ☐ **C.** du ministère des Armées

14 En 2021, le budget de la Gendarmerie nationale est d'environ

- ☐ **A.** 4 milliards d'euros
- ☐ **B.** 12,5 milliards d'euros
- ☐ **C.** 9,5 milliards d'euros

15 Un GAV peut se loger en dehors de la caserne :

- ☐ **A.** vrai
- ☐ **B.** faux
- ☐ **C.** jamais durant sa période de formation en école, puis seulement avec l'autorisation de sa hiérarchie après son affectation en unité

16 Pour les gendarmes :

- ☐ **A.** le droit de grève est interdit
- ☐ **B.** la représentation syndicale est interdite
- ☐ **C.** le devoir de réserve est valable, même à la retraite

17 Un GAV :

- ☐ **A.** travaille 5 jours par semaine, a 25 jours de vacances annuelles et 15 jours de permission
- ☐ **B.** peut faire des heures supplémentaires, travailler de nuit, les jours fériés, les week-ends
- ☐ **C.** a un emploi du temps annualisé

Corrigé

1 **Réponse : A.**

2 **Réponse : A.**

3 **Réponse : A.**

4 **Réponse : B.**

5 **Réponses : A, B et C.**

6 **Réponse : B.**

7 **Réponse : C.**

8 **Réponse : C.**

9 **Réponse : B.**

10 **Réponse : B.**

11 **Réponse : A.**

12 **Réponse : B.**

13 **Réponse : A.**

14 **Réponse : C.**

15 **Réponse : C.**

16 **Réponses : A, B et C.**

17 **Réponses : A et B.**

LES ÉPREUVES DE PRÉ-SÉLECTION

La session d'information

L'entretien avec le référent recrutement

Présentation des épreuves de pré-sélection

- Environ un mois après que vous avez déposé et validé votre dossier de candidature sur le site www.lagendarmerierecrute.fr, vous serez convoqué par un référent recrutement (REF-REC) de la gendarmerie de votre département. Il s'agit souvent d'un sous-officier de la gendarmerie qui vous invitera à vous rendre dans une unité de gendarmerie pour une réunion en deux temps :
  – une **session d'information** (20 minutes de visionnage d'un DVD et 20 à 40 minutes de questions/réponses) ;
  – un **entretien individuel** avec le référent recrutement.
- Les pièces à présenter lors de la session d'information et d'entretien sont les suivantes :
  – la carte nationale d'identité ;
  – les diplômes scolaires, professionnels, sportifs et culturels ;
  – les diplômes, brevets et certificats militaires ;
  – les permis de conduire civils et militaires ;
  – le certificat de participation à la journée défense citoyenneté ;
  – la fiche de renseignements administratifs (préalablement imprimée et complétée) ;
  – l'autorisation du représentant légal pour les mineurs ;
  – un état signalétique et des services pour les militaires ou ex-militaires.

1. La session d'information

A. Le visionnage du DVD

Lors de la session d'information, vous visionnerez pendant 20 minutes un DVD vous présentant les multiples facettes du métier de gendarme. Ces informations vous seront ensuite utiles pour l'entretien individuel de recrutement.

B. L'échange de questions/réponses

Après avoir visionné le DVD, vous aurez un échange libre de 20-40 minutes avec un référent.

C. Entraînez-vous !

Nous vous proposons de regarder la vidéo suivante dont le contenu est similaire à celui de la session d'information à laquelle vous assisterez. N'hésitez pas à la visionner plusieurs fois. Flashez le QR Code dans la marge.

L'adjudant Canet, adjoint du chef de la gendarmerie de Caen, et l'adjudante Mahé de réserve répondent aux questions que se posent les aspirants GAV. Une fois que vous aurez visionné la vidéo, répondez aux questions suivantes.

1. Quel est le rôle général du GAV et quels sont les aspects généraux du métier ?
2. Pourquoi le sport est-il important dans le métier ?
3. Comment fonctionne la réserve citoyenne ?
4. Quelle est la place des femmes dans la gendarmerie ?
5. Quelle est la différence entre la police et la gendarmerie ?
6. Comment peut-on résumer l'esprit de la gendarmerie ?

Corrigé

1 Quel est le rôle général du GAV et quels sont les aspects généraux du métier ?

Le rôle du GAV est de seconder un supérieur dans de nombreuses tâches variées. C'est un véritable tremplin pour découvrir le métier de gendarme et évoluer en interne.

La formation est rémunérée au moment de l'entrée en internat. Le GAV est logé sur place, gratuitement, en caserne, ce qui représente un avantage financier indéniable. En contrepartie, une grande disponibilité est demandée. Il y a en effet des jours d'astreinte qui représentent environ un tiers du temps travaillé. Cependant, le GAV peut avoir une vie privée durant laquelle il rencontre ses voisins qui sont aussi ses collègues. Il évolue dans un espace de vie sécurisé pour lui-même et ses enfants. Il a aussi des permissions. Le gendarme possède une réduction de 75 % sur tout le réseau ferré de France.

Si l'on prend l'exemple de la carrière de l'adjudant Canet, il a d'abord été gendarme mobile (GM) durant 6 ans (l'équivalent des CRS). Il a été attiré par la fonction car le métier est très dynamique. La GM vit en fonction de l'actualité, on peut être appelé n'importe où sur le territoire national ou l'outre-mer. Il a ensuite intégré une brigade départementale pour avoir un peu plus de stabilité.

Le gendarme peut aussi être appelé en opérations extérieures (OPEX) car il a un statut militaire. Il a une mission de prévôté, c'est-à-dire de police militaire.

Avec les multiples possibilités d'évolution, il y a un réel ascenseur social dans la Gendarmerie nationale. Elle a trois grands domaines : la gendarmerie mobile, la gendarmerie républicaine et la gendarmerie départementale.

2 Pourquoi le sport est-il important dans le métier ?

Le sport est important dans le métier car si l'on prend par exemple le poste d'emploi particulier, si un GAV est affecté à des tâches administratives 80 % du temps, il peut être appelé le reste de son temps de travail à des missions d'accueil et de sécurité. Au cours de celles-ci, il est équipé de son arme et d'un gilet par balles et peut être amené à réagir rapidement face à une situation d'urgence.

3 Comment fonctionne la réserve citoyenne ?

Il y a deux types de réserve citoyenne. La première est composée de citoyens bénévoles qui possèdent une technicité particulière au service de la gendarmerie (professeur de langue, biologiste…).

Il ne faut pas la confondre avec les réservistes de la gendarmerie qui font partie de la réserve opérationnelle et qui viennent ponctuellement renforcer les besoins des brigades. Ils sont rémunérés à la journée. Ainsi, l'adjudante Mahé dans la vidéo que vous avez visionnée est réserviste et s'est rendue disponible pour le salon d'information pour les métiers de la gendarmerie. Cette réserve opérationnelle doit se tenir disponible au moins cinq jours par an.

4 Quelle est la place des femmes dans la gendarmerie ?
Les femmes ont tardivement été acceptées dans la gendarmerie. L'institution entend rattraper son retard. Il y a environ 21 % de femmes dans les effectifs de la gendarmerie. Elles ont un rôle important car la mixité dans les patrouilles apporte une vision positive auprès de la population. De plus, les fouilles en intervention auprès des femmes doivent être pratiquées par des femmes.

5 Quelle est la différence entre la police et la gendarmerie ?
La police et la gendarmerie ont la même finalité globale : faire respecter les lois. La différence essentielle réside dans le statut : le gendarme a un statut militaire et le policier est un fonctionnaire. Le policier est affecté dans les grands centres urbains, ce qui représente en métropole environ 4 % du territoire. En revanche, le gendarme évolue en zone rurale et sur les littoraux. En fonction des délits à traiter, l'enquête est prise en charge soit par la police, soit par la gendarmerie, en fonction de la zone où est survenue l'affaire.

6 Comment peut-on résumer l'esprit de la gendarmerie ?
L'esprit de la gendarmerie se résume dans l'envie d'être utile à la population. La motivation essentielle est d'aider. Le travail en équipe, les responsabilités, le contact étroit avec la population définissent le métier. La gendarmerie est une force humaine et plurielle de par la variété des fonctions auxquelles peuvent postuler les gendarmes tout au long de leur carrière.
Le métier de gendarme engage toute la famille. La gendarmerie possède une image positive auprès de la population.

2. L'entretien individuel avec le référent recrutement REF-REC

L'entretien individuel entre le candidat et le REF-REC n'est pas officiellement une épreuve de sélection, pourtant ce rendez-vous est primordial. Il faut le préparer avec sérieux, afin de ne pas être désarçonné et donner l'impression au REF-REC que vous êtes là par hasard, ou que la gendarmerie est un choix par défaut. Le REF-REC vérifie que vous connaissez les exigences et les obligations du concours.

A. Les thèmes de l'entretien individuel

L'entretien individuel porte sur ces principaux thèmes :
– votre parcours (professionnel, scolaire, personnel) ;
– votre projet professionnel ;
– votre personnalité ;
– vos motivations ;
– vos connaissances sur la gendarmerie et sur le métier de GAV ;
– éventuellement des mises en situation de cas pratiques.

B. Exemples de questions, de demandes et de cas pratiques

Quel(s) diplôme(s) avez-vous obtenu(s) ? Présentez votre parcours scolaire. Appréciez-vous le travail en équipe ? Parlez du métier de GAV. Si vous êtes retenu, comptez-vous poursuivre votre carrière dans la gendarmerie après votre contrat de GAV ? Pourquoi avez-vous choisi la gendarmerie plutôt que la police ? Quel est le statut d'un gendarme ? Pour quel ministère allez-vous travailler ? Avez-vous des passions ? Pourquoi souhaitez-vous rejoindre la gendarmerie ? Que pensez-vous de l'armée en général ? Avez-vous des problèmes avec l'autorité ? Est-ce que vous vous définissez comme un leader ou comme un suiveur ? Si vous êtes reçu au concours, que se passe-t-il ensuite ? Combien de temps durent la formation et le contrat d'un GAV ? Vous êtes GAV, votre supérieur vous demande de récupérer un colis pour sa fille à La Poste, que faites-vous ? Vous êtes GAV en mission d'accueil du public, un homme ivre entre et vous insulte, que faites-vous ?

C. Préparer l'entretien

- Pour préparer l'entretien, il faut consulter assidument et régulièrement le site **www.lagendarmerierecrute.fr**. Vous y trouverez de nombreuses informations, et vous pourrez vous imprégner de l'esprit, des valeurs de la gendarmerie. Il convient également de connaître parfaitement les missions d'un GAV, les aptitudes nécessaires et le déroulé de la formation.
- Vous devez également être capable de présenter votre parcours, vos motivations, votre projet. Pour cela, il faut vous préparer, puis répéter en donnant des exemples concrets. Vous devez vous entraîner à penser comme un GAV, en vous projetant dans votre futur métier.

Conseils méthodologiques pour réussir à l'oral

En préambule, il est fondamental de comprendre que la prise de parole est essentiellement constituée d'éléments « non verbaux ». Qu'est-ce que cela veut dire ? Tout simplement que vos gestes, votre façon de vous mouvoir et votre regard parlent pour vous et disent beaucoup de choses de vous.

1. Comment vous habiller ?

- Le premier contact avec le jury est un contact visuel. Vous devez faire bonne impression. C'est la raison pour laquelle vous devez soigner votre présentation physique.
- Ne vous présentez pas dans une tenue négligée (comme une tenue de sport par exemple), ni dans une tenue trop chic (vous ne vous rendez pas à un mariage ou en soirée). Gardez en tête qu'un futur gendarme volontaire adjoint est appelé à porter un uniforme.
- Une tenue adéquate serait pour un homme : un pantalon à pince avec une chemise et des chaussures de ville, pour une femme : un pantalon de ville avec un chemisier ou un tailleur jupe.
- Un autre détail d'importance : choisissez des couleurs sobres, pas d'excentricité dans ce domaine.

2. Quelle posture adopter ?

- Avant de vous asseoir, attendez que l'on vous y invite ! Une fois assis, tenez-vous droit, sans être rigide. Sachez qu'une personne qui se tient naturellement droite et qui sait gérer la position de son corps dans son ensemble, et de ses membres en particulier, est une personne sportive. En effet, la position droite du tronc est étroitement liée à la ceinture abdominale et aux dorsaux. Dites-vous que lorsque vous faites du sport, vous préparez ainsi indirectement votre entretien !
- Évitez d'avoir des gestes parasites avec vos mains (comme vous toucher sans cesse les cheveux ou vous gratter le visage) et vos jambes (ne secouez pas vos jambes nerveusement). Ne croisez pas les bras, cela pourrait être perçu comme un bouclier face au jury. L'utilisation raisonnable des mains est normale pour accompagner vos propos. Il est compréhensible d'avoir le trac mais pensez à votre respiration peu de temps avant d'entrer dans la salle d'entretien. Posez votre main sur le ventre pour sentir et accompagner vos inspirations et expirations. Détendez-vous, tout va bien se passer. Prendre la parole en public n'est pas forcément évident mais ça n'est pas non plus insurmontable.

3. Apprendre à écouter pour bien répondre

A. Entrainez-vous à reformuler

Entrainez-vous à reformuler les questions que l'on vous pose, cela va vous aidera à être bien attentifs aux propos employés par le jury. Le travail de reformulation des questions peut prendre trois aspects :
– soit vous reformulez la question dans votre tête avec vos mots à vous ;
– soit vous reformulez la question à haute voix. Exemple, si le jury vous pose la question suivante : « Expliquez-nous rapidement ce que vous savez sur la déontologie du métier de gendarme », dites par exemple : « Vous me demandez de vous parler de la déontologie dans le métier de gendarme. » Ainsi, vous prendrez conscience du mot-clé « déontologie » et ne détaillerez pas toutes les missions du gendarme ;
– soit vous ne saisissez pas la nature de ce qui vous est demandé, dans ce cas, n'hésitez pas à demander au jury de reformuler son questionnement. Ne faites pas jamais semblant d'avoir compris !

B. Bien écouter, ça s'apprend !

- Entrainez-vous à écouter. Dans la vie quotidienne, les gens arrivent rarement à écouter vraiment leur interlocuteur car ils sont trop souvent centrés sur eux-mêmes et souhaitent monopoliser la parole.
- Un bon exercice : choisissez une personne de votre entourage que vous côtoyez régulièrement et faites l'effort d'adopter une attitude d'écoute active. Abstenez-vous le plus possible de parler et essayez de cerner la totalité des propos de celui qui s'adresse à vous. Vous devriez être surpris de ce qui vous échappe en temps normal. Par ailleurs, gardez à l'esprit que développer cette qualité est nécessaire dans votre futur métier (comprendre les ordres venant de votre hiérarchie, savoir écouter les victimes…).

4. Le regard et la voix

A. Le regard

Le jury peut être composé de plusieurs personnes. Adressez-vous à chaque membre du jury. Ne fuyez pas le regard de vos interlocuteurs et essayez régulièrement de les garder dans votre champ visuel, même si certains ne vous regardent pas ou paraissent être inattentifs à ce que vous dites.

B. La voix

- La voix représente un paramètre important. Prenez en compte son volume, son rythme et son intonation. Le volume de votre voix ne doit être ni trop élevé ni trop faible. On doit vous entendre clairement. Varier l'intonation évite la monotonie et permet d'insister sur certains mots. Les candidats qui parlent à voix basse ne sont généralement pas sûrs de ce qu'ils disent et ceux qui parlent trop fort peuvent donner la désagréable impression d'être trop sûrs d'eux.
- Par ailleurs, le rythme auquel vous parlez est fondamental. Ayez conscience de votre débit. Variez-le, non seulement pour soutenir l'intérêt de ceux qui vous écoutent mais également pour mettre l'accent sur des éléments de votre propos. Pour ce dernier aspect, votre intonation jouera un rôle certain. C'est effectivement dans ces moments-là que vous pouvez hausser votre voix pour insister sur quelque chose d'important.

10 questions possibles durant l'entretien

Soyez le plus authentique possible lors de cet entretien. L'institution ne cherche pas un candidat parfait mais motivé. La durée moyenne de l'entretien est de 15 à 20 minutes.

Nous vous proposons ci-après les 10 questions que l'on peut vous poser durant l'entretien. Bien sûr, les propositions de réponses devront être adaptées en fonction de votre profil et de votre réflexion préalable.

1. Pourquoi choisir d'entrer dans la gendarmerie plutôt que dans la police ou l'armée ?

- **Ce que vous devez expliquer :** insistez sur l'aspect militaire du métier de gendarme et sa fonction essentielle en milieu rural, dans les zones périurbaines et les petites et moyennes communes. Le policier est un fonctionnaire assermenté. L'armée est également un corps à part entière. Insistez sur la déontologie du métier, le terme est important, il s'agit des responsabilités du gendarme.
- **Ce que vous devez éviter :** découvrir le jour de l'oral les différences fondamentales entre la police, l'armée et la gendarmerie. Dire que la gendarmerie serait plus « stricte » que la police serait aussi une erreur.

2. Que connaissez-vous du monde de la gendarmerie et des missions du gendarme ?

- **Ce que vous devez expliquer :** ayez en tête de manière synthétique les grandes lignes de l'histoire de la gendarmerie (voir p. 6). Reprenez les éléments déjà vus pour vous faire une fiche des missions du gendarme.

  Voici une liste non exhaustive des missions du gendarme qui peut servir à alimenter une réponse personnalisée : rassurer, protéger, contrôler des véhicules, patrouiller de nuit, avoir un contact étroit avec la population et les élus, prévenir des risques, lutter contre l'insécurité routière, protéger des personnes et des biens, aider et secourir, assister les personnes, enquêter et interpeller, participer à des enquêtes judiciaires, travailler dans la police technique et scientifique, rechercher des preuves, faire des investigations subaquatiques, mener des enquêtes et des filatures, lutter contre les trafics en tout genre (drogue, médicaments, armes), lutter contre la cybercriminalité, lutter contre le crime organisé, sécuriser et maintenir l'ordre, transporter des matières sensibles, faire des investigations NRBC (Nucléaire, Radiologique, Biologique,

Chimique), venir en appui de l'opérationnel, faire de la surveillance aérienne, surveiller des centrales nucléaires, assurer la sûreté aéroportuaire, surveiller des flux, intervenir et défendre, lutter contre l'orpaillage illégal à l'outre-mer, travailler dans le GIGN (Groupe d'Intervention de la Gendarmerie Nationale) , faire des interventions extérieures (formation des forces extérieures étrangères)...

- **Ce que vous devez éviter :** ne soyez pas évasif au sujet des missions du gendarme. On ne vous demande pas de connaitre par cœur la liste des 33 métiers possibles dans la gendarmerie mais de connaître les grands domaines d'intervention.

3. Comment s'est déroulée votre enfance ? Quels sont les rapports que vous avez eus avec vos parents ?

- **Ce que vous devez expliquer :** essayez d'être honnête. Cette question a pour objectif d'évaluer votre rapport à l'autorité. Si vous avez été un adolescent plutôt turbulent, vous pouvez expliquer que votre présence devant un recruteur est le signe que vous avez mûri. L'âge de l'adolescence est une période de transition. Idem pour l'enfance. Si vous êtes issu d'une famille monoparentale ou recomposée, ce n'est aucunement rédhibitoire. Montrez que vous avez su vous construire et être résilient face aux difficultés.
- **Ce que vous devez éviter :** ne montrez pas que vous êtes dans une situation conflictuelle avec vos parents ou que vous en voulez encore à ceux-ci pour des injustices vécues dans votre enfance. La vie en caserne en gendarmerie est comme une vie de famille. Il n'est pas bon de constater que quelqu'un qui veut intégrer un corps militaire n'a pas « digéré » et ne réussit pas à gérer des blessures d'enfance.

4. Quelles sont vos activités extrascolaires ? Faites-vous du sport ?

- **Ce que vous devez expliquer :** montrez que vous êtes quelqu'un d'actif et que vous avez des centres d'intérêt. L'importance du sport a été expliquée plus haut.
- **Ce que vous devez éviter :** ne dites pas que vous n'aimez pas l'activité physique. C'est totalement rédhibitoire.

5. Vous présentez le concours GAV EP. Quelles expériences avez-vous eues ? En quoi peuvent-elles être utiles pour un futur métier de GAV ?

- **Ce que vous devez expliquer :** pour les anciens élèves ayant suivi un bac professionnel ou pour d'autres postulants ayant déjà travaillé dans les secteurs qui intéressent la gendarmerie, mettez en avant vos périodes de formation en entreprise et/ou vos expériences professionnelles. En effet, si on prend l'exemple du bac professionnel « services », vous avez été en contact avec du public. Vous avez donc été formé pour gérer une relation avec l'autre. Vous pouvez aussi valoriser votre relation avec des clients dans le cas de l'obtention d'un bac professionnel « commerce », notamment la gestion du conflit en entreprise. Quelle que soit la nature du diplôme en phase avec les besoins de la gendarmerie, réfléchissez aux termes suivants que vous pouvez mettre en valeur : organisation, rigueur, contact humain.
- **Ce que vous devez éviter :** réfléchissez préalablement aux adjectifs qui qualifient le mieux la fonction à laquelle vous vous destinez dans la gendarmerie.

6. Donnez trois adjectifs qui caractérisent votre personnalité et expliquez pourquoi ils vous correspondent.

- **Ce que vous devez expliquer :** c'est une question classique de recrutement. Réfléchissez en amont à des adjectifs qui vous qualifient et vous mettent en valeur : organisé, rigoureux, attentif aux autres sont des qualités à mettre en avant.
- **Ce que vous devez éviter :** ne donnez pas des adjectifs qui ne sont pas liés au métier de gendarme. Les adjectifs que vous allez choisir doivent cadrer avec votre futur métier. N'expliquez pas par exemple que vous avez parfois du mal à être ponctuel.

7. Pourquoi vous prendrait-on vous plutôt qu'un ou une autre ?

- **Ce que vous devez expliquer :** montrez votre motivation et que vous avez mûrement réfléchi à votre volonté d'intégrer un poste de GAV.
- **Ce que vous devez éviter :** ne soyez pas arrogant en disant que vous êtes le meilleur candidat. Soyez honnête et humble.

8. Avez-vous déjà vu un mort ? Avez-vous peur de la mort ?

- **Ce que vous devez expliquer :** que vous avez probablement déjà vu un défunt au moment d'une inhumation. Montrez que vous avez conscience que dans le cadre d'opérations quotidiennes, vous pouvez avoir affaire à la mort en étant appelé sur une scène de meurtre ou toute autre circonstance où vous allez être le premier à venir constater le décès d'une personne. Quant à la peur de la mort, elle est légitime. Il faudra cependant, dans le cadre de vos futures fonctions, apprendre à maitriser vos émotions.
- **Ce que vous devez éviter :** ne dites pas que vous n'avez pas du tout peur de la mort. Si vous n'avez jamais vu un mort, ne mentez pas.

9. Comment envisagez-vous le port d'une arme ?

- **Ce que vous devez expliquer :** soulignez que c'est une responsabilité et que vous avez confiance dans la future formation que vous recevrez.
- **Ce que vous devez éviter :** ne faites pas penser au recruteur que vous êtes un justicier ou que vous auriez pu manipuler déjà une arme similaire à celles des forces de l'ordre.

10. Si vous devenez GAV, où vous voyez-vous dans quelques années ?

- **Ce que vous devez expliquer :** vous devez montrer que vous avez connaissance des possibilités d'évolution à travers la liste des différents métiers dans cet ouvrage. Mieux que cela, si vous excellez dans un domaine comme la natation ou le ski, vous pouvez avoir des velléités légitimes pour postuler en brigade nautique ou de haute montagne.
- **Ce que vous devez éviter :** ne postulez pas à GAV comme vous le feriez pour un quelconque métier.

Auto-évaluation

Ce questionnaire à choix multiple a pour objectif d'évaluer ce que vous avez lu et compris dans les pages précédentes.

1 Le gendarme volontaire adjoint (GAV) a un statut de :

- ☐ **A.** militaire
- ☐ **B.** fonctionnaire
- ☐ **C.** civil

2 Le temps d'astreinte en caserne pour un GAV représente environ :

- ☐ **A.** la moitié de son temps de travail
- ☐ **B.** le tiers de son travail
- ☐ **C.** tout son temps de travail

3 La pratique sportive dans le cadre du métier est :

- ☐ **A.** obligatoire
- ☐ **B.** facultative
- ☐ **C.** semi-obligatoire

4 La déontologie se définit par :

- ☐ **A.** la capacité à exécuter des tâches
- ☐ **B.** les responsabilités du métier, c'est-à-dire les règles et les devoirs à respecter
- ☐ **C.** les conditions strictes pour entrer dans le métier

5 Le GIGN est :

- ☐ **A.** le Groupement d'Initiation à la Gendarmerie Nationale
- ☐ **B.** le Grade d'Intervention de la Gendarmerie Nationale
- ☐ **C.** le Groupement d'Intervention de la Gendarmerie Nationale

6 Les investigations NRBC signifient :

- ☐ **A.** Nouvelles Régions Barricadées Communales
- ☐ **B.** Nucléaire Radiologique Belgique Carotide
- ☐ **C.** Nucléaire Radiologique Biologique Chimique

7 La fonction GAV emploi particulier (EP) consiste à :

- ☐ **A.** occuper un poste en rapport avec une compétence particulière
- ☐ **B.** être mieux rémunéré que les autres gendarmes volontaires adjoints
- ☐ **C.** occuper un emploi uniquement dans les départements outre-mer

8 **L'organisation et les différentes composantes de la gendarmerie regroupent :**

☐ **A.** la gendarmerie départementale et territoriale, la gendarmerie mobile, la Garde républicaine, les gendarmeries spécialisées

☐ **B.** la gendarmerie municipale et départementale, la gendarmerie mobile, la Garde républicaine, les gendarmeries spécialisées

☐ **C.** la gendarmerie départementale et territoriale, la gendarmerie mobile, la gendarmerie européenne, les gendarmeries spécialisées

Corrigé

1 **Réponse : A.**

2 **Réponse : B.**

3 **Réponse : A.**

4 **Réponse : B.**

5 **Réponse : C.**

6 **Réponse : C.**

7 **Réponse : A.**

8 **Réponse : A.**

LES ÉPREUVES DE SÉLECTION

Épreuve de tests psychotechniques

Présentation de l'épreuve et conseils méthodologiques

1. En quoi consistent les tests psychotechniques

- Les tests psychotechniques sont des tests de personnalité qui visent à mettre en évidence votre capacité à exercer les missions dévolues à l'emploi de gendarme adjoint volontaire. Au travers d'une suite de nombreuses questions, parfois personnelles ou incongrues, ces tests permettent d'explorer divers traits de votre personnalité qui expliquent ou justifient votre comportement et vos aptitudes.
- Pour ce cadre d'emploi, on recherche des personnes dont les aptitudes sont très variées : la sociabilité, le dynamisme, la persévérance, la curiosité, l'estime de soi, l'intérêt pour les autres, l'organisation, l'implication, le respect de l'autorité, le contrôle émotionnel, l'autonomie…
- Vous devez impérativement répondre le plus franchement possible. En effet, même si vous avez l'impression que votre réponse ne cadre pas avec la réponse attendue pour ce type de recrutement, sachez qu'il y a plusieurs questions sur le même thème disséminées aléatoirement dans le test et, en mentant à l'une des réponses, vous risquez surtout d'être incohérent avec les autres. Les professionnels qui vous corrigeront ne seront pas dupes.
- Sachez vous mettre en situation et répondre en tant que futur « gendarme » aux questions qui portent plus spécifiquement sur le métier.

À SAVOIR !

Le jour du concours, cette épreuve de tests dure environ 30-40 minutes.

2. Conseils de préparation

- De nombreux types de tests de personnalité sont proposés en accès gratuit sur Internet ou dans des revues. Même si leurs interprétations ne sont pas forcément rigoureuses, cela vous permettra de prendre connaissance d'un grand nombre de questions et de leurs formulations variées. En vous entraînant à répondre, vous serez moins déstabilisé lors de l'épreuve et apprendrez à mieux connaître vos réactions.
- Vous discernerez aussi les questions qui, bien que formulées différemment, reposent sur les mêmes thèmes. Parmi les thèmes proposés dans ce concours, on retrouve souvent : votre comportement face à une situation déstabilisante, vos rapports avec l'autorité ou la hiérarchie, vos relations avec les autres, votre façon de prendre des décisions.

3. Les différents types de tests

Plusieurs types de tests peuvent être utilisés, sous diverses formes, nous vous présentons les plus classiques.

A. Les tests de couples d'affirmations

1 - Le principe du test

Vous devez entourer l'affirmation qui correspond le mieux à votre personnalité parmi deux possibilités qui se rapportent à des sujets professionnels. Ces deux affirmations sont indépendantes l'une de l'autre.

Exemple

☐ **A.** J'apprécie le travail en équipe.
☐ **B.** Je programme toujours mes activités.

Réponse : il faut choisir la phrase qui vous décrit le mieux ou qui exprime le mieux vos sentiments, même si les deux vous conviennent ou ne vous conviennent pas.

2 - Entraînement

A. *Je prends des décisions très rapidement.*
B. *Je préfère être seul.*

A. *Je n'apprécie pas la hiérarchie.*
B. *Je n'aime pas attirer l'attention sur moi.*

A. *Je suis à l'écoute des autres.*
B. *J'aime la perfection.*

A. *Je soigne mon apparence.*
B. *Je n'aime pas les activités en extérieur.*

A. *Je n'aime pas l'imprévu.*
B. *J'aime m'occuper de démarches administratives.*

Il n'y a aucune réponse meilleure qu'une autre :
– une majorité de réponses A semble indiquer une personne vive, autonome et sûre d'elle ;
– une majorité de réponses B semble indiquer une personne calme, pondérée et discrète.
Mais les deux tempéraments sont également appréciables pour votre futur métier.

B. Les tests avec une échelle de valeurs

1 - Le principe du test

Une affirmation vous est proposée et vous devez établir si vous êtes ou non en accord, en choisissant parmi plusieurs graduations.

Exemple

J'estime qu'il faut réprimer sévèrement les petits délits.

- ☐ **A.** Pas du tout d'accord
- ☐ **B.** Pas d'accord
- ☐ **C.** Assez d'accord
- ☐ **D.** D'accord
- ☐ **E.** Tout à fait d'accord

Réponse : toutes les réponses sont possibles et, pour en déduire un comportement plus général, il faudra de nombreuses autres questions sur le thème de la répression.

2 - Entraînement

1. *J'évite les rassemblements.*

- ☐ **A.** Pas du tout d'accord
- ☐ **B.** Pas d'accord
- ☐ **C.** Assez d'accord
- ☐ **D.** D'accord
- ☐ **E.** Tout à fait d'accord

2. *Je ne me sens pas gêné par les SDF.*

- ☐ **A.** Pas du tout d'accord
- ☐ **B.** Pas d'accord
- ☐ **C.** Assez d'accord
- ☐ **D.** D'accord
- ☐ **E.** Tout à fait d'accord

3. *J'accomplis mon travail méthodiquement.*

- ☐ **A.** Pas du tout d'accord
- ☐ **B.** Pas d'accord
- ☐ **C.** Assez d'accord
- ☐ **D.** D'accord
- ☐ **E.** Tout à fait d'accord

4. *Je ne me fie jamais à mon intuition pour prendre une décision.*

- ☐ **A.** Pas du tout d'accord
- ☐ **B.** Pas d'accord
- ☐ **C.** Assez d'accord
- ☐ **D.** D'accord
- ☐ **E.** Tout à fait d'accord

5. *Je préfère une ambiance de travail à parité homme/femme.*

- ☐ **A.** Pas du tout d'accord
- ☐ **B.** Pas d'accord
- ☐ **C.** Assez d'accord
- ☐ **D.** D'accord
- ☐ **E.** Tout à fait d'accord

Conseil

Attention à la forme des phrases : certaines sont affirmatives (1, 3 et 5) et d'autres négatives (2, 4). Lisez donc soigneusement les questions pour ne pas répondre le contraire de ce que vous pensez réellement.

Réponse : une majorité de « tout à fait d'accord » incline à envisager une personnalité sûre d'elle et sérieuse. Une majorité de « pas du tout d'accord » incline à envisager une personnalité plus influençable et sensible.

C. Les tests avec un choix de réponses

1 - Le principe du test

Une situation et plusieurs possibilités de comportement sont proposées, vous devez choisir celle qui vous correspond le plus.

Exemple

Vous remarquez qu'un collègue est alcoolique.

☐ **A.** Vous ne lui dites rien, mais évitez de travailler avec lui.

☐ **B.** Vous prévenez votre supérieur hiérarchique.

☐ **C.** Vous tentez de le raisonner.

Réponse : la réponse A suggère que vous ne souhaitez pas vous mêler de ce qui ne vous regarde pas.
Avec la réponse B, vous avez confiance dans les institutions pour régler une situation difficile.
Avec la réponse C, vous avez confiance en vous.
Mais bien sûr ce ne sont que des interprétations basiques qu'il faut corréler avec d'autres réponses pour établir une conclusion quant à votre comportement.

2 - Entraînement

1. *Un SDF s'est endormi devant votre porte.*

☐ **A.** Vous engagez la conversation et lui proposez une aide matérielle.

☐ **B.** Vous contactez un service d'aide pour qu'il soit pris en charge.

☐ **C.** Vous passez votre chemin.

2. *Après quelques jours de congé, votre boîte mail est pleine.*

☐ **A.** Vous prenez le temps de tout classer par rubrique.

☐ **B.** Vous répondez dans l'ordre d'arrivée des messages.

☐ **C.** Vous répondez à ce qui vous paraît urgent.

3. *Vous êtes invité à un « pot » de départ d'un collègue que vous n'appréciez pas.*

☐ **A.** Vous avez préparé un discours.

☐ **B.** Vous déclinez l'invitation.

☐ **C.** Vous y allez, mais restez en retrait.

4. *Vous devez travailler avec un collègue déficient visuel.*

☐ **A.** Vous évaluez le travail supplémentaire que vous aurez à fournir.

☐ **B.** Vous imaginez avec lui un mode de fonctionnement commun.

☐ **C.** Vous demandez à changer de service.

5. *Votre première mission vous amène à porter une arme.*

☐ **A.** Malgré votre préparation, vous restez mal à l'aise.

☐ **B.** Vous vous sentez fier.

☐ **C.** Vous n'avez qu'une envie, c'est de vous en servir.

Réponses :

1. Les 3 propositions suggèrent pour A : une confiance en vous, pour B : une confiance dans les institutions et pour C : une certaine indifférence aux problèmes sociaux.

2. Les 3 propositions suggèrent pour A : un esprit rigoureux, pour B : une attitude ordonnée et pour C : une attitude intuitive.

3. Les 3 propositions suggèrent pour A : le souhait de se conformer aux usages, pour B : une personnalité sûre d'elle et pour C : une personnalité qui tient compte de l'opinion des autres.

4. Les 3 propositions suggèrent pour A : une capacité d'adaptation, pour B : un sens du travail en équipe et pour C : une difficulté à s'adapter.

5. Les 3 propositions suggèrent pour A : une connaissance des risques, pour B : une confiance en vous et pour C : une certaine impulsivité.

D. Les questionnaires : oui/non/sans opinion

1 - Le principe du test

Une phrase affirmative ou interrogative vous est proposée et vous devez répondre par oui ou par non, en cas de difficulté à choisir vous avez l'option « sans opinion ».

Ce questionnaire empêche toute nuance, vous devez faire preuve de rapidité dans votre choix et éviter autant que faire se peut l'indécision de la troisième réponse.

Les thèmes proposés dans ce questionnaire reprennent ceux déjà rencontrés et vos réponses seront corroborées avec celles données dans les autres formes de questionnaires.

Exemple

Pensez-vous avoir de la chance dans votre vie ?

☐ **A.** oui

☐ **B.** non

☐ **C.** sans opinion

Réponse : une réponse « oui » indique une personnalité de nature plutôt optimiste, alors qu'un « non » peut s'interpréter comme une personnalité défaitiste. Mais l'une ou l'autre des réponses peut vous faire apprécier : estimer ne pas avoir de chance peut signifier que vous êtes prêt à redoubler d'efforts pour atteindre vos objectifs, alors que quelqu'un qui fait confiance à la chance pour réussir n'est pas forcément fiable ou rigoureux.

2 - Entraînement

1. *Maîtrisez-vous spontanément vos émotions ?*
   - ☐ **A.** oui
   - ☐ **B.** non
   - ☐ **C.** sans opinion
2. *Vous prenez facilement la parole.*
   - ☐ **A.** oui
   - ☐ **B.** non
   - ☐ **C.** sans opinion
3. *Tenez-vous toujours vos engagements ?*
   - ☐ **A.** oui
   - ☐ **B.** non
   - ☐ **C.** sans opinion
4. *La nouveauté vous attire-t-elle ?*
   - ☐ **A.** oui
   - ☐ **B.** non
   - ☐ **C.** sans opinion
5. *Vous remettez facilement en cause vos choix ?*
   - ☐ **A.** oui
   - ☐ **B.** non
   - ☐ **C.** sans opinion

Réponses : ces questions portent sur la connaissance que vous avez de vous-même donc pour chacune d'elles, le « oui » ou le « non » sont équivalents. Votre profil, quel qu'il soit, peut être considéré comme un atout et apprécié dans une équipe. Vous devez donc répondre le plus franchement possible, d'autres questions sur le même thème permettront d'affiner et de nuancer.

E. Les phrases à compléter

1 - Le principe du test

Vous devez compléter une phrase de façon courte en choisissant un exemple dans la vie courante.
N'oubliez pas que vous devez donner de vous l'image de quelqu'un qui sait se maîtriser et surmonter les situations difficiles avec sérénité, alors évitez les évocations douloureuses et restez positif.

Exemple

La situation engendrée par le covid m'a empêché de…

Réponse possible : …*réaliser le voyage auquel je rêvais.*
Vous répondez franchement et spontanément, il n'y a aucun piège. Si plusieurs idées vous viennent **choisissez en seulement une.**

2 - Entraînement

1. *Ce qui m'ennuie le plus c'est de…*
2. *Ce qui me motive c'est…*
3. *Si je suis seul chez moi, j'aime…*
4. *Pour me détendre, je préfère…*
5. *J'ai toujours eu peur de…*

Réponses : restez spontané, répondez sincèrement en évitant toutefois de choquer par des propos inappropriés, gardez toujours en tête que vous envisagez d'entrer au sein de la gendarmerie.

Voici quelques idées de réponses :

1. *…participer à une réunion de famille, devoir prendre la parole…*
2. *…participer à une action de groupe, l'avenir de ma famille….*
3. *…rêvasser, faire la cuisine….*
4. *…faire du sport, prendre un bain...*
5. *…peiner mes parents, faire du tort à quelqu'un…*

F. Les associations de mots

1 - Le principe du test

Un mot vous est proposé et vous devez le plus spontanément possible lui en associer un autre.

Ce mot proposé sera souvent abstrait, en lien avec les problématiques du métier auquel vous vous destinez.

Ne cherchez pas systématiquement un synonyme car vous ne répondez pas à un test de compréhension du français, mais privilégiez ce qui vous vient à l'esprit.

Exemple

autorité : ....

Idées de réponses : *parentale, partagée* ; ces adjectifs peuvent venir à l'esprit car ils sont souvent associés dans la famille.

Mais aussi : *domination, hiérarchie* ou *influence, réputation* qui sont divers synonymes selon le sens que l'on choisit.

Toutes les réponses sont possibles mais attention, vous ne devez proposer qu'un seul mot.

2 - Entraînement

1. *justice :* ....
2. *égalité :* ....
3. *fake news :* ....
4. *violence :* ....
5. *manifestation :* ....

Réponses : comme dans le test précédent, il vous faut rester spontané et « jouer le jeu ».

1. *impartialité, légalité, droiture* qui sont les mots synonymes mais on peut associer aussi : *garde des sceaux, balance* ou *glaive* qui sont des représentations de la justice.

2 . *parité, équivalence,* mais aussi *équation algébrique.*

3. *fausse nouvelle* qui en est la traduction mais aussi *information, manipulation.*

4. *brutalité, sévice,* mais aussi *escalade* (on parle souvent d'escalade de la violence).

5. *démonstration, symptôme* qui sont des synonymes mais on peut aussi penser à *trouble, dispersion, silencieuse.*

LES ÉPREUVES DE SÉLECTION

Épreuve de connaissances générales

Présentation de l'épreuve de connaissances générales

1. Le cadre réglementaire de l'épreuve

- L'épreuve de test de connaissances générales se déroule durant l'après-midi des épreuves écrites du concours. Le test dure 30 minutes et il est composé d'un questionnaire à choix multiples (QCM) de 100 questions :
  – 50 questions portent sur la **langue française** : conjugaison, vocabulaire, orthographe. Il n'y a pas de question de grammaire ;
  – 25 questions portent sur les connaissances **mathématiques** (algèbre et géométrie...) ;
  – 25 questions portent sur la **culture générale** (arts, histoire, sport, institution, géographie, sciences, actualités...).
- Chaque question propose 4 réponses.

2. Qu'attend-on de vous ?

Le test évalue vos connaissances générales de base. Il s'assure que vous avez un niveau suffisant pour accomplir les missions d'un gendarme adjoint volontaire (GAV) sans mettre l'institution ou vos collègues en difficulté.

3. Comment préparer l'épreuve ?

Le test de connaissances générales est une épreuve qui nécessite un entraînement régulier.

A. Fabriquez-vous un cahier de QCM

- L'entraînement le plus efficace est de vous entraîner avec des QCM thématiques, par exemple un test portant sur la culture générale, puis, un autre jour, un test portant sur la langue française. Les éditions Nathan proposent des ouvrages de ce type dans la collection « Intégrer la fonction publique », comme par exemple : *1 000 QCM de culture générale* ou *1 200 QCM pour réussir l'écrit et l'oral.*
- Durant ces entraînements, ne répondez qu'aux questions où vous êtes sûr de vous. En effet, contrairement au jour de l'épreuve, quand vous ne connaissez pas une réponse dans vos entraînements, ne répondez pas au hasard. L'objectif est de combler vos lacunes, non de tenter votre chance. Une fois le test réalisé, consultez les réponses.

- Recopiez ensuite dans un cahier les questions, les propositions et la bonne réponse des questions où vous vous êtes trompé. Ce cahier sera votre **cahier de révision** de connaissances générales, les questions consignées formeront vos propres QCM. Régulièrement, reprenez les questions de votre cahier. Ce sont ces répétitions qui vous permettront d'améliorer votre culture générale.

EXEMPLE

La bataille de Marignane n'a pas eu lieu.
☐ **A.** en Italie ☐ **B.** au XVIe siècle ☐ **C.** en 1515 ☐ **D.** sous François II

La bonne réponse est la **réponse D**. Si vous vous trompez, notez-la dans votre cahier de connaissances générales en recopiant les 4 propositions ainsi que la bonne réponse.
En la relisant régulièrement, vous retiendrez que la bataille de Marignane a eu lieu en Italie, au XVIe siècle, en 1515. En cherchant sur Internet, vous trouverez que le roi de France victorieux à Marignan était François Ier, le grand-père de François II.

B. Faites des tests dans les conditions de l'épreuve

Le principe de travail est identique au précédent, mais vous devez réaliser le test dans les conditions du concours (sans aide, sans tricher, en 30 minutes), et appliquer les conseils de méthode exposés ci-après.

C. Consultez et apprenez les fiches du livre

En complément de vos entraînements répétitifs, consultez et apprenez les fiches de connaissances de ce livre. Relisez-les souvent pour bien les mémoriser.

4. Conseils de méthode pour le jour J

A. Étape 1 : lisez attentivement les questions et répondez seulement à celles dont vous êtes sûr de la réponse

- Le jour du concours, lisez attentivement chaque question deux fois, puis lisez les propositions de réponse, même si vous êtes certain de votre réponse. Les formulations peuvent en effet parfois cacher des pièges.

EXEMPLE

Louis XIV n'est pas :
☐ **A.** le Roi-Soleil
☐ **B.** le fils de Louis XIII
☐ **C.** le père de Louis XV
☐ **D.** le petit-fils d'Henri IV

Un candidat qui irait trop vite risquerait de lire : « Louis XIV *est* » ou lieu de : « Louis XIV *n'est pas...* ». Habitué à entendre que Louis XIV est le Roi-Soleil, il choisira la réponse A au lieu de la réponse C. **Faites donc toujours attention aux formulations négatives.**

- Si vous êtes certain de la bonne réponse, cochez-la. Si vous êtes incertain, laissez la question de côté et passez à la question suivante.

B. Étape 2 : une seconde lecture pour vérifier et choisir

Lorsque vous avez lu toutes les questions, et répondu à celles dont vous êtes certain, reprenez une par une les questions laissées de côté. Si vous hésitez encore ou si vous ne savez pas, procédez par élimination et choisissez la réponse qui vous semble la plus logique. Dans tous les cas, **répondez obligatoirement à toutes les questions**.

Les règles de langue française indispensables à connaître

Attention !

Les phrases incorrectes et les mots mal orthographiés sont précédés du signe *.

1. Orthographe lexicale

A. « M » ou « N » ?

On met un « m » devant les lettres « n », « b » et « p ».

Exemples

cha**m**pagne, ti**m**bre, la**m**pe, e**m**barquement, e**m**mener…

Attention !

À l'exception des mots suivants :
– bo**n**bon, bo**n**bonne, bo**n**bonnière, embo**n**point, mai**n**mise, mai**n**morte, néa**n**-moins, no**n**pareil… ;
– à la terminaison de la seconde personne du pluriel de l'indicatif passé simple pour certains verbes en IR (nous intervî**n**mes).

B. « C », « Ç » ou « SS » ?

- Pour faire le son S [Z], un seul « s » est nécessaire quand il est situé entre une voyelle et une consonne (ou une consonne et une voyelle). Deux « s » (ss) sont nécessaires entre deux voyelles.

Exemples

pe**ns**er : un seul « s » car situé entre une consonne et une voyelle
a**ss**embler, un pou**ss**in : deux « s » car situé entre deux voyelles

- Le son S peut aussi s'écrire avec la lettre « c » devant une voyelle.

Exemples

un pala**c**e	une **c**igarette
une gla**c**e	un **c**ygne

- « c » placé devant un « a », un « o » ou un « u » prend une cédille « ç ».

EXEMPLES

je plaçais	un glaçon
un commerçant	j'ai reçu

C. LES DOUBLES CONSONNES

- En général, les consonnes sont doublées entre deux voyelles.

EXEMPLES

a**ff**aire	mo**nn**aie
ba**ll**on	**ill**ogique
ho**mm**e	a**dd**ition

EXCEPTIONS !

Sauf pour les mots suivants : **a**ca**d**émie, da**m**e, tra**f**ic, a**c**abit…

- Les noms et adjectifs en *-as, -el, -en, -on, -os* doublent la consonne finale au féminin :

EXEMPLES

gras → gra**sse**	lion → lio**nne**
personnel → personne**lle**	sot → so**tte**

- Les adjectifs en *-ant* donnent des adverbes en *-amment* et les adjectifs en *-ent* donnent des adverbes en *-emment.*

EXEMPLES

courant → coura**mm**ent	évident → évide**mm**ent

- On double la consonne quand il s'agit du contraire d'un mot.

EXEMPLES

logique → **ill**ogique	réel → **irr**éel
responsable → **irr**esponsable	

- Au présent de l'indicatif, les verbes en *-eler* et *-eter* doublent la consonne, sauf aux deux premières personnes du pluriel.

EXEMPLES

appeler → j'appe**ll**e, tu appe**ll**es, il appe**ll**e, nous appe**l**ons, vous appe**l**ez, ils appe**ll**ent
jeter → je je**tt**e, tu je**tt**es, il je**tt**e, nous je**t**ons, vous je**t**ez, ils je**tt**ent

- 6 consonnes ne se doublent jamais : « h », « q », « v », « w », « x ».
  5 consonnes ne se doublent presque jamais : « b », « d », « g », « k », « z ».

D. Les mots invariables

Les mots invariables sont des mots qui ont toujours la même orthographe, apprenez-les par cœur.
Voici une liste non exhaustive des mots invariables les plus employés : *mais, et, donc, or, ni, car, par, pour, avec, sans, chez, vers, oui, non, ne, pas, autrefois, peu, moins, plus, très, trop, plusieurs, autrefois, hier, demain, assez, avant, ailleurs, aussitôt, certes, exprès, néanmoins, grâce, guère, hors, longtemps, malgré, plusieurs, quelquefois, autrefois, tant pis, tôt, vers, volontiers…*

2. Les homophones

Les homophones sont des mots qui sont identiques à l'oral mais qui s'écrivent différemment à l'écrit.

A. « A » ou « À » ?

- « À » est une préposition, un mot invariable qui introduit un autre mot ou un groupe de mots. Si la préposition « à » est remplacée par « avait » la phrase n'a plus de sens.

Exemple

> Gaël était dans la salle **à** manger.
> *Gaël était dans la salle **avait** manger. *On ne peut pas remplacer « a » par « avait », donc on met un accent sur le « à ».*

- « A » est la conjugaison du verbe *avoir* au présent de l'indicatif. Si on remplace la conjugaison « a » par « avait », la phrase prend alors une valeur passée et a encore du sens.

Exemple

> Ugo **a** loué une Bugatti Chiron.
> Ugo **avait** loué une Bugatti Chiron. *On peut remplacer « a » par « avait », donc il s'agit du verbe avoir et on ne met pas d'accent.*

- Un verbe suivi de « à » est toujours à l'infinitif.

Exemple

> Il a acheté **à boire**.

B. « ET » ou « EST » ?

- « Et » est une conjonction de coordination, un mot invariable qui sert à relier un mot à un autre mot. Si la conjonction « et » peut être remplacée par « était », alors la phrase n'a plus de sens.

Exemple

Marc **et** Paul vont au marché de Quimper.
*Marc **était** Paul vont au marché de Quimper. *On ne peut pas remplacer « et » par « était », donc on écrit « et ».*

- « Est » est la conjugaison du verbe *être* au présent de l'indicatif. Si on remplace la conjugaison « est » par « était », la phrase prend alors une valeur passée et a encore du sens.

Exemple

Julien **est** amusé par Axel.
Julien **était** amusé par Axel. *On peut remplacer « est » par « était », donc il s'agit du verbe être et on écrit « est ».*

C. « ON » ou « ONT » ?

- « On » est un pronom indéfini ou un pronom personnel. Il peut être remplacé par « personne » lorsqu'il est pronom indéfini ou par « il » lorsqu'il est pronom personnel. Il précède un verbe conjugué. Si le pronom « on » est remplacé par « avaient », la phrase n'a alors plus de sens.

Exemple

On déjeune à midi. **Il** déjeune à midi. **Personne** ne déjeune à midi. *On peut remplacer « on » par « il » ou « personne ».*
*Avaient déjeune à midi. *On ne peut pas remplacer « on » par « avaient », donc on écrit « on ».*

- « Ont » est la conjugaison du verbe *avoir* à la troisième personne du pluriel de l'indicatif présent. Si on peut remplacer la conjugaison « ont » par « avaient », alors la phrase prend une valeur passée et a encore du sens.

Exemple

Morad et Géraldine **ont** déjeuné à midi.
Morad et Géraldine **avaient** déjeuné à midi. *On peut remplacer « ont » par « avaient », donc il s'agit bien du verbe avoir et on écrit « ont ».*

D. « SON » ou « SONT » ?

- « Son » est un déterminant possessif, il précède un mot ou un groupe de mots qu'il détermine. Il peut être remplacé par « mon ».Il est le masculin du déterminant « sa ». Si le déterminant « son » est remplacé par « étaient » la phrase n'a alors plus de sens.

Exemple

Son bracelet est perdu.
* Étaient bracelet est perdu. *On ne peut pas remplacer « son » par « étaient », donc il ne s'agit pas du verbe être et on écrit « son ».*

- « Sont » est la conjugaison du verbe *être* à la troisième personne du pluriel de l'indicatif présent.
  Si on peut remplacer « sont » par « étaient », la phrase prend alors une valeur passée et a encore du sens.

EXEMPLE

> Magali et Roberto **sont** à la plage sans leurs enfants.
> Magali et Roberto **étaient** à la plage sans leurs enfants. *On peut remplacer « sont » par « étaient », donc il s'agit du verbe être et on écrit « sont ».*

E. « OU » ou « OÙ » ?

- « Ou » est une conjonction de coordination, un mot invariable qui sert à relier un mot à un autre mot. Si on peut remplacer « ou » par « ou bien », la phrase a encore du sens.

EXEMPLE

> Anaïs aime-t-elle le thé vert **ou** le thé noir ?
> Anaïs aime-t-elle le thé vert **ou bien** le thé noir ? *On peut remplacer « ou » par « ou bien » donc on ne met pas d'accent et on écrit « ou ».*

- « Où » est un adverbe interrogatif ou un pronom relatif qui indique le lieu ou le moment. Si l'adverbe ou le pronom interrogatif « où » sont remplacés par « ou bien », la phrase n'a alors plus de sens.

EXEMPLE

> **Où** va Fulvia ?
> *Ou bien va Fulvia ? *On ne peut pas remplacer « où » par « ou bien », donc on met un accent sur le « où ».*

F. « C'EST », « S'EST », « SE », « CE », « CES » ou « SES » ?

- « C' » est un pronom démonstratif. Lorsqu'il peut être remplacé par « cela est », on l'écrit « c'est ».

EXEMPLES

> Cette fleur, **c'est** une Sabot de Venus. Cette fleur, **cela est** un Sabot de Venus. *On peut remplacer « c'est » par « cela est ».*
> *Mathis c'est dirigé vers le port. *On ne peut pas remplacer par « *Mathis cela est dirigé vers le port » donc on écrit : « Mathis s'est dirigé vers le port. »*

- « Ce » est soit un déterminant démonstratif lorsqu'il précède un nom (on peut le remplacer par « un »), soit un pronom démonstratif lorsqu'il remplace un nom (on peut le remplacer par « cela » ou « ceci »).

Exemples

Ce téléphone est à Bruno. **Un** téléphone est à Bruno.
Mia a encore pleurniché, **ce** n'est pas important. Mia a encore pleurniché, **ceci** n'est pas important.
Ce n'est possible qu'elle chougne autant ! **Cela** n'est pas possible qu'elle chougne autant !

- « Ces » est le pluriel de « ce », « cet », « cette ». On peut le remplacer par « des ».

Exemple

Ces téléphones sont à Bruno. **Des** téléphones sont à Marie-France.

- « S' » et « s » sont des pronoms personnels qui précèdent toujours un verbe. Lorsque les pronoms personnels « s' » et « s » peuvent être remplacés par « m' », « me », « t' », on écrit « s'est » ou « se ».

Exemples

Mathis **s'**est dirigé vers le port. Mathis **se** dirige vers le port. Mathis **me** dirige vers le port.

G. « PRÊT » ou « PRÈS » ?

- « Prêt » est un adjectif qualificatif qui s'accorde en genre et en nombre.

Exemples

Mariana est **prête** à jouer. Stefano est **prêt** à jouer.

- « Près » est un adverbe, un mot invariable. On peut le remplacer par « proche de ».

Exemple

Géraldine est **près** de Lyon. * Géraldine est prête de Lyon. *On ne peut pas remplacer « près » par « prête ».*

H. « TOUS », « TOUT », « TOUTE », TOUTES » ?

- Devant un nom, « tous, tout, toute, toutes » sont des déterminants qui s'accordent en genre et en nombre.

Exemples

Loïc travaille **tous** les jours. Loïc travaille **toutes** les nuits. Loïc travaille **toute** la nuit. Loïc travaille **tout** le temps.

- Quand « tout » peut être remplacé par « entièrement » ou « complètement », il est invariable devant un adjectif masculin (« tout abîmés ») comme devant un adjectif féminin commençant par une voyelle (« tout énervée », « tout énervées »). Devant un adjectif féminin commençant par une consonne, l'accord se fait (« toute belle », « toutes belles »).

EXEMPLES

Ces jouets sont **tout cassés**. *On peut remplacer par « Ces jouets sont **complètement cassés** ».*
Cette poupée est **tout abîmée**. On peut remplacer par *« Cette poupée est **complètement abîmée** » et on ne met pas de « e » car « abîmée » commence par une voyelle.*
Les robes de ma Barbie sont **toutes décousues**. *On peut remplacer par « Les robes de ma Barbie sont **complètement décousues** » et on met un « e » car « décousues » commence par une consonne.*

- Devant un verbe, « tous, tout, toute, toutes » sont des pronoms avec lesquels les verbes s'accordent.

EXEMPLES

Tous sont venus à la fête.
Toutes sont venues à la fête.
Tout arrive à qui sait attendre.

I. « SI » OU « S'Y » ?

- « Si » est un adverbe, un mot invariable qui peut être remplacé par « tellement ».

EXEMPLE

Luc est **si** sympathique. *On peut remplacer par « Luc est tellement sympathique ».*

- « S'y » est formé par le pronom « se » et le pronom « y ». On pourrait remplacer le « y » par « là ».

EXEMPLE

La cantine va ouvrir, on **s'y** retrouve dans 5 minutes. *On pourrait remplacer par « on se retrouve là dans 5 minutes ».*

J. « QUOIQUE » OU « QUOI QUE » ?

- « Quoique » est une conjonction de subordination que l'on peut remplacer par « bien que » ou « malgré le fait que ».

EXEMPLES

Ugo et Axel ne sont pas fatigués, **quoiqu'**ils aient fait du sport. *On peut remplacer par « Ugo et Axel ne sont pas fatigués, bien qu'ils aient fait du sport. »*

- « Quoi que » est un pronom. On peut le remplacer par « quelle que soit la chose qui/que ».

Exemples

> **Quoi que** tu fasses, je serai d'accord avec toi. *On peut remplacer par « Quelle que soit la chose que tu fasses, je serai d'accord avec toi. »*

K. « MAIS » OU « MES »

- « Mais » est une conjonction de coordination. On peut la remplacer par « cependant ».

Exemples

> Ugo réussit à l'école, **mais** il ne s'en vante pas. *On peut remplacer par « Ugo réussit à l'école, cependant il ne s'en vante pas ».*

- « Mes » est un déterminant possessif. On peut le remplacer par « tes ».

Exemple

> **Mes** livres sont rangés. *On peut remplacer par « Tes livres sont rangés ».*

L. « QUAND », « QUANT », « QU'EN »

- « Quand » est une conjonction de subordination ou un adverbe interrogatif.

Exemple

> *Quand* vient Serge ?

- Devant « à », « au », « aux », « quand » devient « quant ».

Exemple

> **Quant** à moi. *Quand à moi.

- « Qu'en » est la contraction de la conjonction de subordination « que » et du pronom adverbial « en ». Si on peut prononcer « que en » sans que la phrase ne perde de son sens, on doit écrire « qu' en ».

Exemple

> Pierre estime **qu'en** marchant, il sera plus en forme. *On peut remplacer par « Pierre estime que en marchant, il sera plus en forme ».*

M. « LA », « LÀ », « L'A », « L'AS »

- « La » est un pronom personnel devant un verbe, et un déterminant devant un nom. Si le nom devient masculin, on peut remplacer « la » par « le ».

Exemple

> La cabane de Stéphane est belle, je **la** contemple. *On pourrait remplacer par « Le bateau de Stéphane est beau, je le contemple ».*

- « Là » est un adverbe, un mot invariable. Il peut être remplacé par « ici ».

Exemple

> Julien est **là**. *On peut remplacer par « Julien est ici ».*

- « L'a » est formé d'un pronom personnel élidé « l' » et d'une conjugaison à la troisième personne du singulier du verbe *avoir* au présent de l'indicatif. On peut le remplacer par « l'avait ».

Exemple

> Ma Ferrari, Sarah **l'a** conduite dans le centre-ville. *On peut remplacer par « Ma Ferrari, Sarah l'avait conduite dans le centre-ville ».*

- « L'as » est formé d'un pronom personnel élidé « l' » et d'une conjugaison à la deuxième personne du singulier du verbe *avoir* au présent de l'indicatif. On peut le remplacer par « l'avais »

Exemple

> Ma Ferrari, tu **l'as** conduite dans le centre-ville. *On peut remplacer par « Ma Ferrari, tu l'avais revue dans le centre-ville ».*

N. « LEUR » ou « LEURS » ?

- « Leur » est un pronom personnel invariable devant un verbe, il est le pluriel de « lui ».

Exemple

> Sylvie et Anita sont en retard, Yannick **leur** suggère de présenter des excuses. *On peut remplacer par « Sylvie est en retard, Yannick lui suggère de présenter des excuses ».*

- « Leur » est un déterminant possessif singulier devant un nom ou un groupe nominal. Il peut être remplacé par « sa ».

Exemple

> **Leur** voiture Renault fonctionne très bien. *On peut remplacer par « Sa voiture Renault fonctionne très bien ».*

- « Leurs » est un déterminant possessif pluriel devant un nom ou un groupe nominal. Il peut être remplacé par « ses ».

Exemple

> **Leurs** enfants sont très sages. *On peut remplacer par « Ses enfants sont très sages ».*

3. Les mots difficiles à connaître

A. Les noms masculins se finissant par une voyelle + « e »

Les mots suivants se terminent par une voyelle suivie de la lettre « e » et pourtant ils sont bien masculins.

Un athée, un caducée, un camée, un hyménée, un lycée, un mausolée, un musée, un scarabée, un trophée, un foie, un génie, un incendie, un parapluie.

B. Les noms singuliers se finissant par -s ou -x

Les mots suivants se terminent par un « s » ou un « x » et sont pourtant au singulier.

Une brebis, un cabas, un canevas, du cambouis, du chaos, le châssis, un concours, un croquis, un cours, un coutelas, un cyprès, un décès, une croix, un crucifix, un discours, un entremets, le fatras, le glas, un harnais, un héros, du jais, du jus, un laquais, du lilas, un legs, un marais, un mas, la chaux, une faux, un mets, un palais, un parcours, un paradis, un pilotis, le poids, un puits, un radis, un recours, un relais, une perdrix, un remords, un remous, un taudis, le tiers, du velours, un vers (d'un poème), *un taux.*

C. Les mots prononcés [K] mais qui s'écrivent -ch

Les mots suivants se prononcent [K] alors qu'ils s'écrivent « ch ».

Archaïque, archange, archéologie, chaos, chiasme, chlore, chœur, choléra, cholestérol, chorale, chrétien, chrome, chronologie, chrysalide, ecchymose, écho, orchestre, orchidée, technique, almanach.

D. Les mots qui se ressemblent

Les mots suivants se ressemblent, attention à bien les utiliser.

Avènement L'*avènement* du roi est à midi.	Événement La finale du tournoi est un grand *événement.*
Cinglant Ugo a répliqué d'une remarque *cinglante.*	Sanglant L'histoire regorge de récits *sanglants.*
Collision La *collision* entre les deux sumos est brutale.	Collusion Le roi fut détrôné par la *collusion* des ducs.
Compréhensif Gigi, *compréhensive*, excusa Rodrigue.	Compréhensible Le bus est en panne, c'est *compréhensible* qu'il ait du retard.
Dénouement Le *dénouement* du conte est heureux.	Dénuement Les pauvres vivent dans le *dénuement.*
Décocher Le tireur *décoche* une flèche.	Décrocher Il faut *décrocher* les tableaux du mur.
Forcer Jean-Pierre est *forcé* de dire la vérité. Le coffre a été *forcé.*	Forcir Il a pris du poids, il a trop *forci.* Le vent a *forci*, mettons-nous à l'abri.

Inclinaison Le baby-foot n'est pas droit à cause de l'*inclinaison* du sol.	L'inclination Axel a une *inclination* pour Lucie.
Infecté Cette blessure est *infectée*.	Infesté Ce lit est *infesté* de punaises.
Papillonner Mathis *papillonne* d'une pièce à l'autre.	Papilloter Le soleil fait *papilloter* tes yeux.
Préposition La *préposition* « de » introduit un groupe prépositionnel.	Proposition Roberto fait une *proposition* à Mia. Cette phrase est une *proposition* principale.
Prescrire Le médecin lui a *prescrit* un calmant.	Proscrire Pas d'alcool ici, c'est *proscrit* chez nous.
Rabattre Il faut *rabattre* ton col, il fait froid.	Rebattre Ugo me *rebat* les oreilles en parlant d'Ava Max.
Recouvrer Il est rétabli, il a *recouvré* la santé.	Recouvrir Julien *recouvre* ses livres d'université.

4. Les principaux accords

A. L'accord de l'adjectif qualificatif

- L'adjectif s'accorde en genre et en nombre avec le(s) nom(s) qu'il qualifie.

Exemples

Ugo et Mathis regardent de **belles** voitures de la marque Lamborghini.
L'enfant admire les **beaux** bourgeons de l'arbre.

- L'adjectif reste invariable quand il est employé comme adverbe. Il peut alors être remplacé par un autre adverbe.

Exemples

Les voitures s'arrêtent **net** (nettement). *On ne dit pas « *Les voitures s'arrêtent nettes ».*
Elles sont **fort** (très) belles. *On ne dit pas « *Elles sont fortes belles. ».*

B. L'accord des adjectifs de couleur

- Les noms employés comme adjectifs de couleur sont invariables. Il s'agit des noms de fruits (orange, citron, marron…), des noms de fleurs ou d'arbres (lilas, ébène…), des noms de pierres précieuses (rubis, saphir, jade…), de noms d'origine étrangère (auburn, kaki…).

Attention !

Certains noms employés comme adjectifs de couleur s'accordent : écarlate, fauve, mauve, pourpre, rose, violet.

Exemples

Des manteaux **orange.** Un pantalon **lilas.** Des vestes **jade.** Des slips **kaki.** Des robes **violettes.**

- Les adjectifs composés de plusieurs couleurs sont toujours invariables.

Exemple

Des yeux **vert-marron.** Des robes **rose-violet.**

- Les adjectifs de couleur reliés par la conjonction de coordination « et » sont invariables.

Exemple

Des tapis **rouge et bleu.**
Ce qui est différent de : Des tapis **rouges** et des tapis **bleus.**

C. L'accord du participe passé

1. Avec l'auxiliaire « être »

Avec l'auxiliaire « « être », le participe passé s'accorde avec le sujet du verbe.

Exemples

Elles sont tomb**ées** à la renverse. Les jeunes sont part**is.** Ugo et Gaël sont all**és** voir des Maserati.

2. Avec l'auxiliaire « avoir »

- Avec l'auxiliaire « avoir », le participe passé reste invariable si le COD est placé après l'auxiliaire (1), s'il n'y a pas de COD (2), si le participe passé est suivi immédiatement d'un verbe à l'infinitif (3), si le COD est un pronom neutre *(le)* (4) ou un verbe impersonnel (5).

Exemples

(1) Gigi a v**u** Ugo et Rodrigue. (Ugo et Rodrigue = COD placé après le participe passé « vu »).
(2) Les filles ont énormément mang**é.**
(3) La fille que j'ai v**u** manger. (et non * La fille que j'ai vue manger)
(4) Gigi le leur a annoncé.
(5) Que d'actions, il a **fallu** ! (et non * Que d'actions, il a fall**ues**)

- Avec l'auxiliaire « avoir », le participe passé ne s'accorde jamais avec le sujet. Il s'accorde avec le complément d'objet direct (COD) si le COD est placé avant l'auxiliaire. Il faut alors savoir si le COD est masculin ou féminin et singulier ou pluriel.

Exemples

Gigi a rencontré Ugo et Rodrigue, elle **les** a **vus.** (accord avec un COD masculin pluriel : elle a vu qui ? Ugo et Rodrigue)
Gigi a rencontré ses deux filles, elle **les** a **vues.** (accord avec un COD féminin pluriel : elle a vu qui ? ses deux filles)

D. L'accord du participe passé du verbe « faire »

- Le participe passé du verbe « faire » est invariable s'il est suivi d'un verbe à l'infinitif.

Exemple

> Cette maison, je l'ai **fait** construire. (et non *Cette maison, je l'ai faite construire.)
> La fête, je l'ai **fait** organiser. (et non *La fête, je l'ai faite organiser.)

- Le participe passé du verbe « faire » suit les mêmes règles que les autres verbes s'il n'est pas suivi d'un verbe à l'infinitif.

Exemple

> La fête, je l'ai **faite** ! Les tableaux, je les ai **faits**.

E. L'accord du participe passé des verbes pronominaux

- Le participe passé des **verbes pronominaux** s'accorde avec le sujet du verbe. Un verbe pronominal est un verbe qui s'emploie avec un pronom réfléchi (« s' » ou « se ») : *s'abonner, s'écrouler, s'évader, se souvenir…*

Exemples

> Fabienna et JP se sont enf**uis** en Italie. Cécilia et Leah se sont abonn**ées** à *Que Choisir*.
> Mouna s'est souven**ue** de moi avec joie. Ils se sont souven**us** de leurs vacances.

- Le participe passé des **verbes pronominaux de sens passif** s'accorde avec le sujet du verbe. Un verbe pronominal de sens passif a un sujet qui subit l'action. Un verbe pronominal de sens passif existe à la voix pronominale et à la voix active avec un sens différent : *vider/se vider, vendre/se vendre…*

Exemple

> Les originaux se sont vend**us**. Les éditions originales se sont vend**ues**.

- Le participe passé des **verbes de sens réfléchi ou de sens réciproque** s'accorde avec le COD si le COD est placé avant l'auxiliaire. Le COD peut-être le pronom réfléchi ou le pronom réciproque (« s' », « se ») (1) ou un autre COD (2).

Exemples

> (1) Ugo et Anaïs se sont cach**és** (« se » = COD) = Ugo et Anaïs ont caché Ugo et Anaïs.
> (1) Sarah s'est reconn**ue** (« s' » = COD) = Sarah a reconnu Sarah.
> (2) La propriété qu'il a trouv**ée**, il se l'est réservée (« l' » = COD reprenant la propriété ; « se » = COI) = La propriété qu'il a trouv**ée**, il a réservé la propriété qu'il a trouvée à lui-même.

- Le participe passé des verbes pronominaux reste invariable quand le COD est placé après l'auxiliaire (1) et quand il n'y a pas de COD (2).

Exemples

(1) Ugo et Axel se sont caché les yeux.
(2) Cécilia et Ugo se sont souri (« se » = COI).
(2) Les affaires se sont succédé (« se » = COI).

F. L'accord du participe passé lorsque le COD est le pronom « en »

Lorsque le COD est le pronom « en », il ne s'accorde pas avec le participe passé, même si le pronom « en » est placé avant l'auxiliaire (1). Attention, si le COD n'est pas « en » mais un autre terme, l'accord est possible selon les règles habituelles. Pour savoir si « en » est COD (1), il faut le supprimer. Si la phrase garde son sens, « en » n'est pas COD (2). Si la phrase perd son sens, « en » est COD (3).

Exemples

(1) Il y a de belles cerises dans le jardin, j'en ai mangé deux kilos ! (« en » = COD)
(2) Ugo utilisait contre son adversaire les techniques qu'il en avait apprises. (COD = « qu' », « en » = COI)
(3) *Il y a de belles cerises dans le jardin, j'ai mangé deux kilos (« en » = COD non supprimable dans cette phrase)

Entraînement 1 - **Conjugaison**

1 Quand Marie .... Bruno ....

- ☐ **A.** ait venue/chantais
- ☐ **B.** est venue/chantait
- ☐ **C.** aie venu/chantait
- ☐ **D.** est venu/chanter

2 Sara t'............ pour que tu .... sa nouvelle demeure.

- ☐ **A.** invite/voies
- ☐ **B.** invite/vois
- ☐ **C.** invite/voi
- ☐ **D.** invites/voyes

3 Émile .... Yan. Nous .... le restaurant pour réserver un table.

- ☐ **A.** appele/appelons
- ☐ **B.** appelle/appelons
- ☐ **C.** appel/appellons
- ☐ **D.** apele/apelons

4 Vous .... tôt le travail, je .... vous retrouver.

- ☐ **A.** finites/je vins
- ☐ **B.** fînites/ je viens
- ☐ **C.** finite/je vings
- ☐ **D.** finîtes/je vins

5 Si tu .... , vous .... partis plus tôt.

- ☐ **A.** avais su/seriez
- ☐ **B.** aurais su/seriez
- ☐ **C.** avez su/serez
- ☐ **D.** avais su/serriez

6 La pluie .... aujourd'hui.

- ☐ **A.** ait tombée forte
- ☐ **B.** es tombé fort
- ☐ **C.** est tombée fort
- ☐ **D.** est tomber forte

7 Il y a de belles cerises dans le jardin, Émilie en .... deux kilos !

- ☐ **A.** as mangé
- ☐ **B.** a mangées
- ☐ **C.** a mangé
- ☐ **D.** a manger

8 Adela et Ugo .... puis ....

- ☐ **A.** se sont disputé/se sont souris
- ☐ **B.** se sont disputés/se sont souris
- ☐ **C.** ce sont disputés/ce sont souri
- ☐ **D.** se sont disputés/se sont souri

9 « Grandir » est un verbe du .... , « sortir » est un verbe du ....

- ☐ **A.** 1er groupe/2e groupe
- ☐ **B.** 2e groupe/3e groupe
- ☐ **C.** 3e groupe/3e groupe
- ☐ **D.** 2e groupe/2e groupe

10 **Quelle est la voix active de la phrase passive suivante : « Le ménage est réalisé par Anaïs » ?**

☐ **A.** Anaïs réalisa le ménage. ☐ **B.** Le ménage fut réalisé par Anaïs.
☐ **C.** Anaïs a réalisé le ménage. ☐ **D.** Anaïs réalise le ménage.

11 **Au présent de l'indicatif, quelle est la bonne conjugaison du verbe « jeter » ?**

☐ **A.** je jete, tu jettes, il jete, nous jettons, vous jetez, ils jettent
☐ **B.** je jette, tu jettes, il jette, nous jetons, vous jetez, ils jettent
☐ **C.** je jete, tu jetes, il jete, nous jettons, vous jettez, ils jetent
☐ **D.** je jette, tu jettes, il jete, nous jettons, vous jetez, ils jettent

12 **Au passé simple, les verbes du 2e groupe se terminent par :**

☐ **A.** -is, -is, -it, -inissons, -inissez, -inissèrent
☐ **B.** -inissais, -inissais, -inissait, -inissions, -inissiez, -inissaient
☐ **C.** -is, -is, -it, -inîmes, -inîtes, -inirent
☐ **D.** -is, -is, -ît, -inîmes, -inîtes, -inirent

13 **Après que je .... parti, tu .... arrivé.**

☐ **A.** sois/es ☐ **B.** soit/aies
☐ **C.** suis/es ☐ **D.** suis/ais

14 **Au passé simple de l'indicatif, les verbes du 1er groupe se terminent par :**

☐ **A.** -ai, -as, -a, -âmes, -âtes, -èrent
☐ **B.** -ais, -as, -a, -âmes, -âtes, -èrent
☐ **C.** -ai, -as, -â, -âmes, -âtes, -èrent
☐ **D.** -ai, -as, -a, -ames, -ates, -èrent

15 **Conjuguez au futur simple de l'indicatif les verbes suivants :**
je .... (venir) tu .... (chanter), il .... (souffrit), nous .... (courir), vous .... (aimer), ils .... (aller).

☐ **A.** je viendrais, tu chanterais, il souffrirait, nous courrions, vous aimeriez, ils iraient
☐ **B.** je viendra, tu chanteras, il souffrira, nous courons, vous aimerez, ils iront
☐ **C.** je venirai, tu chanterais, il souffra, nous courrirons, vous aimeriez, ils alleront
☐ **D.** je viendrai, tu chanteras, il souffrira, nous courrons, vous aimerez, ils iront

16 **Ugo, ... dans ta chambre, ... vite, ... le tri correctement, puis avec Mathis .... correctement.**

☐ **A.** va, vas-y, fais, rangez ☐ **B.** vas, vas-y, fait, rangez
☐ **C.** va, va-y, fais, ranger ☐ **D.** vas, vas-y, fais, ranger

17 Comment le verbe « croire » se conjugue-t-il au passé simple de l'indicatif ?

- ☐ **A.** je crûs, tu crûs, il crût, nous crumes, vous crutes, ils crurent
- ☐ **B.** je croyai, tu croyas, il crût, nous crussions, vous crussiez, ils crussurent
- ☐ **C.** je crus, tu crus, il crut, nous crûmes, vous crûtes, ils crurent
- ☐ **D.** je crus, tu crus, il crut, nous crûmes, vous crûtes, ils cruturent

18 Quelle est la phrase correcte ?

- ☐ **A.** Mathis aurait voulu qu'il prenne des vacances.
- ☐ **B.** Mathis aurait voulu qu'il prende des vacances.
- ☐ **C.** Mathis aura voulu qu'il prenne des vacances.
- ☐ **D.** Mathis aurait voulu qu'il prend des vacances.

19 Quelle phrase n'est pas conjuguée au présent du conditionnel ?

- ☐ **A.** J'aimerais te revoir.
- ☐ **B.** Nous aimerons te revoir.
- ☐ **C.** Il aimerait te revoir.
- ☐ **D.** Tu aimerais le revoir.

20 Mouna .... une artiste qui .... le respect de la critique picturale.

- ☐ **A.** ai/acquière
- ☐ **B.** est/acquis
- ☐ **C.** aies/acquiere
- ☐ **D.** est/acquiert

Corrigé

1 **Réponse B : est venue/chantait.**

2 **Réponse A : invite/voies.**

3 **Réponse B : appelle/appelons.**

4 **Réponse D : finîtes/je vins.**

5 **Réponse A : avais su/seriez.**

6 **Réponse C : est tombée fort.**

7 **Réponse C : a mangé.**

8 **Réponse D : se sont disputés/se sont souri.**

9 **Réponse B : 2e groupe/3e groupe.**

10 **Réponse D : Anaïs réalise le ménage.**

11 **Réponse B : je jette, tu jettes, il jette, nous jetons, vous jetez, ils jettent.**

12 **Réponse C : -is, -is, -it, -inîmes, -inîtes, -inirent.**

13 **Réponse C : suis/es.**

14 **Réponse A : -ai, -as, -a, -âmes, -âtes, -èrent.**

15 **Réponse D : je viendrai, tu chanteras, il souffrira, nous courrons, vous aimerez, ils iront.**

16 **Réponse A : va, vas-y, fais, rangez.**

17 **Réponse C : je crus, tu crus, il crut, nous crûmes, vous crûtes, ils crurent.**

18 **Réponse A : Mathis aurait voulu qu'il prenne des vacances.**

19 **Réponse B : Nous aimerons te revoir.**

20 **Réponse D : est/acquiert.**

Entraînement 2 - **Orthographe**

Entraînement 1

1 .... leur instituteur, les .... Gigi et Eva sont punies.

- ☐ **A.** fatigant/fatigantes
- ☐ **B.** fatigantes/fatiguantes
- ☐ **C.** fatiguantes/fatigantes
- ☒ **D.** fatiguant/fatigantes

2 Lui et moi avons une bonne ....

- ☐ **A.** connextion
- ☐ **B.** connection
- ☒ **C.** connexion
- ☐ **D.** connection

3 Dans les .... , les parents prennent .... à la main.

- ☒ **A.** jardins d'enfants/ leur chapeau
- ☐ **B.** jardin d'enfants/leurs chapeaux
- ☐ **C.** jardins d'enfant/leur chapeau
- ☐ **D.** jardins d'enfants/leurs chapeau

4 La Lamborghini d'Ugo s'est arrêtée .... avant de toucher la ....

- ☐ **A.** net/charete
- ☐ **B.** nette/charette
- ☐ **C.** nette/charrette
- ☒ **D.** net/charrette

5 Quittez .... la .... , c'est .... de vous le répéter !

- ☐ **A.** imédiatement/salle fumeurs/ vraiment açagant
- ☒ **B.** immédiatement/salle fumeurs/vraiment agaçant
- ☐ **C.** immédiatement/salle fumeur/vraimment açacant
- ☐ **D.** imédiatement/salle fumeurs/vraiment acasant

6 Les .... sont .... et d'autres sont ....

- ☒ **A.** coffres-forts/bleus/verts
- ☐ **B.** coffre-fort/bleu/verts
- ☐ **C.** coffres-fort/bleus/vert
- ☐ **D.** coffres-forts/bleu/vert

7 Le capitaine Flam vit à des .... de la Terre dans des bâtiments ....

- ☐ **A.** années-lumières/bleus et verts
- ☐ **B.** années-lumière/bleus et verts
- ☒ **C.** années-lumière/bleu et vert
- ☐ **D.** année-lumières/bleus et vert

8 La fête, je l'ai .... organiser, puis je l'ai ....

- ☐ **A.** fait/fait
- ☐ **B.** faite/fait
- ☐ **C.** faite/faite
- ☒ **D.** fait/faite

9 Prends le .... , un .... et on est prêts pour ....

- ☐ **A.** chanpagne/timbre/enbarquement
- ☐ **B.** champagne/tinbre/embarquement
- ☒ **C.** champagne/timbre/embarquement
- ☐ **D.** champagne/tinbre/enbarquement

10 Donne moi la .... pour payer l' ....

- ☒ **A.** monnaie/addition
- ☐ **B.** monaie/adition
- ☐ **C.** monnaie/adition
- ☐ **D.** monaie/adition

11 C'est .... que ta réponse soit ...., c'est .... faux.

- ☐ **A.** logic/illogique/évidement
- ☒ **B.** logique/illogique/évidemment
- ☐ **C.** logique/ilogique/évidement
- ☐ **D.** logic/illogique/évidemment

12 Nous partirons .... rendre les .... que tu as achetés.

- ☐ **A.** ensembles/ensembles
- ☒ **B.** ensemble/ensembles
- ☐ **C.** ensembles/ensemble
- ☐ **D.** ensemble/ensemble

13 .... que les autres, cet employé bénéfice .... sociaux.

- ☒ **A.** davantage/d'avantages
- ☐ **B.** d'avantage/d'avantages
- ☐ **C.** davantages/d'avantages
- ☐ **D.** davantage/d'avantage

14 Il ne faut pas .... fier, même .... elle est fière ...., ils ont dérobé .... canettes.

- ☐ **A.** si/si/d'eux/deux
- ☐ **B.** s'y/si/deux/d'eux
- ☒ **C.** s'y/si/d'eux/deux
- ☐ **D.** si/si/deux/deux

15 .... des gants et préparons des .... succulents, ... ne les mangeons pas.

- ☐ **A.** mais/mets/mais
- ☐ **B.** met/mets/mes
- ☒ **C.** mets/mets/mais
- ☐ **D.** mets/mets/mais

16 Jamais quelqu'un n'arrive .... que toi, mais .... que tu es là, c'est le désordre.

- ☒ **A.** aussi tôt/aussitôt
- ☐ **B.** aussitôt/aussitôt
- ☐ **C.** aussitôt/aussi tôt
- ☐ **D.** aussi tôt/aussi tôt

17 Sara m'a écrit .... depuis son départ. J'ai .... envie d'aller la retrouver.

- ☐ **A.** quelques fois/quelques fois
- ☒ **B.** quelques fois/quelquefois
- ☐ **C.** quelquefois/quelquefois
- ☐ **D.** quelques fois/quels que fois

18 .... ton secret, il n'y aura que .... personnes à le connaître.

- A. quelque soit /quelques
- B. quelque soit /quelles que
- C. quelque soit /quelques
- D. quel que soit /quelques

19 Un .... saisit Jean-Pierre, il .... défit ....

- A. remords/s'en/aisément
- B. remords/sans/aisémment
- C. remord/s'en/aisément
- D. remords/sans/aisémment

20 Quelle est la bonne orthographe : un .... des .... ; un .... des .... ; une .... des .... ; un .... des .... ?

- A. total, totaux/bail, baux/écaille, écailles/détail, détails
- B. total, totals/bail, baux/écailles, écailles/détail, détails
- C. total, totaux/bail, bails/écaille, écailles/détail, détails
- D. total, totals/bail, baux/écailles, écailles/détail, détaux

Entraînement 2

21 Il a de nombreuses .... dans la vie dont le vélo tout terrain.

- A. passioms
- B. passions
- C. passiont
- D. passion

22 Âne qui .... sans fin, Âne qui crie chagrin, Annonce la pluie pour demain.

- A. brais
- B. brait
- C. braie
- D. braies

23 Attention, le terrain est ....

- A. glissan
- B. gisant
- C. glissant
- D. glissans

24 À cette époque de l'année, les .... de la montagne sont très enneigés.

- A. versants
- B. versents
- C. versans
- D. versant

25 Le cheval de Roger s'est mis au .... très subitement.

- A. galot
- B. galaud
- C. galot
- D. galop

26 Jean n'arrête pas de manger du chocolat, il va prendre du ....

- A. poid
- B. poids
- C. pois
- D. poit

27 L'eau est un peu fade, mettez-y un peu de .... pour donner du goût.

- ☐ **A.** sirot
- ☐ **B.** sirault
- ☑ **C.** sirop
- ☐ **D.** siro

28 Il faut fermer le .... après avoir sorti la voiture.

- ☐ **A.** portaille
- ☐ **B.** porthail
- ☑ **C.** portail
- ☐ **D.** portaile

29 Avec un .... d'effort, Loic .... finir sa course contre la montre.

- ☐ **A.** peut/peu
- ☐ **B.** peux /peu
- ☑ **C.** peu/peut
- ☐ **D.** peu /peux

30 Magali .... la rose du parfum qui lui été offert.

- ☐ **A.** sans
- ☑ **B.** sent
- ☐ **C.** sens
- ☐ **D.** cent

31 Le parc se trouve .... de la ville.

- ☐ **A.** prêt
- ☑ **B.** près
- ☐ **C.** prait
- ☐ **D.** prè

32 .... belle histoire tu me racontes là !

- ☐ **A.** Qu'elle
- ☐ **B.** Quel
- ☑ **C.** Quelle
- ☐ **D.** Quels

33 Il arrive .... qu'il se fasse plaisir avec un morceau de chocolat.

- ☐ **A.** quelquesfois
- ☑ **B.** quelquefois
- ☐ **C.** quelque fois
- ☐ **D.** quelquefoit

34 Pendant très ...., on a utilisé la charrue.

- ☑ **A.** longtemps
- ☐ **B.** lontemp
- ☐ **C.** longtant
- ☐ **D.** longtemps

35 Jean Marc, amateur de sucre, possède une énorme .... chez lui.

- ☐ **A.** bommbonnière
- ☑ **B.** bonbonnière
- ☐ **C.** bonbonière
- ☐ **D.** bonbonniaire

36 Je reprendrais bien .... une part de votre quiche.

- ☑ **A.** volontiers
- ☐ **B.** volomtiers
- ☐ **C.** volontier
- ☐ **D.** vollontiers

37 Pense bien, concernant les travaux, à acheter tout ce qui concerne la ....

- ☐ **A.** serurerie
- ☐ **B.** serurrerie
- ☑ **C.** serrurerie
- ☐ **D.** serureris

38 Durant cette petite fête, Josiane nous a conviés à un repas durant lequel elle a servi des .... remarquables.

- [x] **A.** mets
- [ ] **B.** mais
- [ ] **C.** maits
- [ ] **D.** m'est

39 L' .... est la saison durant laquelle on ramasse des marrons.

- [ ] **A.** autone
- [x] **B.** automne
- [ ] **C.** otomne
- [ ] **D.** autonne

40 Il faut rincer les légumes .... avant de les faire cuire.

- [ ] **A.** abondamant
- [x] **B.** abondamment
- [ ] **C.** abondament
- [ ] **D.** abondamant

Corrigé

Entraînement 1

1 **Réponse D : fatiguant/fatigantes.**

2 **Réponse C : connexion.**

3 **Réponse A : jardins d'enfants/ leur chapeau.**

4 **Réponse D : net/charrette.**

5 **Réponse B : immédiatement/salle fumeurs/vraiment agaçant.**

6 **Réponse A : coffres-forts/bleus/verts.**

7 **Réponse C : années-lumière/bleu et vert.**

8 **Réponse D : fait/faite.**

9 **Réponse C : champagne/timbre/embarquement.**

10 **Réponse A : monnaie/addition.**

11 **Réponse B : logique/illogique/évidemment.**

12 **Réponse B : ensemble/ensembles.**

13 **Réponse A : davantage/d'avantages.**

14 **Réponse C : s'y/si/d'eux/deux.**

15 **Réponse C : mets/mets/mais.**

16 **Réponse A : aussi tôt/aussitôt.**

17 Réponse B : quelques fois/quelquefois.

18 Réponse D : quel que soit /quelques.

19 Réponse A : remords/s'en/aisément.

20 Réponse A : total, totaux/bail, baux/ écaille, écailles/ détail, détails.

Entraînement 2

21 Réponse B : passions.

22 Réponse B : brait.

23 Réponse C : glissant.

24 Réponse A : versants.

25 Réponse D : galop.

26 Réponse B : poids.

27 Réponse C : sirop.

28 Réponse C : portail.

29 Réponse C : peu/peut.

30 Réponse B : sent.

31 Réponse B : près.

32 Réponse C : Quelle.

33 Réponse B : quelquefois.

34 Réponse A : longtemps.

35 Réponse B : bonbonnière.

36 Réponse A : volontiers.

37 Réponse C : serrurerie.

38 Réponse A : mets.

39 Réponse B : automne.

40 Réponse B : abondamment.

Entraînement 3 - **Vocabulaire**

1 Lequel de ces mots n'est pas un synonyme de « passion » ?

- ☐ A. amour
- ☑ B. aversion
- ☐ C. admiration
- ☐ D. adulation

2 Complétez l'expression suivante : « Il n'y pas de fumée sans .... ».

- ☐ A. cendres
- ☑ B. feu
- ☐ C. allumette
- ☐ D. briquet

3 « Préposition » et « proposition » sont des :

- ☐ A. homonymes
- ☐ B. antonymes
- ☑ C. paronymes
- ☐ D. synonymes

4 Dans l'expression « un visage d'ange », le terme « ange » est employé au sens :

- ☐ A. propre
- ☐ B. lexical
- ☐ C. argotique
- ☐ D. figuré

5 Compléter l'expression suivante : « Tant qu'il y a de la vie, il y a .... ».

- ☐ A. de la joie
- ☐ B. de l'amour
- ☐ C. de l'espoir
- ☐ D. du rire

6 Le mot « sauter » devient « sautiller » grâce à :

- ☐ A. un préfixe
- ☐ B. suffixe
- ☐ C. un additif
- ☐ D. péjoratif

7 Compléter l'expression suivante : « Tant va la cruche à l'eau qu'à la fin elle .... ».

- ☐ A. se casse
- ☐ B. se fend
- ☐ C. se remplit
- ☐ D. s'abîme

8 Que signifie l'expression : « Battre le fer quand il est chaud » ?

- ☐ A. se dépêcher
- ☐ B. agir au meilleur moment
- ☐ C. donner un avis contraire
- ☐ D. gagner contre un adversaire

9 Lequel est l'intrus parmi ces mots ?

- ☐ A. dentiste
- ☐ B. dentifrice
- ☐ C. dentition
- ☐ D. dentelle

10 Magali prépare son départ, qui est . . . .

☐ **A.** imminent
☐ **B.** éminent
☐ **C.** éminemment
☐ **D.** immensément

11 Combien de . . . . faudra-t-il que je te le dise ?

☐ **A.** foie
☐ **B.** foix
☐ **C.** fois
☐ **D.** foi

12 Au jeu de cartes, il a obtenu une belle . . . . d'as.

☐ **A.** père
☐ **B.** pair
☐ **C.** paire
☐ **D.** perd

13 Nous avons besoin de son . . . . pour signer ce contrat.

☐ **A.** consentement
☐ **B.** tempérament
☐ **C.** ressentiment
☐ **D.** conditionnement

14 Quel est le sens du mot « effroi » ?

☐ **A.** envie
☐ **B.** ironie
☐ **C.** plaisir
☐ **D.** épouvante

15 Lequel est l'intrus parmi ces mots ?

☐ **A.** arme
☐ **B.** armure
☐ **C.** armée
☐ **D.** armoire

16 Quelle est la définition de « charitable » :

☐ **A.** généreux
☐ **B.** catholique
☐ **C.** avare
☐ **D.** méchant

17 Compléter l'expression suivante : « Chat échaudé craint l'eau . . . . ».

☐ **A.** froide
☐ **B.** tiède
☐ **C.** chaude
☐ **D.** gazeuse

18 Que signifie l'expression « Sonner le glas » ?

☐ **A.** sonner la cloche
☐ **B.** appeler à table
☐ **C.** annoncer la fin
☐ **D.** annoncer le début

19 Que signifie l'expression « En perdre son latin » ?

☐ **A.** ne plus savoir parler latin
☐ **B.** ne plus savoir traduire
☐ **C.** ne plus rien comprendre
☐ **D.** confondre le latin et le grec

20 Il a signé la lettre de son . . . .

☐ **A.** sot
☐ **B.** seau
☐ **C.** saut
☐ **D.** sceau

Corrigé

1 Réponse B : aversion.

2 Réponse B : feu.

3 Réponse C : paronymes.

4 Réponse D : figuré.

5 Réponse C : de l'espoir.

6 Réponse B : un suffixe.

7 Réponse A : se casse.

8 Réponse B : agir au meilleur moment.

9 Réponse D : dentelle.

10 Réponse A : imminent.

11 Réponse C : fois.

12 Réponse C : paire.

13 Réponse A : consentement.

14 Réponse D : épouvante.

15 Réponse D : armoire.

16 Réponse A : généreux.

17 Réponse A : froide.

18 Réponse C : annoncer la fin.

19 Réponse C : ne plus rien comprendre.

20 Réponse D : sceau.

Sujet blanc n° 1

1 Quel est le mot bien orthographié ?

- ☐ **A.** hachis
- ☐ **B.** hâchis
- ☐ **C.** hachie
- ☐ **D.** hachi

2 Quel est le verbe bien conjugué ?

- ☐ **A.** je m'apelle
- ☐ **B.** je m'appelle
- ☐ **C.** je m'appele
- ☐ **D.** je m'âpelle

3 Un alpaga est :

- ☐ **A.** une tâche de naissance sur le corps
- ☐ **B.** un animal d'Amérique du Sud
- ☐ **C.** une spécialité culinaire
- ☐ **D.** un insecte d'Asie

4 Dans quelle phrase y a-t-il une faute ?

- ☐ **A.** Pierre est parti chez son ami.
- ☐ **B.** Mélanie à mangé des prunes.
- ☐ **C.** Stéphane a pris un verre.
- ☐ **D.** Jean est petit.

5 Repérez la faute.

- ☐ **A.** Il casse son bracelet.
- ☐ **B.** Ils sont allés au restaurant.
- ☐ **C.** Ses parents sont monté à l'étage.
- ☐ **D.** José est mignon.

6 Repérez la faute.

- ☐ **A.** Il sait fait voler son téléphone.
- ☐ **B.** Il sait où il va.
- ☐ **C.** Il savait ce qu'il faisait.
- ☐ **D.** Il sait sa leçon.

7 Repérez la faute.

- ☐ **A.** Je mange tous les matins.
- ☐ **B.** Tout mes amis sont en province.
- ☐ **C.** Il se couche tous les soirs à 20 h.
- ☐ **D.** On est bien à la campagne.

8 **Complétez la phrase avec le bon verbe.**
Le boulanger .... des croissants et du pain.

- ☐ **A.** vend
- ☐ **B.** vand
- ☐ **C.** vends
- ☐ **D.** vent

9 **Repérez la faute.**

- ☐ **A.** Les vaches et leurs petits veau sont dans les prés.
- ☐ **B.** Pourquoi les chevaux sont-ils sortis ?
- ☐ **C.** Les journaux sont mouillés.
- ☐ **D.** Ses cheveux sont frisés.

10 **Quelle est la forme incorrecte conjuguée du passé simple ?**

- ☐ **A.** Elle se souvena de son enfance.
- ☐ **B.** Il alla dans le sud.
- ☐ **C.** On arriva très tard.
- ☐ **D.** Il se souvint d'elle.

11 **Repérez où se trouve la faute.**

- ☐ **A.** Mes affaires sont rangées dans le tiroir.
- ☐ **B.** Tu peux prendre mon ordinateur mais tu dois me le rendre cet après-midi.
- ☐ **C.** Pourquoi ton téléphone est dans mais affaires ?
- ☐ **D.** Range ton sac !

12 **Dans quelle phrase le mot « foi » est-il mal orthographié ?**

- ☐ **A.** Il était une fois une belle princesse qui habitait un magnifique château.
- ☐ **B.** Elle a perdu la foie, elle ne croit plus en rien.
- ☐ **C.** Combien de fois faut-il que je répète la même chose.
- ☐ **D.** Trois fois cinq égale quinze.

13 **Quel mot est mal orthographié ?**

- ☐ **A.** un héros
- ☐ **B.** un remord
- ☐ **C.** une perdrix
- ☐ **D.** une souris

14 **Dans quelle phrase l'un des termes est-il mal utilisé ?**

- ☐ **A.** La collision entre les deux sumos est brutale.
- ☐ **B.** Ce film d'horreur regorge de scènes cinglantes.
- ☐ **C.** La réponse du professeur a été cinglante.
- ☐ **D.** Le bilan de la catastrophe est sanglant.

15 **Dans quelle phrase l'auxiliaire est-il mal accordé ?**

- ☐ **A.** J'ai mangé les fraises du jardin
- ☐ **B.** Les fraises sont posées sur la table.
- ☐ **C.** Les fraises ont été mangé par Christophe.
- ☐ **D.** Les fraises sont mangées le jeudi.

16 Dans quelle phrase l'adjectif est-il mal accordé ?

☐ **A.** Tes caleçons sont tous kaki, comme c'est original !
☐ **B.** Quelle belle collection de jupes violette !
☐ **C.** Pour le spectacle, il serait bon que tout le monde porte des manteaux orange.
☐ **D.** Il a les yeux vert-marron.

17 Quel mot est mal orthographié ?

☐ **A.** timbre
☐ **B.** bombonniere
☐ **C.** champagne
☐ **D.** bonbon

18 Quel mot est mal orthographié ?

☐ **A.** palasse
☐ **B.** crasse
☐ **C.** glace
☐ **D.** culasse

19 Quel mot invariable est mal écrit ?

☐ **A.** autrefois
☐ **B.** néanmoins
☐ **C.** ailleur
☐ **D.** aussitôt

20 Quel mot désigne le nombre minimum pour qu'une assemblée délibère ?

☐ **A.** logorrhée
☐ **B.** quorum
☐ **C.** sacrum
☐ **D.** carroussel

21 Repérez la faute.

☐ **A.** Jacques a mangé une tarte.
☐ **B.** Lola à attrapé un oiseau.
☐ **C.** Ils sont partis à la gare.
☐ **D.** Elle a un œil au beurre noir.

22 Repérez la faute.

☐ **A.** Lilia est très jolie.
☐ **B.** Tu est loin d'avoir fini
☐ **C.** Jean et Patrick sont bronzés.
☐ **D.** Ton appartement est bien décoré.

23 Repérez la faute.

☐ **A.** Ils n'ont pas froid aux yeux !
☐ **B.** Ont est bien gentil d'avoir fait toute la vaisselle
☐ **C.** On a l'habitude de se coucher tôt
☐ **D.** Elles ont de jolis yeux.

24 Repérez la faute.

☐ **A.** Il a perdu son parapluie.
☐ **B.** Son bonnet est trop petit.
☐ **C.** Elle a enregistré sont premier album.
☐ **D.** Paul a enfin acheté son téléphone.

25 Combien y a-t-il de fautes dans le petit texte suivant ?

Léa est inscrite au conservatoire depuis deux ans. Elle jout de la harpe celtique. Elle a trouvé un bon proffesseur. Elle à déjà fait d'énormes progrès.

- ☐ **A.** une faute
- ☐ **B.** deux fautes
- ☐ **C.** trois fautes
- ☐ **D.** quatre fautes

Corrigé

1 **Réponse A : hachis.**

2 **Réponse B : je m'appelle.**

3 **Réponse C : un animal d'Amérique du Sud.**

4 **Réponse B : Mélanie à mangé des prunes.**
Il faudrait écrire : Mélanie a mangé des prunes.

5 **Réponse C : Ses parents sont monté à l'étage.**
Il faudrait écrire : Ses parents sont montés à l'étage.

6 **Réponse A : Il sait fait voler son téléphone.**
Il faudrait écrire : Il s'est fait voler son téléphone.

7 **Réponse B : Tout mes amis sont en province.**
Il faudrait écrire : Tous mes amis sont en province.

8 **Réponse A : vend.**

9 **Réponse A : Les vaches et leurs petits veau sont dans les prés.**
Il faudrait écrire : Les vaches et leurs petits veaux sont dans les prés.

10 **Réponse A : Elle se souvena de son enfance.**
Il faudrait écrire : Elle se souvint de son enfance.

11 **Réponse C : Pourquoi ton téléphone est dans mais affaires ?**
Il faudrait écrire : Pourquoi ton téléphone est dans mes affaires ?

12 **Réponse B : Elle a perdu la foie, elle ne croit plus en rien.**
Il faudrait écrire : Elle a perdu la foi, elle ne croit plus en rien.

13 **Réponse B : un remord.**
Il faudrait écrire : un remords.

14 **Réponse B : Ce film d'horreur regorge de scènes cinglantes.**
Il faudrait écrire : Ce film d'horreur regorge de scènes sanglantes.

15 **Réponse C : Les fraises ont été mangé par Christophe.**
Il faudrait écrire : Les fraises ont été mangées par Christophe.

16 **Réponse B : Quelle belle collection de jupes violette !**
Il faudrait écrire : Quelle belle collection de jupes violettes !

17 **Réponse B : bombonniere.**
Il faudrait écrire : bonbonnière.

18 **Réponse A : palasse.**
Il faudrait écrire : palace.

19 **Réponse C : ailleur.**
Il faudrait écrire : ailleurs.

20 **Réponse B : quorum.**

21 **Réponse B : Lola à attrapé un oiseau.**
Il faudrait écrire : Lola a attrapé un oiseau.

22 **Réponse B : Tu est loin d'avoir fini**
Il faudrait écrire : Tu es loin d'avoir fini.

23 **Réponse B : Ont est bien gentil d'avoir fait toute la vaisselle.**
Il faudrait écrire : On est bien gentil d'avoir fait toute la vaisselle.

24 **Réponse C : Elle a enregistré sont premier album.**
Il faudrait écrire : Elle a enregistré son premier album.

25 **Trois fautes.**
Il faudrait écrire : Léa est inscrite au conservatoire depuis deux ans. Elle joue de la harpe celtique. Elle a trouvé un bon professeur. Elle a déjà fait d'énormes progrès.

Sujet blanc n° 2

1 Repérez la faute.

- ☐ **A.** Pour la fin du repas, c'est fromage ou dessert.
- ☐ **B.** Ou est passé mon ordinateur ?
- ☐ **C.** Tu viens mardi ou mercredi ?
- ☐ **D.** Je me demande où est l'entrée ?

2 Quel mot désigne un auteur de fable ?

- ☐ **A.** un fabliste
- ☐ **B.** un fabuliste
- ☐ **C.** un fataliste
- ☐ **D.** un fabiliste

3 Repérez la faute.

- ☐ **A.** C'est la fin du film.
- ☐ **B.** Il a rangé ses chaussettes.
- ☐ **C.** Philippe sait fait très mal au pied.
- ☐ **D.** Ces livres sont à moi.

4 Repérez la faute.

- ☐ **A.** Jeanne et Marc sont près du but.
- ☐ **B.** Ilian a obtenu un pret bancaire pour acheter son premier appartement.
- ☐ **C.** Il a prêté un livre à Jean Claude.
- ☐ **D.** Il est apprêté pour sortir.

5 Repérez la faute.

- ☐ **A.** Tous les matins, je bois un jus d'orange.
- ☐ **B.** Il a pris touts les croissants !
- ☐ **C.** Toutes les filles sont jolies.
- ☐ **D.** Tout a commencé en début d'après-midi.

6 Repérez la faute.

- ☐ **A.** Joséphine fréquente beaucoup le spa, elle s'y rend quatre fois par semaine.
- ☐ **B.** S'il fait beau, je pars en vacances.
- ☐ **C.** Marc est à la montagne, il si sent bien.
- ☐ **D.** Jacques est si fatigué qu'il s'est endormi.

7 Quel mot est mal orthographié ?

- ☐ **A.** chevreuil
- ☐ **B.** chevreau
- ☐ **C.** héro
- ☐ **D.** hérault

8 Repérez la faute.

- ☐ **A.** Quelle que soit la couleur, ce vêtement me plaît, je l'achète.
- ☐ **B.** Je pense que quel que soit le jour, il arrivera en retard.
- ☐ **C.** Quoique tu fasses, je serai d'accord.
- ☐ **D.** Quoi qu'il en coûte, je paierai.

9 Repérez la faute.

- ☐ **A.** Quand je me lèverai, je t'appellerai.
- ☐ **B.** Lucas est puni, quand à toi je ne te parle plus.
- ☐ **C.** Je pars quand le soleil, se lèvera.
- ☐ **D.** Il pleuvra quand même cet après-midi.

10 Quelle est la proposition qui correspond pour cette phrase :
Ils .... partis avec .... livre et .... cahiers.

- ☐ **A.** sont/son/c'est
- ☐ **B.** son/sont/ses
- ☐ **C.** son/son/ces
- ☐ **D.** sont/son/ses

11 Repérez la faute.

- ☐ **A.** Le sac est à la poubelle, il la jeté.
- ☐ **B.** Franck est là.
- ☐ **C.** Marc est à la porte, il l'attend.
- ☐ **D.** Il l'a rappelé ce matin.

12 Repérez la faute.

- ☐ **A.** Les filles sont parties avec quatre de leurs meilleurs amies.
- ☐ **B.** Je leur conseille de prendre une veste.
- ☐ **C.** Leur album est sorti cet été.
- ☐ **D.** Je leur ai donné des bonbons.

13 Quel mot est mal orthographié ?

- ☐ **A.** un croquis
- ☐ **B.** un poids
- ☐ **C.** un entremet
- ☐ **D.** un coutelas

14 Dans quelle phrase un terme est-il mal utilisé ?

- ☐ **A.** Cette chambre est infecté de moustiques.
- ☐ **B.** Le dénouement du film est déroutant.
- ☐ **C.** L'inclinaison du bateau est inquiétante.
- ☐ **D.** La collusion de ces hommes politiques est incroyable.

15 Repérez la faute.

- ☐ **A.** des serviettes blanche et verte.
- ☐ **B.** des pulls verts et jaune
- ☐ **C.** des chaises marron et noir.
- ☐ **D.** des couvertures jaunes et oranges.

16 Quel participe passé n'est pas bien accordé ?

- ☐ **A.** Marine s'est enfuie de la maison.
- ☐ **B.** Alice s'est reconnue dans le miroir.
- ☐ **C.** La maison qu'il a acheté est magnifique.
- ☐ **D.** Le prince a hérité de sa famille.

17 Quelle est la bonne conjugaison du verbe dissoudre ?

- ☐ **A.** je dissous
- ☐ **B.** je dissoue
- ☐ **C.** je dissoux
- ☐ **D.** je dissouds

18 Quelle est la proposition qui correspond pour cette phrase :
Je bois un .... de thé dans mon jardin alors qu'un .... de terre se dirige lentement .... la chaise.

- ☐ **A.** ver/verre/vers
- ☐ **B.** verre/vers/vers
- ☐ **C.** verre/ver/vers
- ☐ **D.** verre/ver/vers

19 Quelle est la bonne orthographe ?

- ☐ **A.** parpain
- ☐ **B.** parpaing
- ☐ **C.** parpin
- ☐ **D.** parpaim

20 Repérez le mot mal othographié.

- ☐ **A.** saint
- ☐ **B.** sein
- ☐ **C.** seing
- ☐ **D.** cin

21 Quel mot invariable est mal écrit ?

- ☐ **A.** en outre
- ☐ **B.** donc
- ☐ **C.** ors
- ☐ **D.** car

22 Quelle est la bonne conjugaison du verbe coudre ?

- ☐ **A.** je couds
- ☐ **B.** je coud
- ☐ **C.** je cous
- ☐ **D.** je coue

23 Quel mot est mal orthographié ?

- ☐ **A.** tarot
- ☐ **B.** château
- ☐ **C.** blaireau
- ☐ **D.** aneau

24 Repérez la faute.

- ☐ **A.** Jenna est Paul sont allés au square.
- ☐ **B.** Claire travaille à l'étage.
- ☐ **C.** Marc est très jeune.
- ☐ **D.** Celia et Daniel sont dans la rue.

25 Quel mot est mal orthographié ?

- ☐ **A.** laquais
- ☐ **B.** cambouis
- ☐ **C.** canevas
- ☐ **D.** discourt

Corrigé

1 **Réponse B : Ou est passé mon ordinateur ?**
Il faudrait écrire : Où est passé mon ordinateur ?

2 **Réponse B : un fabuliste.**

3 **Réponse C : Philippe sait fait très mal au pied.**
Il faudrait écrire : Phillipe s'est fait très mal au pied.

4 **Réponse B : Ilian a obtenu un pret bancaire pour acheter son premier appartement.**
Il faudrait écrire : Ilian a obtenu un prêt bancaire pour acheter son premier appartement.

5 **Réponse B : Il a pris touts les croissants !**
Il faudrait écrire : Il a pris tous les croissants !

6 **Réponse C : Marc est à la montagne, il si sent bien.**
Il faudrait écrire : Marc est à la montagne, il s'y sent bien.

7 **Réponse C : héro.**
Il faudrait écrire : héros.

8 **Réponse C : Quoique tu fasses, je serai d'accord.**
Il faudrait écrire : Quoi que tu fasses, je serai d'accord.

9 **Réponse B : Lucas est puni, quand à toi je ne te parle plus.**
Il faudrait écrire : Lucas est puni, quant à toi je ne te parle plus.

10 **Réponse D : sont/son/ses.**

11 **Réponse A : Le sac est à la poubelle, il la jeté.**
Il faudrait écrire : Le sac est à la poubelle, il l'a jeté.

12 **Réponse A : Les filles sont parties avec quatre de leurs meilleurs amies.**
Il faudrait écrire : Les filles sont parties avec quatre de leurs meilleures amies.

13 **Réponse C : un entremet.**
Il faudrait écrire : un entremets.

14 **Réponse A : Cette chambre est infecté de moustiques.**
Il faudrait écrire : Cette chambre est infectée de moustiques.

15 **Réponse B : des pulls verts et jaune.**
Il faudrait écrire : des pulls vert et jaune.

16 **Réponse C : La maison qu'il a acheté est magnifique.**
Il faudrait écrire : La maison qu'il a achetée est magnifique.

17 **Réponse A : je dissous.**

18 **Réponse C : verre/ver/vers.**

19 **Réponse B : parpaing.**

20 **Réponse D : cin.**

21 **Réponse C : ors.**

22 **Réponse A : je couds.**

23 **Réponse D : anneau.**

24 **Réponse A : Jenna est Paul sont allés au square.**
Il faudrait écrire : Jenna et Paul sont allés au square.

25 **Réponse D : discourt.**
Il faudrait écrire : discours.

Conseils et méthodes pour le calcul

1. Présentation de l'épreuve de calcul

- Dans le test de connaissances générales composé d'une centaine de questions, une part est réservée pour le calcul.
- Ces questions font appel aux règles de calcul arithmétique apprises à l'école primaire et au collège. Certaines sont résolues avec une seule opération, d'autres nécessitent un court raisonnement, mais aucune démonstration n'est demandée.
- C'est sous la forme d'un **QCM** (questionnaire à choix multiple) que ces connaissances sont évaluées. Vous devez choisir la réponse exacte parmi celles qui sont proposées, en un minimum de temps.
- Ces questions ne laissent pas la place à l'interprétation ni à la stratégie, vous devez impérativement maîtriser les notions demandées dans le cadre de cette épreuve.
- Les calculatrices n'étant pas autorisées, une **bonne maîtrise du calcul mental** est indispensable, permettant d'éviter de poser les opérations, et donc de gagner du temps.
- Il vous sera utile de faire un **brouillon**, notamment pour résoudre les questions utilisant une formule de géométrie, ou de réaliser un tableau de conversion.

2. Conseils méthodologiques

- Retrouvez quotidiennement l'usage du calcul mental, révisez vos tables de multiplication et bannissez l'usage des calculatrices dès le début de votre préparation.
- Créez-vous quotidiennement des problèmes en évaluant un rabais, une liste des courses, en comparant des promotions.
- Faites le point sur vos connaissances en vous posant certaines questions :
  – suis-je capable de multiplier et diviser des nombres décimaux, de gérer la place de la virgule ? ;
  – suis-je capable de convertir des litres en m^3, des km en m, des minutes en heures ? ;
  – suis-je capable de retrouver la circonférence ou le périmètre d'une figure géométrique ?
  – suis-je capable d'utiliser les pourcentages ?
- Le bilan effectué, consultez les fiches de cet ouvrage, vous y retrouverez les rappels de cours indispensables, des exemples et des exercices d'entrainement.

Fiche 1 - La numération

1. Les nombres entiers

- Un nombre entier est un nombre qui n'a pas de virgule. Il est composé de chiffres (0, 1, 2, 3, 4, 5, 6, 7, 8, 9).
- Chaque chiffre a une valeur qui dépend de son rang (unité, dizaine ou centaine, dans la classe des unités simples, des mille, des millions ou des milliards).

Classe des milliards			Classe des millions			Classe des mille			Classe des unités simples		
c	d	u	c	d	u	c	d	u	c	d	u
		1	0	4	8	7	0	3	0	1	0

- Lorsqu'il n'y a pas de valeur pour un rang, on met « zéro ».

Exemple

1 milliard 48 millions 703 mille 10 s'écrit : 1 048 703 010.

- Pour faciliter la lecture, on laisse un espace entre chacune des classes (groupe de trois chiffres).

2. Les nombres décimaux

- Les nombres décimaux sont les nombres qui s'écrivent avec une virgule. La partie qui précède la virgule est appelée « partie entière », celle qui se trouve après la virgule est appelée « partie décimale ».

Partie entière					Partie décimale		
3	8	9	5	,	6	7	2
millier	centaine	dizaine	unité		dixième	centième	millième

- Dans la partie entière, le premier chiffre avant la virgule est celui des unités, le deuxième est celui des dizaines, le troisième celui des centaines… Dans la partie décimale, le premier chiffre après la virgule est celui des dixièmes, le deuxième est celui des centièmes, le troisième celui des millièmes…
- Dans l'exemple ci-dessus, on pourra lire la partie décimale de ces deux manières : « 0,672 » ou « 672 millièmes ».

Règles d'écriture

- Tout nombre entier peut s'écrire sous forme décimale.

Exemple

17 peut s'écrire 17,00.

- On peut supprimer le ou les zéros qui terminent la partie décimale d'un nombre sans en changer la valeur.

Exemple

172,50 peut s'écrire 172,5.

3. Savoir classer les nombres

- **Pour comparer des nombres entre eux, on utilise les symboles suivants :**

= égal	≠ différent
< inférieur	⩽ inférieur ou égal
> supérieur	⩾ supérieur ou égal

Exemple

24 = 24,0 ; 12 ≠ 15 ; 17 < 18 ; 7 > 3,5

- **Plusieurs nombres peuvent être rangés :**

– en ordre croissant (du plus petit au plus grand).

Exemple

4 < 10 < 23 < 23,9

– en ordre décroissant (du plus grand au plus petit).

Exemple

48 > 47,3 > 47 > 46,9 > 46

- **Pour comparer des nombres décimaux entre eux,** on complète la partie décimale avec des zéros afin d'avoir le même nombre de chiffres après la virgule. On compare ensuite les parties entières. Si elles sont identiques, on compare alors les parties décimales (derrière la virgule).

Exemple

Ranger en ordre croissant : 8,6 – 8,5 – 8,65 – 9,05 – 9,10.
On met le même nombre de chiffres après la virgule : 8,60 – 8,50 – 8,65 – 9,10 – 9,05.
On range par ordre croissant : 8,50 < 8,60 < 8,65 < 9,05 < 9,10.

- **Pour comparer des nombres décimaux et des nombres entiers entre eux,** on ajoute des virgules aux nombres entiers et on met partout le même nombre de chiffres après les virgules (dans l'exemple ci-dessous, « 42 » devient donc « 42,00 »).

Exemple

Ranger en ordre croissant : 42,7 – 42,03 – 41,9 – 41,05 – 42.
On met le même nombre de chiffres après la virgule : 42,70 – 42,03 – 41,90 – 41,05 – 42,00.
On range par ordre croissant : 41,05 < 41,90 < 42,00 < 42,03 < 42,70.

4. Savoir arrondir un résultat

Arrondir un résultat, c'est en donner la valeur la plus proche.

La règle pour arrondir à un rang particulier

On « coupe » le nombre au rang souhaité :
– si le chiffre qui suit est 1, 2, 3 ou 4, on conserve l'écriture du nombre (on obtient ainsi la valeur par défaut) ;
– si le chiffre qui suit est 5, 6, 7, 8 ou 9, on augmente d'une unité le dernier chiffre (on obtient ainsi la valeur par excès).

Exemples

- On peut arrondir **à l'unité**, c'est-à-dire sans chiffre après la virgule.

L'arrondi à l'unité de **5**,218 75 est ≈ 5 (car le chiffre qui suit celui des unités est 2).

- On peut arrondir **au dixième**, c'est-à-dire avec un chiffre après la virgule.

L'arrondi au dixième de 5,**2**18 75 est ≈ 5,2 (car le chiffre qui suit celui des dixièmes est 1).

- On peut arrondir **au centième**, c'est-à-dire avec deux chiffres après la virgule.

L'arrondi au centième de 5,**21**8 75 est ≈ 5,22 (car le chiffre qui suit celui des centièmes est 8).

- On peut arrondir **au millième**, c'est-à-dire avec trois chiffres après la virgule.

L'arrondi au millième de 5,21**8** 75 est ≈ 5,219 (car le chiffre qui suit celui des millièmes est 7).

Conseil

Si l'énoncé ne précise rien, arrondissez vos résultats au centième (deux chiffres après la virgule).

Entraînement 1 - **La numération**

1 Quelle est l'écriture en chiffres de : sept cent mille huit cent trois ?

☐ **A.** 700 803 ☐ **B.** 7 100 803 ☐ **C.** 700 000 803 ☐ **D.** 71 803 000

2 Quelle est l'écriture en chiffres de : quatre-vingt mille quatre-vingt ?

☐ **A.** 420 080 ☐ **B.** 80 000 80 ☐ **C.** 80 080 ☐ **D.** 420 420

3 Quelle est l'affirmation exacte ?

☐ **A.** douze millions quatre-vingt mille = 12 80 000
☐ **B.** trente-trois mille cinq cent = 33 500
☐ **C.** mille neuf cent trente = 190 030
☐ **D.** vingt-cinq virgule soixante-trois = 25,063

4 Quelle est l'affirmation exacte ?

☐ **A.** 1 300 050 = un million trois mille cinquante
☐ **B.** 204 500 = vingt mille quatre cent cinquante
☐ **C.** 1 000 005 = mille cinq
☐ **D.** 6 150 000 = six millions cent cinquante mille

5 Quel est le plus grand de ces nombres ?

☐ **A.** 25,63 ☐ **B.** 25,603 ☐ **C.** 25,063 ☐ **D.** 25,36

6 Quel est le plus petit de ces nombres ?

☐ **A.** 55,6 ☐ **B.** 55,5 ☐ **C.** 55,59 ☐ **D.** 55,55

7 Quel est au centième près l'arrondi inexact ?

☐ **A.** 12,367 ≈ 12,37 ☐ **C.** 589,123 ≈ 589,12
☐ **B.** 0,995 ≈ 0,9 ☐ **D.** 18,333 ≈ 18,33

8 Quel est à l'unité près l'arrondi exact ?

☐ **A.** 3,56 ≈ 3 ☐ **B.** 1,36 ≈ 1 ☐ **C.** 23,49 ≈ 24 ☐ **D.** 8,805 ≈ 8

9 Dans 4 300 000 combien y a-t-il de milliers ?

☐ **A.** 4 300 ☐ **B.** 4,3 ☐ **C.** 43 ☐ **D.** 430

10 Voici les tailles de 6 élèves d'une même classe :

Alex = 1,42 m ; Bob = 1,39 m ; Carl = 1,45 m ; Dan = 1,3 m ; Eva = 1,52 m ; Fred = 1,405 m

Entre quels élèves se placerait Gus qui mesure 1,4 m ?

Corrigé

1 **Réponse A : 700 803.**

2 **Réponse C : 80 080.**

3 **Réponse B : trente-trois mille cinq cent = 33 500.**
A. douze millions quatre-vingt mille = 12 080 000
C. mille neuf cent trente = 1 930
D. vingt-cinq virgule soixante-trois = 25,63

4 **Réponse D : 6 150 000 = six millions cent cinquante mille.**
A. 1 300 050 = un million trois cent mille cinquante
B. 204 500 = deux cent quatre mille cinq cents
C. 1 000 005 = un million cinq

5 **Réponse A : 25,63.**

6 **Réponse B : 55,5.**

7 **Réponse B : 0,995 ≈ 0,9.**
0,995 s'arrondit en 1.

8 **Réponse B : 1,36.**
A. 3,56 ≈ 4
C. 23,49 ≈ 23
D. 8,805 ≈ 9

9 **Réponse A : 4 300.**

10 **Réponse : Gus est entre Bob et Fred.**
Pour comparer les tailles, on complète les parties décimales afin qu'elles comportent toutes 3 chiffres derrière la virgule :
Alex : 1,420 ; Bob : 1,390 ; Carl : 1,450 ; Dan : 1,300 ; Eva : 1,520 ; Fred : 1,405 et Gus : 1,400.
400 est entre 390 et 405.
En rangeant les tailles en ordre croissant, on obtient : 1,390 < 1,400 < 1,405.
La taille de Gus 1,4 m est entre celle de Bob (1,39 m) et celle de Fred (1,405 m).

Fiche 2 - **Les 4 opérations**

1. Additionner

A. Vocabulaire

- L'addition de plusieurs nombres permet de calculer une **somme**, de trouver un **total**.
- Les nombres que l'on additionne doivent être dans la **même unité** (par exemple : les euros avec les euros, les mètres avec les mètres…).

B. Technique

- Vérifier que les nombres sont écrits avec la même unité.
- Estimer systématiquement l'ordre de grandeur du résultat attendu.
- Compléter la partie décimale avec des 0 afin que les nombres aient le même nombre de chiffres après la virgule.
- Poser l'opération en alignant verticalement les chiffres et en positionnant les virgules les unes sous les autres.
- Additionner en premier les chiffres les plus à droite. Si la somme excède la dizaine, poser une retenue au chiffre du haut immédiatement à gauche.

Exemple

Effectuer l'opération suivante 36,5 + 125 + 0,56
Ordre de grandeur : 40 + 120 + 0 = 160
Écrire les nombres en complétant avec des 0 : 36,50 + 125,00 + 0,56
Poser l'opération :

```
   +1 +1
    36,50
+  125,00
+    0,56
---------
   162,06
```

2. Soustraire

A. Vocabulaire

- La soustraction s'effectue entre **deux** nombres et permet de déterminer leur **différence**.
- Les nombres doivent être dans la **même unité**.

B. Technique

- Reprendre les étapes 1 à 4 de l'addition.
- Commencer la soustraction par les chiffres les plus à droite. Si le chiffre du bas est supérieur à celui du haut, utiliser une retenue et l'additionner au chiffre du bas de la colonne immédiatement à gauche.

Exemple

Effectuer l'opération suivante : 125,2 – 36,55
Ordre de grandeur : 125 – 35 = 80
Écrire : 125,20 – 36,55
Poser l'opération :

```
  1 2 5 , 2 0
–   3 6 , 5 5
   +1 +1  +1
-------------
    8 8 , 6 5
```

3. Multiplier

A. Vocabulaire

- La multiplication s'effectue entre deux nombres : le **multiplicande** et le **multiplicateur**, et permet de calculer leur **produit**.
- Le produit reste le même si on échange la place des deux nombres.

B. Technique

- Estimer l'ordre de grandeur du résultat.
- Supprimer tous les 0 inutiles.
- Effectuer la multiplication sans tenir compte des virgules.
- Multiplier successivement tous les chiffres du multiplicande par ceux du multiplicateur en commençant par le plus à droite (chaque résultat sera décalé d'un rang vers la gauche, et additionner).
- Installer la virgule au résultat en comptant le total des chiffres derrière la virgule du multiplicande et du multiplicateur.

Exemple

Effectuer l'opération suivante : 541,20 × 3,5
Ordre de grandeur : 500 × 4 = 2 000
Écrire : 541,2 × 3,5
Poser l'opération :

```
×      5 4 1, 2
×          3, 5
---------------
     2 7 0 6 0      On effectue 5 412 × 5.
   1 6 2 3 6 .      On effectue 5 412 × 3.
---------------
   1 8 9 4 2 0      On additionne.
```

Épreuve de connaissances générales

Placer la virgule : 541,2 a 1 chiffre derrière la virgule ; 3,5 en aussi 1, le résultat aura 2 chiffres derrière la virgule : 1 894,20.

ASTUCE

Pour multiplier par 10, par 100 ou par 1 000 on ajoute 1, 2 ou 3 zéros à un nombre entier. On déplace la virgule de 1, 2 ou 3 rang vers la droite pour un nombre décimal.

4. Diviser

A. Vocabulaire

- Un division permet de déterminer un **quotient** qui représente la valeur unitaire ou le nombre de parts.
- Chaque élément de la division porte un nom :

dividende	diviseur
reste	quotient

- Le reste doit toujours être inférieur au diviseur. Le diviseur doit toujours être un nombre entier.
- Une division **tombe juste** s'il n'y a pas de **reste**.

B. Technique

- Estimer l'ordre de grandeur du résultat.
- Si le diviseur est un nombre décimal, décaler les virgules vers la droite d'un même nombre de rangs, aussi bien au diviseur qu'au dividende, afin que le diviseur devienne un nombre entier.
- Au dividende, comparer le ou les premiers chiffres à gauche avec le diviseur pour estimer le premier chiffre du quotient. Calculer le reste entre ce résultat et le ou les premiers chiffres du dividende, puis « abaisser » le chiffre suivant du dividende et reprendre l'estimation.

EXEMPLE

Effectuer l'opération suivante : 301,52 ÷ 2,1
Ordre de grandeur : 300 ÷ 2 = 150
Déplacer la virgule d'un rang vers la droite et effectuer la division entre 3015,2 et 21.
Poser l'opération :

3 0 1 5 , 2	2 1
9	1

1re étape : 30 ÷ 21 = 1. « Il y va 1 fois » et il reste 30 – 21 = 9.

3 0 1 5 , 2	2 1
9 1	1 4
7	

2e étape : on « abaisse » le 1, on estime 91 ÷ 21 = 4 car 21 × 4 = 84.
« Il y va 4 fois » et il reste 91 – 84 = 7.

```
3015,2 | 21
  91   |------
   75  | 143
   12
```

3e étape : on abaisse le 5, on estime 75 ÷ 21 = 3 car 21 × 3 = 63.
« Il y va 3 fois » et il reste 75 – 63 = 12.

```
3015,2 | 21
  91   |------
   75  | 143,5
   12,2|
     17|
```

4e étape : on abaisse le 2, il est derrière une virgule, on installe cette virgule au quotient. On estime 122 ÷ 21 = 5 car 21 × 5 = 105.
« Il y va 5 fois » et il reste 122 – 105 = 17.

Astuce

Pour diviser par 10, par 100 ou par 1 000 un nombre entier, on enlève 1, 2 ou 3 zéros ou on déplace la virgule de 1, 2 ou 3 rang vers la gauche si le nombre est décimal.

Entraînement 2 - **Les 4 opérations**

Déterminez l'ordre de grandeur des résultats suivants :

1 53,8 + 28 + 0,5

☐ **A.** 70 ☐ **B.** 80 ☐ **C.** 90 ☐ **D.** 60

2 37,8 × 4,2

☐ **A.** 160 ☐ **B.** 140 ☐ **C.** 1 200 ☐ **D.** 1 600

3 1 008 – 75,2

☐ **A.** 93 ☐ **B.** 800 ☐ **C.** 920 ☐ **D.** 250

4 35 ÷ 12,1

☐ **A.** 40 ☐ **B.** 2 ☐ **C.** 0, 8 ☐ **D.** 3

5 102,8 + 88 + 3,99 + 203

☐ **A.** 400 ☐ **B.** 350 ☐ **C.** 300 ☐ **D.** 500

6 Le service secrétariat reçoit une commande de 4 cartons de 30 rames de 500 feuilles pour ses imprimantes. **De combien de feuilles dispose ce service ?**

☐ **A.** 6 500 ☐ **B.** 600 ☐ **C.** 60 000 ☐ **D.** 100 000

7 **Calculez la quantité d'eau utilisée par cette famille en une journée. Douche : 150 L, lessive linge et vaisselle : 80 L, chasse d'eau : 80 L, repas : 12 L.**

8 Vous achetez 4 cadeaux de 35 €, 18 €, 15 € et 12 €. Vous avez un bon d'achat de 25 €, **combien vous reste-t-il à payer ?**

9 Cinq collègues vont au restaurant : trois d'entre eux choisissent la formule plat + dessert à 14,50 €, l'un choisit un plat unique à 11,50 € et un autre un plat unique à 12,50 €. Ils s'offrent une bouteille à 17,50 €. Ils décident de partager la somme totale en cinq parts égales. **Quel sera le montant de la part à payer par chaque personne ?**

10 **Retrouvez les valeurs de A et B dans cette multiplication :**

			5	**A**	3	5
×					2	8
		4	0	2	8	0
	1	0	0	**B**	0	·
	1	4	0	9	8	0

Corrigé

1 **Réponse B : 80.**
50 + 30 + 0 = 80

2 **Réponse A : 160.**
40 × 4 = 160

3 **Réponse C : 920.**
1 000 – 80 = 920

4 **Réponse D : 3.**
36 ÷ 12 = 3

5 **Réponse A : 400.**
100 + 100 + 200 = 400

6 **Réponse C : 60 000 feuilles.**
4 × 30 =120 et 120 × 500 = 60 000

7 **Réponse : 322 L.**
150 + 80 + 80 + 12 = 322

8 **Réponse : 65 €.**
Le coût total des achats est de : 35 + 28 + 15 + 12 = 90 €.
Il reste à payer : 90 – 25 = 65 €.

9 **Réponse : 17 €.**
Coût des trois formules : 14,5 × 3 = 43,5 €.
Coût des cinq repas et de la bouteille : 43,5 + 11,5 + 12,5 + 17,5 = 85 €.
Part de chaque convive : 85 : 5 = 17 €.

10 **Réponse : A = 0 et B = 7.**
5 035 × 28 = 140 980

Fiche 3 - La proportionnalité

1. Définition

Deux quantités sont **proportionnelles** lorsqu'on peut passer de l'une à l'autre en multipliant ou divisant par un même nombre appelé **coefficient de proportionnalité**.

EXEMPLE

Le prix de 4 bouteilles est de 6 €, on en déduit que le prix de 1 bouteille est de 6 : 4 = 1,5 €.
Ce prix unitaire est le « coefficient ».
On peut établir un tableau de proportionnalité.

	1	2	3	4	5	
Nombre de bouteilles	1	4	5	10	12	× 1,5
Prix	1,5	6	7,5	150	18	

On observe que les « produits en croix » entre les 4 nombres de deux colonnes sont égaux :
colonnes 1 et 2 : 1 × 6 = 1,5 × 4 = 6
colonnes 2 et 5 : 4 × 18 = 6 × 12 = 72
colonnes 2 et 3 : 4 × 7,5 = 6 × 5 = 30
colonnes 4 et 5 : 10 × 18 = 150 × 12 = 180

2. Résolution d'un problème

On connaît 3 quantités et on cherche la 4e.

A. La règle de trois

Calculez la quantité pour une unité.
Multipliez cette quantité unitaire par la quantité pour laquelle le résultat est demandé.
Ex. : Avec 5 L d'essence, une voiture parcourt 100 km. Quelle distance parcourt-elle avec 8 L ?
Avec 1 L d'essence, elle parcourt $\frac{100}{5} = 20$ km.
Avec 8 L, elle parcourt 8 fois plus :
8 × 20 = 160 km.

B. Le produit en croix

Construisez un tableau de deux lignes et deux colonnes.

Remplissez-le avec les trois données ; il reste alors une case à compléter.

Écrivez l'égalité entre les deux proportions et calculez le produit en croix.

Ex. : Il faut 5 L d'essence pour parcourir 100 km. Combien en faut-il pour parcourir 150 km ?

essence (L)	5	x
distance (km)	100	150

Produit en croix :

$100 \times x = 5 \times 150$

$$x = \frac{5 \times 150}{100}$$

$x = 7,5$ L

Entraînement 3 -
La proportionnalité

1 **Dans une recette de gâteau, il faut 60 g de beurre pour 200 g de farine. Avec 500 g de farine, quelle est la quantité de beurre nécessaire ?**

☐ **A.** 24 g ☐ **B.** 150 g ☐ **C.** 200 g ☐ **D.** 125 g

2 Une voiture consomme 5,5 L de carburant pour faire 100 km.
Quelle est sa consommation pour effectuer 80 km ?

☐ **A.** 6,875 L ☐ **B.** 4,4 L ☐ **C.** 6,25 L ☐ **D.** 7 L

Coup de pouce

Utilisez le produit en croix sous cette forme :

Litres	Km
5,5	100
?	80

ou sous une autre forme :

Litres	5,5	?
Km	100	80

3 Dans une recette pour 4 personnes, il faut 600 g de fruits.
Quelle quantité de fruits sera nécessaire pour 6 personnes ?

☐ **A.** 900 g ☐ **B.** 750 g ☐ **C.** 400 g ☐ **D.** 520 g

4 Pour parcourir 4 km, un randonneur a marché durant 20 min. **En poursuivant au même rythme, en combien de temps peut-il parcourir 9 km ?**

☐ **A.** 40 min ☐ **B.** 45 min ☐ **C.** 50 min ☐ **D.** 55 min

5 Une machine peut fabriquer 240 pièces en 3 h. **Au même rythme, combien de pièces seront fabriquées en 5 jours à raison de 8 heures par jour ?**

☐ **A.** 2 300 ☐ **B.** 500 ☐ **C.** 3 200 ☐ **D.** 28 800

6 Les 40 g d'un produit sont dissous dans 1,5 L d'eau. **Combien d'eau sera nécessaire pour dissoudre 120 g de ce même produit ?**

☐ **A.** 4,5 L ☐ **B.** 5 L ☐ **C.** 3 L ☐ **D.** 3,5 L

7 Cet étudiant devait travailler 20 jours pendant les vacances et toucher 820 €.
Souffrant, il s'est absenté les 5 derniers jours.
Quelle somme peut-il espérer percevoir ?

☐ **A.** 600 € ☐ **B.** 615 € ☐ **C.** 205 € ☐ **D.** 410 €

8 Un livreur doit charger 45 colis identiques. Si 15 colis pèsent 135 kg, quel est le poids total de ce chargement ?

☐ **A.** 270 kg ☐ **B.** 360 kg ☐ **C.** 405 kg ☐ **D.** 1 215 kg

9 Sachant que 250 g de pain complet apportent 625 kcal, quelle quantité de calories apportent 70 g de pain ?

☐ **A.** 175 kcal ☐ **B.** 17,5 kcal
☐ **C.** 28 kcal ☐ **D.** 280 kcal

10 Dans cette recette de crêpes pour 3, 5 et 8 personnes, une ligne comporte une erreur : laquelle ?

		pour 3 personnes	pour 5 personnes	pour 8 personnes
☐ A.	lait	75 cL	125 cL	200 cL
☐ B.	œufs	3	5	8
☐ C.	farine	120 g	200 g	340 g
☐ D.	sucre	30 g	50 g	80 g

Corrigé

1 **Réponse B. 150 g.**

On établit un tableau en s'assurant que les quantités sont exprimées dans la même unité :

Beurre en g	60	?
Farine en g	200	500

On écrit le « produit en croix » : 60 × 500 = 200 × ?

On trouve la quantité ? en effectuant $= \frac{60 \times 500}{200}$

La quantité de beurre est de 150 g :
60 × 500 = 30 000 et 30 000 : 200 = 150

2 **Réponse B : 4,4 L.**

On effectue : $\frac{5{,}5 \times 80}{100} = 4{,}4$.

3 **Réponse A : 900 g.**

Pour 2 personnes, il faut 600 ÷ 2 = 300 g.
Pour 6 = 4 + 2 personnes, il faut 600 + 300 = 900 g.

4 **Réponse B : 45 min.**

4 km en 20 minutes correspondent à 1 km en 5 minutes ou 8 km en 40 minutes.
Pour parcourir 9 km (8 km + 1 km), il faut : 40 + 5 = 45 minutes.

5 **Réponse C : 3 200.**
Le nombre d'heures est de : $5 \times 8 = 40$ heures.
Tableau de proportionnalité :

Heures	3	40
Pièces	240	?

Le nombre de pièces fabriquées sera de : $\frac{240 \times 40}{3} = 3\,200$.

6 **Réponse A : 4,5 L.**
Avec 3 fois plus de produit, il faut 3 fois plus d'eau, donc la quantité d'eau est de : $1{,}5 \times 3 = 4{,}5$ L.

7 **Réponse B : 615 €.**
Le tarif à la journée est de : $820 : 20 = 41$ €.
En travaillant 15 jours, il touchera : $41 \times 15 = 615$ €.

8 **Réponse C : 405 kg.**
Un colis pèse : $135 : 15 = 9$ kg.
45 colis pèsent : $45 \times 9 = 405$ kg.

9 **Réponse A : 175 kcal.**

Pain en g	250	70
Apport calorique en kcal	625	?

Apport calorique de 70 g de pain : $\frac{625 \times 70}{250} = 175$ kcal.

10 **Réponse C.**
Pour 8 personnes, la quantité de farine nécessaire pour les crêpes est de :
$\frac{120 \times 8}{3} = 320$ g.

Fiche 4 - Les pourcentages

1. Définition

5 % se lit « cinq pour cent » et cela correspond à $\frac{5}{100}$ où à 0,05. La valeur 100 est choisie comme référence.

Exemple

Si vous avez une réduction de 5 %, cela signifie que pour 100 € vous aurez une réduction de 5 €. Si votre produit coûte 300 €, vous aurez une réduction de $300 \times \frac{5}{100} = 15$ €.

2. Détermination d'un pourcentage

Sur les 120 adhérents de ce club sportif, on dénombre 90 femmes.
Quel est le pourcentage de femmes dans ce club ?
Réponse : 75 %.

Résolution en utilisant un tableau et le « produit en croix » :

Femmes	90	?
Employés	120	100

Le pourcentage de femmes est de : $\frac{90 \times 100}{120} = 75$ %.

Méthode

Pour trouver le pourcentage que représente une valeur par rapport à une autre, cherchez le quatrième terme d'une situation de proportionnalité, le troisième étant égal à 100.

Ex. : Quel pourcentage de 50 représente 15 ?

15	x
50	100

Produit en croix :

$50 \times x = 15 \times 100$

$x = \frac{15 \times 100}{50}$

$x = 30$, soit 30 %

3. Recherche d'une valeur après variation d'un certain pourcentage

La consommation mensuelle actuelle de 480 flacons de détergent doit diminuer de 15 %.
Quelle devra être la nouvelle consommation ?
Réponse : 408 flacons.

- **Méthode 1**
  La nouvelle consommation représentera les 100 – 15 = 85 % de la consommation initiale.
  Nouvelle consommation : 480 × 85 % = 408 flacons.
- **Méthode 2**
  Valeur de la diminution : 480 × 15 % = 72
  Nouvelle consommation : 480 – 72 = 408

DEUX MÉTHODES

- **Méthode 1 :** calculez quel pourcentage de la valeur initiale représentera la valeur après augmentation (diminution). Multipliez ensuite ce pourcentage par la valeur initiale.
  Ex. : calcul d'une augmentation de 5 % sur 1 000.
  La valeur après augmentation représentera 100 % + 5 %, soit 105 % de la valeur initiale.
  Valeur après augmentation $= \frac{105}{100} \times 1\,000 = 1\,050$.
- **Méthode 2 :** calculez la valeur de l'augmentation (ou de la diminution). Ajoutez (ou retranchez) cette valeur à la valeur initiale.
  Ex. : diminution de 20 % sur 150.
  Valeur de la diminution : $\frac{20}{100} \times 150 = 30$.
  Valeur après diminution : 150 – 30 = 120.

Entraînement 4 -
Les pourcentages

1 Un sac contient 180 bonbons ; 30 % sont à la menthe, 25 % sont à la fraise, les autres sont au café.
Combien y a-t-il de bonbons au café ?

☐ **A.** 99 ☐ **B.** 81 ☐ **C.** 125 ☐ **D.** 90

2 Un entremets de 125 g est étiqueté « 25 % de matière grasse ».
Quel est le « poids » de ces matières grasses ?

☐ **A.** 5 g ☐ **B.** 93,75 g
☐ **C.** 31,25 g ☐ **D.** 100 g

3 Sur une boîte de céréales, habituellement de 500 g, il y a écrit « 15 % de produit en plus ».
Quel est le poids de cette boîte ?

☐ **A.** 515 g ☐ **B.** 75 g ☐ **C.** 750 g ☐ **D.** 575 g

4 Lors d'un concours, 320 candidats sur 2 500 ont été reçus.
Quel est le pourcentage de réussite ?

☐ **A.** 87,20 % ☐ **B.** 78,125 %
☐ **C.** 12,8 % ☐ **D.** 21,80 %

5 Lors d'un concours, 60 candidats sur 2 400 ont été reçus.
Quel est le taux de réussite ?

☐ **A.** 5 % ☐ **B.** 3 % ☐ **C.** 2,5 % ☐ **D.** 40 %

COUP DE POUCE

À savoir : taux = pourcentage.
Le taux de réussite correspond au nombre de réussites pour 100 candidats.

6 Il y a un rabais de 20 % sur un article affiché initialement 92 €.
Quel est le montant du rabais sur cet article ?

☐ **A.** 18,40 € ☐ **B.** 7,67 € ☐ **C.** 7,66 € ☐ **D.** 1,84 €

COUP DE POUCE

Un rabais de 20 % peut s'interpréter comme une réduction de 20 € sur un article valant 100 €.

À savoir : 20 % = $\frac{20}{100}$ = 0,20.

7 Le tarif de péage augmente de 5 % le mois prochain.
Combien paierai-je pour un trajet qui me coûte actuellement 35 € ?

☐ **A.** 40 € ☐ **B.** 52,5 € ☐ **C.** 36,75 € ☐ **D.** 37,25 €

Coup de pouce

Calculez tout d'abord le montant de l'augmentation, puis le futur coût du péage.

8 Sur 2 500 inscrits au marathon, 60 % se sont présentés et 15 % d'entre eux sont arrivés en moins de 3 h 30.
Combien de participants sont arrivés en moins de 3 h 30 ?

☐ **A.** 900 ☐ **B.** 90 ☐ **C.** 225 ☐ **D.** 375

9 Dans ce club de sport, on dénombre 110 inscrits, dont 11 hommes.
Quel est le pourcentage de femmes dans ce club ?

☐ **A.** 10 % ☐ **B.** 80 % ☐ **C.** 90 % ☐ **D.** 99 %

10 On solde à 90 € un article dont le prix initialement marqué était de 120 €.
Quel est le pourcentage de rabais ?

☐ **A.** 33,33 % ☐ **B.** 25 % ☐ **C.** 30 % ☐ **D.** 40 %

Corrigé

1 **Réponse B : 81.**
Les bonbons au café représentent : 100 – 30 – 25 = 45 % du contenu du sac, soit $180 \times \frac{45}{100} = 81$ bonbons.

2 **Réponse C : 31,25 g.**
Il y a $125 \times \frac{25}{100} = 31{,}25$ g de matières grasses.

3 **Réponse D : 575 g.**
La boîte contient : $500 + 500 \times \frac{15}{100} = 575$ g de céréales.

4 **Réponse C : 12,8 %.**

Nombre de reçus	320	?
Nombre de candidats	2500	100

Nombre de reçus : $\frac{320 \times 100}{2\,500} = 12{,}80$ %.

5 **Réponse C : 2,5 %.**
On peut établir un tableau de proportionnalité :

Reçus	60	?
Candidats	2400	100

Le taux de réussite est de : $\frac{60 \times 100}{2\,400} = 2{,}5$ %.

6 **Réponse A : 18,40 €.**
$92 \times 20\ \% = 92 \times \frac{20}{100} = 18{,}4$.

7 **Réponse C : 36,75 €.**
L'augmentation est de $35 \times 5\ \% = 1{,}75$ €.
Le nouveau coût est de $35 + 1{,}75 = 36{,}75$ €.

8 **Réponse C : 225.**
Le nombre de participants est de : $2\,500 \times 60 \div 100 = 1\,500$. Le nombre de participants arrivés en moins de 3 h 30 est de : $1\,500 \times 15 \div 100 = 225$.

9 **Réponse C : 90 %.**
Le nombre de femmes est de : $110 - 11 = 99$.
Le pourcentage de femmes est de : $99 \div 110 \times 100 = 90$.

10 **Réponse B. 25 %.**
Le rabais est de $120 - 90 = 30$ €. On peut établir un tableau de proportionnalité :

Rabais	30	?
Prix initial	120	100

Le pourcentage de rabais est le résultat de : $\frac{30 \times 100}{1200} = 25$.

Fiche 5 - Les conversions

1. Les unités de longueur, masse et capacité

- **Les unités de longueur**

Unité principale : le mètre (m).

Tableau de conversion (1 chiffre par colonne) :

km kilomètre	hm hectomètre	dam décamètre	m mètre	dm décimètre	cm décimètre	mm millimètre
	7	3	1	2		

Ex. : 7 312 dm = 7,312 hm = 731,2 m = 73 120 cm.

- **Les unités de masse**

Unités principales : le gramme (g) et le kilogramme (kg).

Tableau de conversion (1 chiffre par colonne) :

t tonne	q quintal	10 kg	kg kilogramme	hg hectogramme	dag décagramme	g gramme	dg décigramme	cg centigramme	mg milligramme
1	0	0	0	5	0	0			

Ex. : 1 000 500 g = 1,0005 t = 1 000,5 kg.

Remarque

La tonne représente 1 000 kg, le quintal représente 100 kg.

- **Les unités de capacité**

Unité principale : le litre (L).

Remarque : le kL n'est pas utilisé.

Tableau de conversion (1 chiffre par colonne) :

hL hectolitre	daL décalitre	L litre	dL décilitre	cL centilitre	mL millilitre
		9	5	4	

Ex. : 954 cL = 9,54 L = 95,4 dL = 9 540 mL.

2. Les unités d'aires et de volumes

- **Les unités de surface**

Unité principale : le mètre carré (m^2).
Tableau de conversion (2 chiffres par colonne) :

km^2 kilomètre carré		hm^2 ou ha hectomètre carré ou hectare		dam^2 ou a décamètre carré ou are		m^2 mètre carré		dm^2 décimètre carré		cm^2 centimètre carré		mm^2 millimètre carré	
			1	6	5	8	0	4	0				

Ex. : 1 658 040 dm^2 = 16 580,40 m^2 = 1,658 04 hm^2 (ou ha) = 16 580 400 cm^2.

- **Les unités de volume et leur correspondance avec les unités de capacité**

L'unité principale de volume est le mètre cube (m^3) ; les multiples ne sont pas utilisés.
L'unité principale de capacité est le litre (L).

m^3			dm^3			cm^3			mm^3		
			hL hectolitre	daL décalitre	L litre	dL décilitre	cL centilitre	mL millilitre			
			3	2	1	5					

Rappel : 1 dm^3 = 1 L.
Ex. : 3 215 dL = 321,5 L = 321,5 dm^3 = 321 500 cm^3 = 321 500 mL = 321 500 000 mm^3.

Entraînement 5 - **Les conversions**

1 Quelle est la conversion inexacte dans la série suivante ?

- ☐ **A.** 37 cm = 0,37 m
- ☐ **B.** 375 mm = 3,75 m
- ☐ **C.** 0,42 m = 42 cm
- ☐ **D.** 13 m = 1 300 cm

2 Quelle est la conversion inexacte dans la série suivante ?

- ☐ **A.** 850 kg = 8 500 000 cg
- ☐ **B.** 18 g = 1 800 cg
- ☐ **C.** 300 g = 0,30 kg
- ☐ **D.** 2,5 t = 2 500 kg

3 Quelle est la conversion inexacte dans la série suivante ?

- ☐ **A.** 1 200 cL = 12 L
- ☐ **B.** 800 L = 80 000 cL
- ☐ **C.** 5 daL = 50 L
- ☐ **D.** 5 hL = 5 000 L

4 Quelle est la conversion inexacte dans la série suivante ?

- ☐ **A.** 3 m^2 = 30 000 cm^2
- ☐ **B.** 2 ha = 20 000 m^2
- ☐ **C.** 400 cm^2 = 0,04 m^2
- ☐ **D.** 3 000 cm^2 = 3 m^2

5 Quelle est la conversion inexacte dans la série suivante ?

- ☐ **A.** 7 m^3 = 7 000 cm^3
- ☐ **B.** 0,850 m^3 = 850 000 cm^3
- ☐ **C.** 3 000 cm^3 = 0,003 m^3
- ☐ **D.** 1 000 000 cm^3 = 1 m^3

6 Quelle est la conversion exacte ?

- ☐ **A.** 3,5 m^2 = 350 cm^2
- ☐ **B.** 2,3 ha = 2 300 m^2
- ☐ **C.** 423 cm^2 = 4,23 dm^2
- ☐ **D.** 0,5 cm^2 = 5 mm^2

7 Quelle est la conversion inexacte ?

- ☐ **A.** 7 m^3 = 7 000 L
- ☐ **B.** 12 dm^3 = 12 L
- ☐ **C.** 3 000 mm^3 = 3 cm^3
- ☐ **D.** 3,52 dm^3 = 352 cm^3

8 Quelle est la conversion inexacte ?

- ☐ **A.** 5 240 dL = 524 dm^3
- ☐ **B.** B. 0,047 ares = 47 m^2
- ☐ **C.** 274 m^2 = 2 740 000 cm^2
- ☐ **D.** 2,5 km^2 = 25 000 dam^2

9 Quelle est la plus petite de ces longueurs ?

- ☐ **A.** 3,6 dm
- ☐ **B.** 35,2 cm
- ☐ **C.** 0,035 m
- ☐ **D.** 3 500 mm

10 Quel volume contient exactement 3,5 L ?

- ☐ **A.** 350 cm^3
- ☐ **B.** 350 000 cm^3
- ☐ **C.** 0,003 5 m^3
- ☐ **D.** 0,035 m^3

Corrigé

1 **Réponse B : 375 mm = 3,75 m.**
En réalité, 375 mm = 0,375 m.

2 **Réponse A : 850 kg = 8 500 000 cg.**
En réalité, 850 kg = 85 000 000 cg.

3 **Réponse D : 5 hL = 5 000 L.**
En réalité, 5 hL = 500 L.

4 **Réponse D : 3 000 cm^2 = 3 m^2.**
En réalité, 3 000 cm^2 = 0,3 m^2.

5 **Réponse A : 7 m^3 = 7 000 cm^3.**
En réalité, 7 m^3 = 7 000 000 cm^3.

6 **Réponse C. 423 cm^2 = 4,23 dm^2.**
3,5 m^2 = 35 000 cm^2
2,3 ha = 23 000 m^2
0,5 cm^2 = 50 mm^2

7 **Réponse D : 3,52 dm^3 = 3 52 cm^3.**
352 dm^3 = 3 520 cm^3

8 **Réponse B. 0,047 ares = 47 m^2.**
0,047 ares = 4,7 m^2

9 **Réponse C : 0,035 m.**
Les conversions donnent 3,6 dm = 0,36 m pour A, 35,2 cm = 0,352 m pour B et 3 500 mm = 3,5 m pour D.

10 **Réponse C : 0,003 5 m3.**
0,003 5 m^3 = 3,5 dm^3 ou 3,5 L.
Les conversions donnent 350 cm^3 = 0,35 L pour A, 350 000 cm^3 = 350 L pour B et 0,035 m^3 = 35 L pour D.

Fiche 6 - Périmètre, aires et volumes

Périmètre, aire et volume des figures usuelles

Figure	Périmètre	Aire
• **Carré** 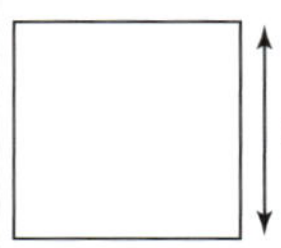 c = côté	$4 \times c$	c^2
• **Rectangle** 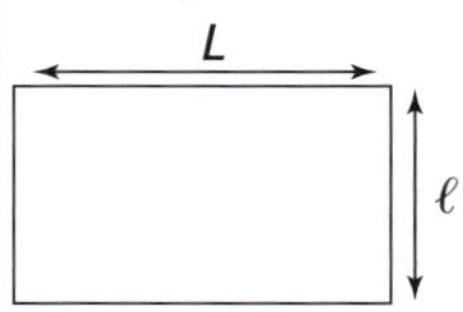 L = longueur ℓ = largeur	$2\,(L + \ell)$	$L \times \ell$
• **Triangle** 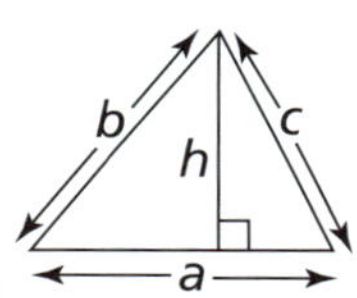 a = base h = hauteur	$a + b + c$	$\frac{a \times h}{2}$
• **Cercle** 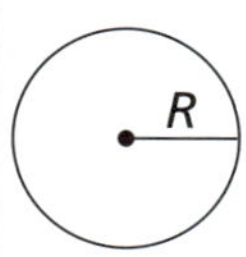 R = rayon (diamètre = $2 \times R$)	$2 \times \pi \times R$ (avec $\pi = 3{,}14$)	$\pi \times R^2$

•••

Figure	Volume
• **Cube** 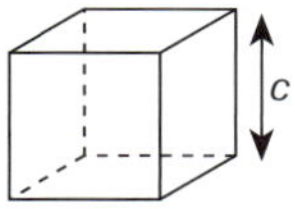	$c^3 = c \times c \times c$
• **Parallélépipède ou « boîte » ou « pavé »** 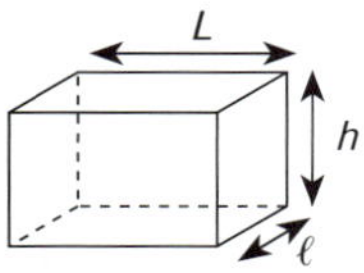	$L \times \ell \times h$
• **Cylindre** 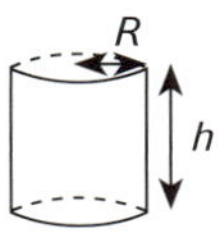	$\pi \times R^2 \times h$

Exemple

Le périmètre d'un rectangle mesure 800 m. La largeur mesure 40 m.
Quelle est la mesure de la longueur ?

☐ **A.** 450 m ☐ **B.** 360 m ☐ **C.** 250 m ☐ **D.** 200 m

Réponse : B.
Le périmètre mesure 800 m = 2 Longueurs + 2 largeurs.
Le demi-périmètre mesure 400 m = Longueur + largeur.
La Longueur mesure : 400 – 40 = 360 m.

Entraînement 6 - **Périmètre, aires et volumes**

1 Pour clôturer un espace carré de 15 m de côté, on l'entoure d'un triple rang de fil de fer.
Quelle est la longueur de fil nécessaire ?

- ☐ **A.** 45 m
- ☐ **B.** 90 m
- ☐ **C.** 180 m
- ☐ **D.** 10 125 m

2 Autour d'une pelouse rectangulaire longue de 12 m et large de 4 m, on plante une bordure de fleurs. On installe 6 plants par mètre.
Combien faut-il de plants au total ?

- ☐ **A.** 192
- ☐ **B.** 288
- ☐ **C.** 96
- ☐ **D.** 32

3 Un triangle rectangle a ses côtés formant l'angle droit qui mesurent 35 m et 25 m.
Quelle est la superficie de ce triangle ?

- ☐ **A.** 60 m^2
- ☐ **B.** 437,5 m^2
- ☐ **C.** 875 m^2
- ☐ **D.** 120 m^2

4 Un carré a une surface de 81 cm^2.
Quelle est la mesure de son côté ?

- ☐ **A.** 6 cm
- ☐ **B.** 0,9 cm
- ☐ **C.** 90 cm
- ☐ **D.** 9 cm

5 Un bac à douche a la forme d'un carré de 90 cm de côté.
Quelle est son aire ?

- ☐ **A.** 81 cm^2
- ☐ **B.** 810 cm^2
- ☐ **C.** 8,1 m^2
- ☐ **D.** 0,81 m^2

6 Un panneau de signalisation circulaire de taille normale a un diamètre de 850 mm.
Quel est son périmètre ? (prendre $\pi = 3$)

- ☐ **A.** 5 m
- ☐ **B.** 2,55 m
- ☐ **C.** 0,25 m
- ☐ **D.** 1,275 m

7 La surface vitrée d'une façade d'immeuble est composée de 20 vitres triangulaires de 1,50 m de base et 1 m de haut sur chacun des 5 étages.
Quelle est la superficie vitrée totale de cet immeuble ?

- ☐ **A.** 75 m^2
- ☐ **B.** 150 m^2
- ☐ **C.** 30 m^2
- ☐ **D.** 7,5 m^2

8 Un récipient de forme cylindrique contient 1,5 litre de liquide. Sa base circulaire a un diamètre de 10 cm.
Quelle est la hauteur de ce récipient ? (prendre $\pi = 3$)

- ☐ **A.** 50 cm
- ☐ **B.** 25 cm
- ☐ **C.** 20 cm
- ☐ **D.** 200 cm

9 La cour intérieure est un carré de 50 m de côté. On y installe 20 places de parking ayant chacune les dimensions standard : 2,5 m sur 5 m.
Quelle sera la superficie restante de la cour ?

- ☐ **A.** 1 750 m^2
- ☐ **B.** 2 250 m^2
- ☐ **C.** 0 m^2
- ☐ **D.** 250 m^2

10 Une cuve cylindrique a une surface de base de 7 m² et sa hauteur est de 250 cm.
Quelle quantité d'eau peut y être contenue ?

☐ **A.** 175 L ☐ **B.** 1 750 L ☐ **C.** 17 500 L ☐ **C.** 3 500 L

Corrigé

1 **Réponse C : 180 m.**
L'espace a un périmètre de : 15 × 4 = 60 m. Sachant qu'il faut un triple rang de fil de fer, 60 × 3 = 180 m de fil seront nécessaires.

2 **Réponse A : 192.**
La pelouse a un périmètre de : (12 + 4) × 2 = 32 m.
32 × 6 = 192 plants seront donc nécessaires.

3 **Réponse B : 437,5 m².**
La formule de l'aire d'un triangle est : $\frac{b \times h}{2}$.

Ici, on a donc : $\frac{35 \times 25}{2} = 437{,}5 \text{ m}^2$.

4 **Réponse D : 9 cm.**
La formule de l'aire d'un carré est : côté², d'où côté = $\sqrt{\text{aire}}$. La racine carrée de 81 est 9 (9 × 9 = 81).

5 **Réponse D : 0,81 m².**
L'aire du carré est : 90 × 90 = 8 100 cm² que l'on convertit en 0,81 m².

6 **Réponse B. 2,55 m.**
Le périmètre du panneau est : 850 × 3 = 2 550 mm et on convertit : 2 550 mm = 2,55 m.

7 **Réponse A. 75 m².**
Une vitre a pour aire : $\frac{1{,}5 \times 1}{2} = 0{,}75 \text{ m}^2$.
La superficie totale est de : 0,75 × 20 × 5 = 75 m².

8 **Réponse C. 20 cm.**
Le rayon du récipient est de : 10 : 2 = 5 cm.
La surface de base du récipient est : 5 × 5 × 3 = 75 cm².
La quantité de liquide est de 1,5 L = 1,5 dm³ = 1 500 cm³.
La hauteur du récipient est de : 1 500 : 75 = 20 cm.

9 **Réponse B. 2 250 m².**

La cour a une superficie de : $50 \times 50 = 2\,500$ m².

Une place de parking a pour superficie : $2{,}5 \times 5 = 12{,}5$ m².

L'ensemble des places de parking a une superficie de : $12{,}5 \times 20 = 250$ m².

La surface restante est : $2\,500 - 250 = 2\,250$ m².

10 **Réponse C. 17 500 L.**

250 cm = 2,5 m

Le volume de la cuve est de : $7 \times 2{,}5 = 17{,}5$ m³.

On convertit en unités de capacité sachant que 1 m³ = 1 000 dm³ et que 1 dm³ = 1 litre.

La quantité d'eau est de 17 500 litres.

Fiche 7 - Mesure du temps, vitesse, débit

1. Les unités usuelles de la mesure du temps

Les unités usuelles du temps sont la seconde (s), la minute (min), l'heure (h), le jour (j), l'année.

À SAVOIR

1 min = 60 s   1 h = 60 min = 3 600 s   1 j = 24 h

1 année = 365 jours ou 366 jours (pour les années bissextiles, tous les 4 ans)

2. Conversions des mesures du temps

A. Conversion de durées en secondes

RÈGLE

Pour convertir en secondes une durée exprimée en h, min, s, on convertit en secondes la valeur des heures, puis celle des minutes et on additionne les résultats obtenus.

EXEMPLE

Convertir en secondes 5 h 30 min.

5 h = 5 × 3 600 = 18 000 s

30 min = 30 × 60 = 1 800 s

18 000 + 1 800 = **19 800 s**

B. Conversion de durées en h ; min ; s

RÈGLE

Pour convertir en h, min, s une durée exprimée en s :

1. On effectue une division par 60 pour trouver le nombre de minutes (on ne poursuit pas les divisions derrière la virgule).
2. Si le nombre de minutes est supérieur à 60, on le divise par 60 pour obtenir le nombre d'heures (on ne poursuit pas les divisions derrière la virgule).
3. On regroupe les résultats obtenus.

Exemple

Convertir 8 500 s en h, min, s.

1. 8 500 ÷ 60 = 141 min et il reste 40 s

2. 141 ÷ 60 = 2 h et il reste 21 min

3. 8 500 s = 2 h 21 min 40 s

8 5 0 0	60
2 5 0	141
1 0 0	
4 0	
reste en s.	quotient en min.

1 4 1	60
2 1	2
reste en min.	quotient en h.

3. Opérations sur les mesures du temps

A. Addition

Règle

- On additionne séparément les valeurs de chaque unité de temps.
- On convertit si nécessaire.

Exemple

Additionner 20 h 35 min et 5 h 50 min.

20 h 35 min + 5 h 50 min = (20 h + 5 h) + (35 min + 50 min)

On additionne : 20 h + 5 h = 25 h, puis on convertit : 25 h = 1 j + 1 h.

On additionne : 35 min + 50 min = 85 min, puis on convertit : 85 min = 60 min + 25 min = 1 h 25 min.

Réponse : 20 h 35 min + 5 h 50 min = (1 j + 1 h) + (1 h + 25 min) = 1 j + 2 h 25 min.

B. Multiplication

Règle

- On multiplie séparément les valeurs de chaque unité de temps.
- On convertit si nécessaire.

Exemple

Multiplier 2 h 45 min par 2.

2 h × 2 = 4 h – 45 min × 2 = 90 min.

2 h 45 × 2 = 4 h 90 min, mais 90 min = 1 h 30 min.

La réponse est : 5 h 30 min.

C. Soustraction

Règle

- On effectue trois soustractions : d'abord les secondes entre elles, puis les minutes entre elles, enfin les heures entre elles.
- Lorsque le nombre de secondes à soustraire est plus grand que le nombre auquel on doit le soustraire, il faut poser une retenue : on retire 1 minute au premier nombre et en même temps on lui ajoute 60 secondes.
- Lorsque c'est nécessaire, on pose une retenue de la même manière pour les heures.

Exemple

Calculer 3 h 20 min – 1 h 40 min.
On ne peut pas effectuer la soustraction 20 min – 40 min.
On transforme donc 3 h 20 min, sachant qu'1h = 60 min et on obtient :
3 h 20 min = 2 h 80 min.
On effectue : 2 h 80 min – 1 h 40 min = 1 h 40 min.

4. Conversions dans le système décimal

A. Conversion du système sexagésimal vers le système décimal

Règle

On divise les secondes par 60 pour obtenir des minutes et les minutes par 60 pour obtenir des heures.

Exemple

Convertir 5 h 20 min en un nombre décimal arrondi au centième près.
20 ÷ 60 = 0,33 heures
5 h 20 min = 5 + 0,33 = 5,33 h

Correspondances utiles

Il existe quelques correspondances simples qu'il est utile de retenir :
15 min = 0,25 h soit un quart d'heure
30 min = 0,5 h soit une demi-heure
45 min = 0,75 h soit trois quarts d'heure

B. Conversion du système décimal vers le système sexagésimal

Règle

Si on est en heures, on multiplie par 60 la partie décimale pour obtenir les minutes. Si on est en minutes, on multiplie par 60 la partie décimale pour obtenir les secondes.

Exemple

Convertir 4,6 h en minutes.
4,6 h = 4 + 0,6 h
On effectue : $0,6 \times 60 = 36$ min.
4,6 h = 4 h 36 min.

5. Vitesse et débit

- La vitesse est la distance parcourue en une unité de temps. Elle s'exprime avec une unité composée : longueur/temps.
  – Une vitesse de 80 km/h signifie que 80 km sont parcourus en 1 heure.
  – 3 m/s signifie que 3 m sont parcourus en 1 seconde.
- Le débit exprime la quantité de liquide écoulé en une unité de temps. Il s'exprime avec une unité composée : capacité (ou volume)/temps.
  – Un débit de 5 m^3/h signifie que 5 m^3 se sont écoulés en 1 heure.
  – Un débit de 10 L/min signifie que 10 litres se sont écoulés en 1 minute.

Exemple

En 40 minutes, il s'est écoulé 2 m^3. **Quel est le débit de ce liquide exprimé en L/h ?**
☐ **A.** 3 L/h ☐ **B.** 3 000 L/h ☐ **C.** 500 L/h ☐ **D.** 2 500 L/h

Réponse B. 3 000 L/h.
1 heure = 60 minutes et 2 m^3 = 2 000 litres
On peut raisonner mentalement : en 40 minutes, il s'écoule 2 000 L, donc en 20 minutes, il s'écoule 1 000 L et en 60 minutes, il s'écoule 2 000 + 1 000 = 3 000 L.
On peut aussi appliquer une règle de trois : en 60 minutes, il s'est écoulé :
$\frac{2000 \times 60}{40} = 3000$ L. Le débit est de 3 000 L/h.

Entraînement 7 - **Mesure du temps, vitesse, débit**

1 **Quelle est l'affirmation exacte ?**

☐ **A.** 1 jour = 3 600 s ☐ **B.** 2 h 30 = 150 min
☐ **C.** 1 600 min = 26 h ☐ **D.** 3,5 h = 3 h 50 min

2 **Quelle est l'affirmation inexacte ?**

☐ **A.** 15 000 s = 250 min ☐ **B.** 520 s = 8 min 40 s
☐ **C.** 1 h 15 = 1,20 h ☐ **D.** 600 min = 10 h

3 **Quel est le résultat de : 25 min 30 s + 10 min 36 s ?**

☐ **A.** 36 min 60 s ☐ **B.** 36 min 06 s
☐ **C.** 35 min 66 s ☐ **D.** 35,66 min

4 En voiture, un trajet est estimé à 3 h 40 min. Le train va deux fois plus vite. **Quelle est la durée estimée du trajet ?**

☐ **A.** 1 h 70 min ☐ **B.** 2 h 10 min ☐ **C.** 1 h 50 min ☐ **D.** 1 h 20 min

5 M. travaille quotidiennement de 7 h 45 à 11 h 15 et de 13 h 15 à 17 h pendant 5 jours par semaine. **Quelle est sa durée hebdomadaire de travail ?**

☐ **A.** 37 h ☐ **B.** 36 h 15 min ☐ **C.** 38 h 15 ☐ **D.** 35 h

6 Un goutte à goutte délivre une solution avec un débit de 0,25 L/h. **Au bout de combien de temps la bouteille de 1,5 L sera-t-elle vide ?**

☐ **A.** 2 h 30 ☐ **B.** 5 h ☐ **C.** 4 h 30 ☐ **D.** 6 h

7 La balle d'une arme de poing a une vitesse d'extraction de 200 m/s. **Au bout de combien de temps atteindra-t-elle une cible située à 50 m ?**

☐ **A.** 6 s ☐ **B.** 0,4 s ☐ **C.** 0,25 s ☐ **D.** 0,1 s

8 **Anna marche à 5 km/h, après 1 h 30 de marche combien de km a-t-elle parcouru ?**

☐ **A.** 6,5 km ☐ **B.** 8 km ☐ **C.** 7,5 km ☐ **D.** 9 km

9 Un appareil d'enregistrement graphique utilise 60 cm de papier en 20 s. **Quelle est sa vitesse d'enregistrement en m/h ?**

☐ **A.** 1,8 m/h ☐ **B.** 3,5 m/h ☐ **C.** 4 m/h ☐ **D.** 5 m/h

10 Un gaz volatile se répand dans un rayon de 20 m en 5 s. **Quelle est sa vitesse de propagation en km/h ?**

☐ **A.** 20 km/h ☐ **B.** 144 km/h C. 0,24 km/h D. 14,4 km/h

Corrigé

1 **Réponse B : 2 h 30 = 150 min.**
1 j = 24 h et 1 h = 3 600 s, donc 1 jour = 24 × 3 600 = 86 400 s.
1 600 min = 1 600 : 60 = 26,666 h
3,5 h = 3 h 30 min

2 **Réponse C : 1 h 15 = 1,20 h.**
1 h 15 = 1,25 h

3 **Réponse B : 36 min 06 s.**
La réponse C est inappropriée car il faut transformer 66 s en 60 s + 6 s.

4 **Réponse C : 1 h 50 min.**
On peut convertir : 3 h 40 min = 180 + 40 = 220 minutes.
On calcule la durée du trajet en train : 220 : 2 = 110 minutes.
Enfin on convertit 110 min = 60 + 50 = 1 h 50 minutes.

5 **Réponse B : 36 h 15 min.**
M. travaille 3 h 30 le matin et 3 h 45 l'après-midi.
En une journée, il travaille 3 h 30 + 3 h 45 = 6 h 75, soit 7 h 15 min.
En une semaine, il travaille 7 h 15 × 5 = 35 h 75 min, soit 36 h 15 min.

6 **Réponse D : 6 h.**
On peut établir un tableau de proportionnalité et chercher le ?

Litres	0,25	1,5
Durée en h	1	?

$$\text{Durée} = \frac{1 \times 1{,}5}{0{,}25} = 6 \text{ h}$$

7 **Réponse C : 0,25 s.**
En 1 seconde, la balle parcourt 200 m. Pour parcourir 50 m, elle met 4 fois moins de temps. 1 : 4 = 0,25 s

8 **Réponse C : 7,5 km.**
En 1 h, elle parcourt 5 km, donc en 30 min, elle parcourt 2,5 km.
En 1 h 30, elle parcourt 5 + 2,5 = 7,5 km.

9 **Réponse A : 1,8 m/h.**
Il faut trouver le nombre de mètres de papier utilisés en 1 h ou 60 minutes.
C'est une situation de proportionnalité.
En 20 s, on utilise 60 cm, donc en 3 fois plus de temps, soit 60 s, on utilise 60 × 3 = 180 cm de papier. 180 cm = 1,8 m, la vitesse est de 1,8 m/h.

10 **Réponse D : 14,4 km/h.**
On peut établir un tableau de proportionnalité : on cherche la distance en km parcourue en 1 h, soit en 3 600 s.

Distance en m	20	?
Temps en s	5	3 600 s

La distance est de : $\frac{20 \times 3\,600}{5} = 14\,400 \text{ m} = 14{,}4 \text{ km}$.

La vitesse est de 14,4 km/h.

Sujet blanc n° 1

1 Lors d'un concours, 912 candidats sur 2 400 ont été reçus. **Quel est le taux de réussite ?**

☐ **A.** 40 % ☐ **B.** 38 % ☐ **C.** 27 %

2 Un joggeur a parcouru 21 km en 1 h 30. **En combien de temps peut-il, à la même allure, parcourir une distance plus longue de 7 km ?**

☐ **A.** 30 min ☐ **B.** 2 h ☐ **C.** 1 h 45

3 **Quelle est l'écriture en chiffres de : deux cent treize mille vingt ?**

☐ **A.** 2001 30020 ☐ **B.** 213 000 020 ☐ **C.** 213 020

4 La production est passée de 430 000 unités à 602 000 unités. **Quelle est l'augmentation en % ?**

☐ **A.** 40 % ☐ **B.** 17,2 % ☐ **C.** 28,5 %

5 Dans une brigade, il y a 36 personnes et 2 fois plus d'hommes que de femmes. **Combien y a-t-il de femmes ?**

☐ **A.** 24 ☐ **B.** 12 ☐ **C.** 18

6 Vous prenez votre service de nuit à 22 h 15 et le terminez à 6 h 15 le lendemain matin. **Quelle est la durée de ce service ?**

☐ **A.** 16 h ☐ **B.** 7 h ☐ **C.** 8 h

7 **Dans 4 500 200, combien y a-t-il de milliers ?**

☐ **A.** 45 ☐ **B.** 5 ☐ **C.** 4 500

8 **Quelle est la conversion exacte ?**

☐ **A.** 35 cm = 3,5 m ☐ **B.** 23 hm = 23 000 cm ☐ **C.** 5,3 km = 5 300 m

9 Une entreprise reçoit 4 cartons sur une commande de 32 cartons. Les 4 cartons reçus sont facturés 240 €. **Quel est le coût de l'ensemble de la commande ?**

☐ **A.** 2 160 € ☐ **B.** 1 920 € ☐ **C.** 1 680 €

10 Une pompe de vidange permet d'évacuer 900 L/h. Une cave de 45 m^2 est inondée sur une hauteur de 1 m. **En combien de temps peut-elle être vidée ?**

☐ **A.** 4 jours ☐ **B.** 2 jours et 2 h ☐ **C.** 5 h

11 On recherche une table de réunion carrée permettant d'installer 8 personnes avec 1 m de distanciation entre elles. **Quelle est la mesure minimale du côté de cette table ?**

☐ **A.** 2 m ☐ **B.** 4 m ☐ **C.** 1,5 m

12 **Quel est le plus grand nombre ?**

☐ **A.** 40,025 ☐ **B.** 40,21 ☐ **C.** 40,199

13 Une fuite d'eau a entraîné une perte de près de 60 m^3 au mois d'avril. **Quelle est la quantité d'eau en litres perdue en 1 h (arrondir à l'unité près) ?**

☐ **A.** 40 L/h ☐ **B.** 80 L/h ☐ **C.** 20 L/h

14 En 2019, le nombre d'employés était de 500 personnes. En 2020, il a augmenté de 10 %, et en 2021, il augmente de nouveau de 10 %. **Quel est le nombre d'employés fin 2021 ?**

☐ **A.** 520 ☐ **B.** 555 ☐ **C.** 605

15 Sur ces 48 employés, la moitié viennent travailler en voiture, et un tiers des autres viennent en vélo et les restants à pied. **Combien viennent à pied ?**

☐ **A.** 16 ☐ **B.** 12 ☐ **C.** 8

16 **Combien de flacons de parfum de 5 cm^3 chacun faut-il pour y répartir 120 L de préparation ?**

☐ **A.** 24 000 ☐ **B.** 2 400 ☐ **C.** 240

17 **Quel est l'ordre de grandeur du résultat de cette opération : $10{,}5 + 32{,}9 + 25{,}6 - 9{,}9 \approx$?**

☐ **A.** 60 ☐ **B.** 50 ☐ **C.** 40

18 Vous montez dans le bus en A à 7 h 30. Il lui faut 7 min 30 s pour arriver à B puis 8 min 30 jusqu'à C. **Sachant que l'arrêt station B a duré 5 min, à quelle heure arrivez-vous en C ?**

☐ **A.** 7 h 50 min ☐ **B.** 8 h ☐ **C.** 7 h 51 min

19 Avec 120 g de résine, l'entreprise Epoxy a réalisé 2 prototypes. **Quelle quantité de résine doit-on prévoir pour réaliser une mini série de 15 objets ?**

☐ **A.** 1,6 kg ☐ **B.** 1,2 kg ☐ **C.** 900 g

20 **Quelle est la superficie d'un panneau d'interdiction de stationner standard dont le diamètre est 850 mm ? (arrondir à l'unité près et prendre $\pi = 3$)**

☐ **A.** 27 cm^2 ☐ **B.** 5 419 cm^2 ☐ **C.** 2,17 m^2

21 **Quel est l'arrondi exact à l'unité près ?**

☐ **A.** $6{,}25 \approx 7$ ☐ **B.** $5{,}09 \approx 6$ ☐ **C.** $3{,} 55 \approx 4$

22 Une voiture consomme 5,5 litres aux 100 km. **Combien consommera-t-elle pour parcourir 250 km dans les mêmes conditions de circulation ?**

☐ **A.** 13,75 L ☐ **B.** 22 L ☐ **C.** 15,5 L

23 Sur un terrain de 80 m de long et 45 m de large, on veut planter des pommiers. Chaque arbre doit disposer de 20 m^2. **Combien d'arbres peut-on planter ?**

☐ **A.** 180 arbres ☐ **B.** 13 arbres ☐ **C.** 18 arbres

24 Quel est le résultat de : $\frac{40}{0,2}$?

☐ **A.** 20 ☐ **B.** 200 ☐ **C.** 0,2

25 Cet automobiliste a mis 5 h pour parcourir 400 km.
Quelle a été sa vitesse moyenne ?

☐ **A.** 80 km/h ☐ **B.** 70 km/h ☐ **C.** 90 km/h

Corrigé

1 **Réponse B : 38 %.**
$\frac{912}{2\,400} \times 100 = 38$ %

2 **Réponse B : 2 h.**
1 h 30 = 90 min
21 : 3 = 7 km et 90 : 3 = 30
Il parcourt 7 km en 30 min. Pour 28 km, il lui faut 90 + 30 = 120 min, soit 2 h.

3 **Réponse C : 213 020.**

4 **Réponse A : 40 %.**
L'augmentation est de 602 000 – 430 000 = 172 000 unités.
Le % d'augmentation est de : $\frac{172\,000}{430\,000} \times 100 = 40$ %.

5 **Réponse B : 12.**
36 : 3 =12
Il y a 12 femmes et 12 × 2 = 24 hommes.

6 **Réponse C : 8 h.**
Entre 22 h 15 et minuit, il s'est écoulé : 24 h – 22 h 15 = 1 h 45.
La durée du service est de : 6 h 15 + 1 h 45 = 7 h 60 min = 8 h.

7 **Réponse C : 4 500.**

8 **Réponse C : 5,3 km = 5 300 m.**
Pour A, 35 cm = 0,35 m et pour B, 23 hm = 230 000 cm.

9 **Réponse B : 1 920 €.**
Le coût d'un carton est 240 : 4 = 60 €.
Le coût de 32 cartons est 32 × 60 = 1 920 €.

10 **Réponse B : 2 jours et 2 h.**
Le volume d'eau à évacuer est $45\ m^2 \times 1\ m = 45\ m^3 = 45\ 000\ L$.
Le temps de vidange est de $45\,000 : 900 = 50$ h, soit 2 jours et 2 h.

11 **Réponse A : 2 m.**
Le périmètre doit être au minimum de 8 m et le coté de carré mesurera $8 : 4 = 2$ m.

12 **Réponse B : 40,21.**
Le 2 est le plus grand chiffre des dixièmes.

13 **Réponse B : 80 L/h.**
Le mois d'avril a 30 jours, donc en 1 jour, la perte est de $60 : 30 = 2\ m^3 = 2\,000$ L.
Il y a 24 h en 1 jour, donc en 1 heure, la perte est de $2\,000 : 24 = 83{,}33$, soit 80 L/h.

14 **Réponse C : 605.**
En 2020, il y avait 500 + 10 %, soit 500 + 50 = 550 employés.
En 2021, il y a 550 + 10 %, soit 550 + 55 = 605 employés.

15 **Réponse A : 16.**
48 : 2 = 24 personnes viennent en voiture, et 24 en vélo ou à pied.
24 : 3 = 8 viennent à vélo et 24 – 8 = 16 sont à pied.

16 **Réponse A : 24 000.**
$1\ L = 1\ dm^3 = 1\,000\ cm^3$ donc $120\ L = 120\,000\ cm^3$.
Le nombre de flacons est de 120 000 : 5 = 24 000.

17 **Réponse A : 60.**
On arrondit : 10,5 + 33 + 25,5 – 10, soit environ 59 ou 60.

18 **Réponse C : 7 h 51 min.**
La durée du trajet entre A et C a été : 7 min 30 + 5 min + 8 min 30 = 20 min 60 = 21 min.
L'heure d'arrivée est : 7 h 30 min + 21 min = 7 h 51 min.

19 **Réponse C : 900 g.**
$\frac{120}{2} \times 15 = 900$ g

20 **Réponse B : 5 419 cm².**
Le rayon mesure 850 : 2 = 425 mm. La superficie est de $425 \times 425 \times 3 = 541\,875\ mm^2$, soit $5\,419\ cm^2$.

21 **Réponse C : 55 ≈ 4.**
6,25 s'arrondit en 6 et 5,09 s'arrondit en 5 à l'unité près.

22 **Réponse A : 13,75 L.**
$\frac{5{,}5}{100} \times 250 = 13{,}75$ L (ou $5{,}5 \times 2 = 11$ L pour 200 km et $5{,}5 : 2 = 2{,}75$ pour 50 km).

23 **Réponse A : 180 arbres.**
La superficie du terrain est $80 \times 45 = 3\,600$ m².
Le nombre de pommiers possible est $3\,600 : 20 = 180$ arbres.

24 **Réponse B : 200.**
$\frac{40}{0,2}$ c'est comme $400 : 2$, la réponse est 200.

25 **Réponse A : 80 km/h.**
Il parcourt $400 : 5 = 80$ km en 1 h ; la vitesse est de 80 km/h.

Sujet blanc n° 2

1 **Quel est le plus grand de ces nombres ?**

☐ **A.** 532,67 ☐ **B.** 532,607 ☐ **C.** 532,067

2 **Combien de km ai-je parcouru si j'ai roulé 5 min à 30 km/h sur cette portion de route en travaux ?**

☐ **A.** 250 m ☐ **B.** 1,5 km ☐ **C.** 2,5 km

3 Une remise de 35 € est accordée sur un article valant 700 €. **Quel est le pourcentage de réduction ?**

☐ **A.** 6,65 % ☐ **B.** 5 % ☐ **C.** 20 %

4 **Un terrain d'entraînement sportif a pour dimensions 110 m de long et 80 m de large ; quelle est sa superficie ?**

☐ **A.** 0,88 ha ☐ **B.** 380 m^2 ☐ **C.** 8,8 ha

5 **Quel est l'arrondi exact au centième près ?**

☐ **A.** $504{,}382 \approx 504{,}39$ ☐ **B.** $18{,}096 \approx 18{,}10$ ☐ **C.** $203{,}992 \approx 203{,}00$

6 On découpe dans un carré de 20 cm de côté un disque qui touche les 4 côtés. **Quelle est la superficie restante ? (prendre $\pi = 3{,}14$)**

☐ **A.** 86 cm^2 ☐ **B.** 337,2 cm^2 ☐ **C.** 17,2 cm^2

7 On a 60 colis identiques à livrer. Le poids des 12 premiers est de 84 kg. **Quel sera le poids total du chargement ?**

☐ **A.** 857 kg ☐ **B.** 420 kg ☐ **C.** 540 kg

8 Dans ce groupe de 90 personnes, on dénombre 27 diplômés de l'enseignement supérieur. **Quel est le pourcentage de non diplômés ?**

☐ **A.** 33,33 % ☐ **B.** 30 % ☐ **C.** 70 %

9 **Quel est le résultat exact ?**

☐ **A.** $300 : 0{,}02 = 15\,000$ ☐ **B.** $23{,}5 \times 0{,}1 = 235$ ☐ **C.** $56 : 1\,000 = 0{,}56$

10 **Quelle est la conversion exacte ?**

☐ **A.** 4 538 kg = 45,38 t ☐ **B.** 1 526 L = 1,526 hL ☐ **C.** 35 mm = 0,035 m

11 Au cours de leur échauffement, les athlètes font 5 fois le tour du terrain et parcourent 2 km. La longueur est de 110 m. **Quelle est la mesure de la largeur du terrain ?**

☐ **A.** 90 m ☐ **B.** 45 m ☐ **C.** 4,45 m

12 **Quelle est l'écriture en chiffres de : cinq cent trois mille douze ?**

☐ **A.** 500 300 012 ☐ **B.** 503 012 ☐ **C.** 5 003 012

13 Une ligne de fabrication produit 2 500 flacons par heure. **Combien de temps faut-il pour obtenir 3 millions de flacons ?**

☐ **A.** 2 mois ☐ **B.** 50 jours ☐ **C.** 12 jours

14 **Quelle est la plus grande longueur ?**

☐ **A.** 1 025 mm ☐ **B.** 11,52 dm ☐ **C.** 0,0012 km

15 Sur l'un des côtés de l'avenue de 2 km, on plante des platanes espacés de 25 m et il y en a un à chaque extrémité. **Combien aura-t-on d'arbres ?**

☐ **A.** 81 ☐ **B.** 80 ☐ **C.** 79

16 **Un budget s'élève à 85 568 400 €. Arrondi au million d'euro près, ce budget est de :**

☐ **A.** 85 millions d'euros
☐ **B.** 85,5 millions d'euros
☐ **C.** 86 millions d'euros

17 **Quel est le plus petit volume ?**

☐ **A.** 15 dL ☐ **B.** 135 cL ☐ **C.** 135 cm^3

18 En période de solde, bénéficiant d'une remise de 40 %, vous payez un article 60 €. **Quel était le prix initial ?**

☐ **A.** 100 € ☐ **B.** 240 € ☐ **C.** 150 €

19 **Quelle distance a parcouru un cycliste roulant à 18 km/h pendant 45 min et 15 min à 12 km/h ?**

☐ **A.** 12,5 km ☐ **B.** 16,5 km ☐ **C.** 30 km

20 Il y a 30 g de sel par litre dans l'eau de mer. **Quelle quantité d'eau en m^3 doit-on faire évaporer pour récolter 3 tonnes de sel ?**

☐ **A.** 10 m^3 ☐ **B.** 100 m^3 ☐ **C.** 1 000 m^3

21 **10 € d'augmentation sur une prestation qui était de 250 € correspond à une hausse en pourcentage de :**

☐ **A.** 4 % ☐ **B.** 40 % ☐ **C.** 25 %

22 On veut carreler une salle carrée dont le périmètre est de 20 m avec des carreaux carrés dont le côté est 15 cm. **Combien faut-il environ de carreaux ?**

☐ **A.** une centaine ☐ **B.** environ 500 ☐ **C.** plus de 1 000

23 Un piéton va deux fois moins vite qu'un cycliste et le cycliste va deux fois moins vite que le scooter. **Si le scooter roule à 36 km/h, combien parcourt le piéton en une demi-heure ?**

☐ **A.** 9 km ☐ **B.** 4,5 km ☐ **C.** 5 km

24 Une boisson de 1,5 L contient 125 g de sucre. **Combien de sucre contient un verre de 12 cL ?**

☐ **A.** 10 g ☐ **B.** 1,10 g ☐ **C.** 14 g

25 Chaque injection nécessite 8 cm^3 de produit. Ce produit est conditionné dans des flacons de 100 mL. **Combien de flacons sont nécessaires pour traiter 50 personnes ?**

☐ **A.** 6 ☐ **B.** 10 ☐ **C.** 4

Corrigé

1 **Réponse A : 532,67.**
532,67 peut s'écrire aussi 532,670. On peut alors comparer les parties décimales des trois nombres facilement.

2 **Réponse C : 2,5 km.**

On parcourt 30 km en 60 min. En 5 minutes, on parcourt : $30 \times \frac{5}{60} = 2{,}5$ km.

3 **Réponse B : 5 %.**

Calcul du pourcentage : $\frac{35}{700} \times 100 = 5$ %.

4 **Réponse A : 0,88 ha.**
$110 \times 80 = 8\,800$ m^2, soit 0,88 ha

5 **Réponse B : 18,096 ≈ 18,10.**
Pour A : 504,382 ≈ 504,38 et pour C : 203,992 ≈ 203,99.

6 **Réponse A : 86 cm^2.**
La superficie du carré est $20 \times 20 = 400$ cm^2.
Le rayon du disque est 20 : 2 = 10 cm et son aire $10 \times 10 \times 3{,}14 = 314$ cm^2.
Il reste donc $400 - 314 = 86$ cm^2.

7 **Réponse B : 420 kg.**
Le poids total est $\frac{84}{12} \times 60 = 420$ kg.

8 **Réponse C : 70 %.**

Il y a $90 - 27 = 63$ non diplômés. Leur pourcentage est de $\frac{63}{90} \times 100 = 70$ %.

9 **Réponse A : 300 : 0,02 = 15 000.**
Pour B : 23,5 × 0,1 = 2,35 et pour C : 56 : 1 000 = 0,056.

10 **Réponse C : 35 mm = 0,035 m.**
Pour A : 4 538 kg = 4,538 t et pour B : 1 526 L = 15,26 hL.

11 **Réponse A : 90 m.**
2 km = 2 000 m ; 1 tour représente 2 000 : 2 = 400 m, c'est le périmètre du terrain. Le demi périmètre est 400 : 2 = 200 m et la largeur : 200 – 110 = 90 m.

12 **Réponse B : 503 012.**
Dans la classe des milles, on a cinq cent trois = 503, dans celle des unités, on a douze = 012.

13 **Réponse B : 50 jours.**
3 millions = 3 000 000 et $\frac{3\,000\,000}{2\,500}$ = 1 200 h, soit 1 200 : 24 = 50 jours.

14 **Réponse C : 0,0012 km.**
On choisit de convertir dans une même unité :
A = 1,025 m, B = 1,125 m et C = 1,2 m, puis on compare.

15 **Réponse A : 81.**
2 km = 2 000 m ; le nombre d'intervalles est de 2 000 : 25 = 80.
Pour avoir un arbre à chaque extrémité, il faut un arbre de plus que d'intervalles, donc 81 arbres.

16 **Réponse C : 86 millions d'euros.**
85,568 400 millions, en arrondissant au chiffre des millions, on obtient 86 millions.

17 **Réponse C : 135 cm³.**
On convertit en mL ou cm³ :
A. 1 500 mL ; **B.** 1 350 mL ; **C.** 135 mL, puis on peut comparer.

18 **Réponse A : 100 €.**
Bénéficiant de 40 % de remise, vous payez 60 % du prix initial.
Le prix initial représente 100 % soit : $\frac{60}{60} \times 100 = 100$ €.

19 **Réponse B : 16,5 km.**
À 18 km/h, il a parcouru : $\frac{18}{60} \times 45 = 13,5$ km.
À 12 km/h, il a parcouru : $\frac{12}{60} \times 45 = 3$ km.
La distance totale est de 13,5 + 3 = 16,5 km.

20 **Réponse B : 10 m³.**
3 t = 3 000 kg et 30 g = 0,03 kg
Le nombre de litres est de 3 000 : 0,03 = 100 000 L ou dm³, soit 100 m³.

21 **Réponse A : 4 %.**

Le pourcentage d'augmentation est de $\frac{10}{250} \times 100 = 4$ %.

22 **Réponse C : plus de 1 000.**

Le côté de la salle est 20 : 4 = 5 m, la superficie $5 \times 5 = 25$ m^2 = 250 000 cm^2.
La surface d'un carreau est $15 \times 15 = 225$ cm^2.
Le nombre de carreau est 250 000 : 225 = 1 111,11, donc plus de 1 000.

23 **Réponse B : 4,5 km.**

La vitesse du cycliste est de 36 : 2 = 18 km/h, celle du piéton est de 18 : 2 = 9 km/h ; en 30 minutes, il parcourt 9 : 2 = 4,5 km.

24 **Réponse A : 10 g.**

1,5 L = 150 cL

Dans 12 cL, il y a $\frac{125}{150} \times 12 = 10$ g de sucre.

25 **Réponse C : 4.**

Pour 50 personnes, il faut $50 \times 8 = 400$ cm^3 de produit, soit 400 mL.
Le nombre de flacons est de 400 : 100 = 4.

Présentation de l'épreuve de culture générale

- Comme précisé précédemment, aucun programme n'est donné pour cette épreuve. De plus, la notion de « culture générale » est particulièrement large : elle peut en effet recouper des domaines très divers : histoire, géographie, institutions, sciences, littératures, arts, actualité récente...

  Pour autant, il ne vous sera pas demandé l'impossible. C'est ce que traduit la lecture des annales du concours. Ce que le jury recherche de la part des candidats, c'est un minimum d'ouverture d'esprit, d'intelligence des situations et de curiosité intellectuelle.
- Pour préparer au mieux cette épreuve, nous vous conseillons donc de vous exercer régulièrement en répondant aux questionnaires figurant dans le présent ouvrage, si possible dans les conditions du concours, de vous donner quelques points de repère (dans l'espace et le temps), de vous intéresser à l'actualité…
- Le défi majeur de cette épreuve réside dans la gestion du temps : il est en effet essentiel de traiter **toutes les questions** dans le délai imparti. À défaut, vous seriez pénalisé sur la notation finale.
- Nous vous proposons maintenant de vous préparer à cette épreuve grâce à un parcours de révision et d'entraînement qui abordera successivement l'histoire, la géographie, les arts et la littérature, les institutions, les sciences et l'actualité.

Fiche 1 - **Histoire**

1. La préhistoire

- La préhistoire **commence avec l'apparition de l'homme et se clôt avec l'apparition de l'écriture** vers 3500 av. J.-C. Elle se décompose entre la période paléolithique (de loin, la plus longue) et la période néolithique (vers 8200 av. J.-C.).
- L'**âge de bronze commence** vers 3000 av. J.-C. Lui succède l'**âge du fer** vers 1100 av. J.-C.

2. L'antiquité

- Plusieurs grandes civilisations marquent l'histoire de l'antiquité.
- La plus remarquable et la plus longue est la **civilisation égyptienne** qui apparaît vers 3150 av. J.-C. avec les Ire et IIe dynasties, pour sombrer avec l'annexion romaine en 30 av. J.-C. La richesse de l'Égypte antique repose principalement sur le Nil, et la vie est rythmée par les crues du fleuve, long de 6 700 km. La puissance des pharaons trouve notamment sa traduction dans l'érection des pyramides qui leur servent de tombeaux. La plus impressionnante reste celle de Khéops, érigée vers 2560 av. J.-C., haute de plus de 146 mètres. C'est la seule des « Sept Merveilles du monde » de l'antiquité toujours existante de nos jours.
- La **civilisation perse** se déploie notamment au premier millénaire avant J.-C. avec l'empire achéménide. Elle est au sommet de sa puissance avec Darius Ier dit le Grand au Ve siècle av. J.-C. Les guerres successives contre les Grecs entraînent son déclin, et la conquête par Alexandre le Grand en 330 av. J.-C.
- La **civilisation hellénique** connaît son apogée à partir du Ve siècle av. J.-C. avec l'expansion des cités grecques, et notamment les deux plus importantes que sont Athènes et Sparte. On parle par exemple de « siècle de Périclès » pour désigner, au Ve siècle av. J.-C., l'apogée de cette période. La Macédoine connaît une expansion sans précédent sous le règne d'Alexandre le Grand, mais il décède prématurément en 323 av. J.-C., laissant son empire à ses généraux.
- À partir du IIIe siècle av. J.-C., Rome va imposer sa domination sur le monde antique. Rome aurait été fondée en 753 av. J.-C. par Romulus et Rémus. L'**empire romain** atteint son apogée avec l'avènement de l'empereur Auguste en 27 av. J.-C. L'année 476 marque sa chute avec l'abdication du dernier empereur.
- L'**empire romain d'Orient ou de Byzance** apparaît au IVe siècle. Il s'effondre avec la prise de sa capitale Constantinople par les Ottomans en 1453.

3. Le Moyen Âge

- Cette longue période de l'histoire de l'Europe court de la chute de l'empire romain d'Occident à la Renaissance, soit **du IVe au XVe siècles.**
- **Clovis** devient roi des Francs en 481. Sa conversion au christianisme marque un tournant important dans l'histoire de la royauté. Aux **Mérovingiens**, succèdent les **Carolingiens.** L'apogée de la période carolingienne est marquée par le règne de **Charlemagne**, couronné empereur d'Occident en 800. Le règne des Capétiens va quant à lui s'étendre sur plus de huit siècles : depuis l'avènement d'Hugues Capet en 987 jusqu'à la décapitation de Louis XVI en 1792.
- Le Moyen Âge est marqué par les **croisades** (expéditions militaires organisées pour pouvoir mener le pèlerinage des Chrétiens en Terre sainte afin d'aller prier sur le Saint-Sépulcre) qui s'échelonnent entre 1095 et 1291. Cette période de notre histoire est aussi l'âge d'or des **cathédrales** : les premières sont construites à compter du IXe siècle, et les chantiers s'échelonnent huit siècles durant. La construction de Notre-Dame-de-Paris débute ainsi en 1163.
- Parmi les conflits les plus longs, **la guerre de Cent ans** oppose Français et Anglais de 1337 à 1453. Avec l'aide de **Jeanne d'Arc**, **Charles VII est sacré à Reims** en 1429.

4. La période moderne

- Cette période de l'histoire de France débute **avec la Renaissance pour se clore avec la Révolution française**. Le règne de **Louis XIV** sera particulièrement long (de 1643 à 1715). Il sera marqué par de nombreux conflits, mais aussi par la **construction de Versailles** à partir de 1664.
- Lui succède son arrière petit-fils, **Louis XV**, puis **Louis XVI**, petit-fils du précédent.

5. La période contemporaine

- Débutant avec la Révolution française de 1789, la période contemporaine a été marquée par une succession de régimes en un peu plus de deux siècles : à la **Révolution française**, succède le **Directoire**, puis le **Premier Empire** en 1804. Celui-ci s'écroule définitivement après la **défaite de Napoléon Ier à Waterloo** en 1815.
- **La royauté est restaurée** avec l'accession au pouvoir des frères de Louis XVI (**Louis XVIII** et **Charles X**), puis de **Louis-Philippe** qui devient roi des Français (et non plus de France) après la Révolution de 1830.
- La **Révolution de 1848** amène l'arrivée de la IIe République proclamée par le poète Alphonse Lamartine. **Louis-Napoléon Bonaparte** élu président de la République rétablit l'Empire après le coup d'État du 2 décembre 1851.
- Le **Second Empire** s'effondre après la défaite de Sedan le 2 septembre 1870. La **IIIe République** est proclamée. Elle restera le régime politique le plus long de l'histoire contemporaine française, s'effondrant elle-même avec la **défaite de 1940** face aux Allemands et l'**instauration du régime de Vichy**.

- Après la Libération de la France en 1945, la **IVe République** est proclamée en 1946 après que le pouvoir ait été assuré par le Gouvernement provisoire présidé par le **général de Gaulle**. Lui succède en 1958 notre régime actuel, la **Ve République**, qui voit le retour au pouvoir du général de Gaulle. Celui-ci démissionne en 1969 après la victoire du « non » au référendum sur la régionalisation. Ses successeurs seront Alain Poher (président par interim en 1969 et en 1974), Georges Pompidou (1969-1974), Valéry Giscard d'Estaing (1974-1981), François Mitterrand (1981-1995), Jacques Chirac (1995-2007), Nicolas Sarkozy (2007-2012), François Hollande (2012-2017) et Emmanuel Macron (depuis 2017).
- L'histoire de France après 1945 sera marquée par la décolonisation, et notamment deux conflits majeurs : la **guerre d'Indochine** de 1946 à 1954 et la **guerre d'Algérie** de 1954 à 1962.

Entraînement 1 - **Histoire**

1 Dans l'antiquité, les souverains égyptiens portent le titre de :
- ☐ **A.** empereur
- ☐ **B.** roi
- ☐ **C.** pharaon

2 Sparte est une cité :
- ☐ **A.** grecque
- ☐ **B.** mésopotamienne
- ☐ **C.** phénicienne

3 Lors de la guerre de Troie, Hector est tué par :
- ☐ **A.** Achille
- ☐ **B.** Hercule
- ☐ **C.** Ulysse

4 La cité antique de Rome a été fondée par :
- ☐ **A.** César
- ☐ **B.** Marius et Raimu
- ☐ **C.** Rémus et Romulus

5 Clovis est un roi :
- ☐ **A.** capétien
- ☐ **B.** carolingien
- ☐ **C.** mérovingien

6 Charlemagne est couronné empereur en l'an :
- ☐ **A.** 600
- ☐ **B.** 800
- ☐ **C.** 1000

7 Qui succède à Henri IV ?
- ☐ **A.** Louis XII
- ☐ **B.** Louis XIII
- ☐ **C.** Louis XIV

8 François Ier remporte en 1515 la bataille de :
- ☐ **A.** Marignan
- ☐ **B.** Matignon
- ☐ **C.** Mac Mahon

9 Louis XVI est guillotiné en :

☐ **A.** 1693
☐ **B.** 1753
☐ **C.** 1793

10 La bataille de Waterloo se déroule en :

☐ **A.** 1805
☐ **B.** 1815
☐ **C.** 1825

11 La Deuxième République est proclamée en :

☐ **A.** 1791
☐ **B.** 1848
☐ **C.** 1871

12 La Première Guerre mondiale débute en :

☐ **A.** 1912
☐ **B.** 1914
☐ **C.** 1916

13 En 1922, Mussolini accède au pouvoir :

☐ **A.** en Espagne
☐ **B.** en Italie
☐ **C.** en Grèce

14 Lors de la Seconde Guerre mondiale, qui dirige l'URSS ?

☐ **A.** Lénine
☐ **B.** Staline
☐ **C.** Trotski

15 Le canal de Suez est nationalisé en 1956 par le président :

☐ **A.** Moubarak
☐ **B.** Nasser
☐ **C.** el-Sadate

16 La chute de Saïgon entraîne la fin de la guerre du Vietnam en :

☐ **A.** 1975
☐ **B.** 1980
☐ **C.** 1985

17 Quel président américain est assassiné en 1963 à Dallas ?

☐ **A.** Eisenhower
☐ **B.** Kennedy
☐ **C.** Lincoln

18 La chute du mur de Berlin a lieu en novembre :

☐ **A.** 1979
☐ **B.** 1989
☐ **C.** 1999

19 Saddam Hussein dirige entre 1979 et 2003 :

- ☐ **A.** l'Irak
- ☐ **B.** l'Iran
- ☐ **C.** la Libye

20 La guerre des Malouines oppose en 1982, l'Argentine et :

- ☐ **A.** le Brésil
- ☐ **B.** les États-Unis
- ☐ **C.** le Royaume-Uni

Corrigé

1 **Réponse C : pharaon.**

2 **Réponse A : grecque.**

3 **Réponse A : Achille.**

4 **Réponse C : Rémus et Romulus.**

5 **Réponse C : mérovingien.**

6 **Réponse B : 800.**

7 **Réponse B : Louis XIII.**

8 **Réponse A : Marignan.**

9 **Réponse C : 1793.**

10 **Réponse B : 1815.**

11 **Réponse B : 1848.**

12 **Réponse B : 1914.**

13 **Réponse B : en Italie.**

14 **Réponse B : Staline.**

15 **Réponse B : Nasser.**

16 **Réponse A : 1975.**

17 **Réponse B : Kennedy.**

18 **Réponse B : 1989.**

19 **Réponse A : l'Irak.**

20 **Réponse C : le Royaume-Uni.**

Fiche 2 - **Géographie**

1. La géographie de la France

A. Le territoire français

- La France métropolitaine a une **superficie** de **551 695 km^2**. Les possessions françaises d'outre-mer couvrent une superficie totale de 559 440 km^2.
- La France a la forme d'un **hexagone**. Du nord au sud, il y a une distance de 973 km et environ 950 km d'ouest en est.
- Les frontières terrestres de la France sont :
  – au nord-est : la Belgique, le Luxembourg et l'Allemagne ;
  – à l'est : la Suisse et l'Italie ;
  – au sud-ouest : l'Espagne, l'Andorre et Monaco.
- La France s'ouvre sur trois **façades maritimes** : au sud, la façade méditerranéenne ; au sud-ouest, la façade atlantique ; au nord-ouest, la Manche et la mer du Nord.
- La France comprend plusieurs îles, dont la plus grande est la Corse (8 680 km^2). Elle comprend également **douze territoires d'outre-mer** hérités de la colonisation et éparpillés sur l'ensemble du globe : la Guadeloupe, la Guyane, la Martinique, La Réunion, Mayotte, La Nouvelle-Calédonie, La Polynésie française, Saint-Barthélemy, Saint-Martin, Saint-Pierre-et-Miquelon, les Terres Australes et Antarctiques Françaises et les îles de Wallis-et-Futuna.

B. Le relief de la France

- Le point culminant de la France est le **mont Blanc** avec **4 805 mètres.**
- Les quatre principaux fleuves français sont la **Seine** au nord, la **Loire** à l'ouest, le **Rhône** à l'est et la **Garonne** au sud-ouest.

2. La géographie mondiale

- Au niveau superficie, les **cinq plus grands pays au monde** sont :
  – la Russie (17 millions de km^2) ;
  – le Canada (9,9 millions de km^2) ;
  – les États-Unis (9,1 millions de km^2) ;
  – le Brésil (8,4 millions de km^2) ;
  – la Chine (8,2 millions de km^2).

- Les **trois plus grands fleuves** de la planète par ordre d'importance sont :
  – l'Amazone : 7 025 km (Amérique du Sud) ;
  – le Nil : 6 671 km (Afrique) ;
  – le Yang-Tsé-Kiang (ou fleuve bleu) : 6 300 km (Asie).
- Le plus haut sommet au monde est l'**Everest** (8 846 m), à la frontière entre le Népal et la Chine (au Tibet). Sur le continent africain, le **Kilimandjaro** est la plus haute montagne d'Afrique avec 5 895 m ; il est situé en Tanzanie et devance le mont Kenya (5 199 m).

3. La planète Terre

- La Terre est la **troisième planète** du **système solaire**. Sa distance au Soleil est de 150 millions de km.
- Les autres planètes du système solaire sont : Mercure, Vénus, Mars, Jupiter, Saturne, Uranus et Neptune. Pluton n'est plus considéré comme une planète.
- La Terre tourne autour du Soleil en **365 jours**. Elle tourne aussi sur elle-même en **24 heures**.
- Les étendues liquides de la Terre représentent 71 % de la surface terrestre.

Entraînement 2 - **Géographie**

1 La capitale des États-Unis est :

- ☐ **A.** Boston
- ☐ **B.** New York
- ☐ **C.** Washington

2 Parmi ces trois pays scandinaves, lequel est situé le plus au sud ?

- ☐ **A.** Danemark
- ☐ **B.** Norvège
- ☐ **C.** Suède

3 Rotterdam est une ville :

- ☐ **A.** allemande
- ☐ **B.** belge
- ☐ **C.** néerlandaise

4 La Bulgarie et la Roumanie sont baignées par la mer :

- ☐ **A.** Adriatique
- ☐ **B.** Baltique
- ☐ **C.** Noire

5 Budapest est la capitale de :

- ☐ **A.** l'Albanie
- ☐ **B.** la Hongrie
- ☐ **C.** la Slovaquie

6 Le détroit de Gibraltar sépare l'Espagne et :

- ☐ **A.** l'Algérie
- ☐ **B.** le Maroc
- ☐ **C.** la Tunisie

7 Parmi ces trois villes, laquelle n'est pas un port ?

- ☐ **A.** Calais
- ☐ **B.** Cherbourg
- ☐ **C.** Pau

8 La capitale de la région Grand Est est :

- ☐ **A.** Metz
- ☐ **B.** Nancy
- ☐ **C.** Strasbourg

9 La ville de Marseille est bordée par le golfe :

☐ **A.** de Gascogne
☐ **B.** de la licorne
☐ **C.** du Lion

10 Aurillac est le chef-lieu :

☐ **A.** de l'Aveyron
☐ **B.** du Cantal
☐ **C.** de la Creuse

11 L'océan Arctique est situé :

☐ **A.** au pôle Centre
☐ **B.** au pôle Nord
☐ **C.** au pôle Sud

12 Sur quel continent coule le fleuve Amazone ?

☐ **A.** africain
☐ **B.** américain
☐ **C.** européen

13 De ces trois villes françaises, laquelle est située le plus au nord ?

☐ **A.** Bourges
☐ **B.** Reims
☐ **C.** Troyes

14 La ville de Fort-de-France est située en :

☐ **A.** Guadeloupe
☐ **B.** Guyane
☐ **C.** Martinique

15 Mayotte est située dans l'archipel :

☐ **A.** des Comores
☐ **B.** des Malouines
☐ **C.** de Zanzibar

16 Le port de Rouen est situé sur :

☐ **A.** la Loire
☐ **B.** le Rhône
☐ **C.** la Seine

17 Le département de l'Oise appartient à la région :

☐ **A.** Centre-Val de Loire
☐ **B.** Hauts-de-France
☐ **C.** Île-de-France

18 L'aéroport d'Orly est situé dans :

☐ **A.** le Val-de-Marne
☐ **B.** le Val-d'Oise
☐ **C.** les Yvelines

19 Le premier de port de pêche français est :

- ☐ **A.** Boulogne-sur-mer
- ☐ **B.** Nantes
- ☐ **C.** Sète

20 Le Cher est un affluent :

- ☐ **A.** de la Garonne
- ☐ **B.** de la Loire
- ☐ **C.** de la Seine

Corrigé

1 **Réponse C : Washington.**

2 **Réponse A : Danemark.**

3 **Réponse C : néerlandaise.**

4 **Réponse C : Noire.**

5 **Réponse B : la Hongrie.**

6 **Réponse B : le Maroc.**

7 **Réponse C : Pau.**

8 **Réponse C : Strasbourg.**

9 **Réponse C : du Lion.**

10 **Réponse B : du Cantal.**

11 **Réponse B : au pôle Nord.**

12 **Réponse B : américain.**

13 **Réponse B : Reims.**

14 **Réponse C : Martinique.**

15 **Réponse A : des Comores.**

16 **Réponse C : la Seine.**

17 **Réponse B : Hauts-de-France.**

18 **Réponse A : le Val-de-Marne.**

19 **Réponse A : Boulogne-sur-Mer.**

20 **Réponse B : de la Loire.**

Fiche 3 - **Arts et littérature**

REMARQUE

- Nous vous proposons ci-après les principaux courants, artistes et œuvres.
- Cette liste est non exhaustive. N'hésitez pas à la compléter en consultant des encyclopédies ou des anthologies comme celle des éditions Nathan : *Français littérature, anthologie chronologique, lycées.*

1. Moyen Âge

- **Littérature :**
  – Chrétien de Troyes *(Lancelot, Perceval)*
  – *La Chanson de Roland* (auteur anonyme)
  – François Villon *(La Ballade du pendu)*

2. XVIe siècle

- **Littérature :**
  – L'humanisme : Rabelais *(Pantagruel, Gargantua)*, Montaigne *(Les Essais)*
  – Poésie : Du Bellay *(Les Regrets)*, Ronsard *(Odes)*
- **Peinture :**
  – Boticelli *(La naissance de Vénus)*
  – Léonard de Vinci *(La Joconde)*
  – Michel-Ange (plafond de la chapelle sixtine à Rome)

3. XVIIe siècle

- **Littérature :**
  – Théâtre et fable : Racine *(Phèdre)*, Corneille *(Cinna)*, Molière *(Le Bourgeois gentilhomme)*, La Fontaine *(Fables)*
  – Philosophie : Descartes *(Discours de la méthode)*, Pascal *(Pensées)*
- **Peinture :**
  – L'école hollandaise : Rubens *(L'Érection de la croix)*, Rembrandt *(La Ronde de nuit)* et Vermeer *(La Jeune fille à la perle, La laitière)*.

4. XVIIIe siècle (le siècle des Lumières)

- **Peinture :**
  – Le néo-classicisme : David *(Le Sacre de Napoléon)*, Fragonard *(Les Baigneuses)*
- **Littérature :**
  – Montesquieu *(L'Esprit des lois, Lettres persanes)*, Diderot *(Encyclopédie)*, Rousseau *(Du contrat social)*, Voltaire *(Candide)*, Beaumarchais *(Le Mariage de Figaro)*

5. XIXe siècle

- **Littérature :**
  – Le réalisme : Balzac *(Les Chouans, Le Père Goriot)*, Flaubert *(Madame Bovary)*
  – Le naturalisme : Zola *(Nana, L'Assommoir)*, Maupassant *(Le Horla, Bel-Ami)*
  – Le romantisme : Hugo *(Les Misérables)*, Stendhal *(Le Rouge et le Noir)*
  – Poésie : Rimbaud *(Poésies)*, Baudelaire *(Les Fleurs du mal)*
- **Peinture :**
  – L'école romantique : Delacroix *(La Liberté guidant le peuple)*, Turner *(Pluie, vapeur et vitesse)*
  – Le naturalisme : Millet *(L'Angélus)*, Courbet *(Le Désespéré)*
- **Sculpture :**
  Rodin (Le Penseur)

6. XXe siècle

- **Littérature :**
  – Jean-Paul Sartre *(La Nausée)*
  – Albert Camus *(L'Étranger, Le Mythe de Sysiphe)*
  – Marguerite Duras *(L'Amant)*
  – Marcel Proust *(À la recherche du temps perdu)*
  – Marcel Pagnol *(Le Château de ma mère, La Gloire de mon père)*
- **Peinture :**
  – L'impressionnisme : Manet *(Le Déjeuner sur l'herbe)*, Monet *(Nymphéas)*, Renoir *(Canotiers)*
  – Le post-impressionnisme : Cézanne *(Les Grandes Baigneuses)*, Van Gogh *(La Nuit étoilée)*, Paul Gauguin *(Femmes de Tahiti)*
  – Le fauvisme : Matisse *(Nu Bleu)*, Modigliani *(La Femme aux yeux bleus)*
  – L'art abstrait : Picasso *(Guernica)*, Klee *(Senecio)*, Kandinsky *(Ligne angulaire)*
  – Le surréalisme : Magritte *(Le Fils de l'homme)*, Dali *(La Persistance de la mémoire)*, Chagall *(Paris par la fenêtre)*

Entraînement 3 - **Arts et littérature**

1 Jean-Baptiste Poquelin était le véritable nom de :

- ☐ **A.** Molière
- ☐ **B.** Rousseau
- ☐ **C.** Voltaire

2 *L'Encyclopédie*, qui est publiée au XVIIIe siècle, est l'œuvre de :

- ☐ **A.** Calvin
- ☐ **B.** Diderot
- ☐ **C.** Luther

3 Dans quel musée est exposée *La Joconde* ?

- ☐ **A.** British Museum
- ☐ **B.** Metropolitan Museum of art à New York
- ☐ **C.** musée du Louvre

4 Le peintre David était l'un des chefs de file de l'école :

- ☐ **A.** néo-classique
- ☐ **B.** cubique
- ☐ **C.** moderne

5 *Le Radeau de la Méduse* est l'œuvre de :

- ☐ **A.** Géricault
- ☐ **B.** Ingres
- ☐ **C.** Le Titien

6 Quel est l'intrus dans cette liste de trois grands peintres ?

- ☐ **A.** Michel-Ange
- ☐ **B.** Raphaël
- ☐ **C.** Van Gogh

7 Nicolas de Staël est un peintre qui a vécu au :

- ☐ **A.** XVe siècle
- ☐ **B.** XIIIe siècle
- ☐ **C.** XXe siècle

8 *Le cri* est une composition de :

- ☐ **A.** Kandinsky
- ☐ **B.** Klee
- ☐ **C.** Munch

9 Qui est l'auteur de *Gargantua* ?

- ☐ **A.** Rabelais
- ☐ **B.** Ronsard
- ☐ **C.** Villon

10 Jean-Jacques Rousseau est l'auteur :

- ☐ **A.** *Du contrat fiscal*
- ☐ **B.** *Du contrat royal*
- ☐ **C.** *Du contrat social*

11 L'auteur de *Candide* est :

- ☐ **A.** Corneille
- ☐ **B.** Montaigne
- ☐ **C.** Voltaire

12 Qui a écrit le recueil de poèmes *Une saison en enfer* ?

- ☐ **A.** Baudelaire
- ☐ **B.** Rimbaud
- ☐ **C.** Verlaine

13 « Les quatre saisons » ont été composées par :

- ☐ **A.** Rossini
- ☐ **B.** Verdi
- ☐ **C.** Vivaldi

14 Combien de symphonies, Beethoven a-t-il composées ?

- ☐ **A.** 5
- ☐ **B.** 9
- ☐ **C.** 12

15 Qui a composé « La truite » ?

- ☐ **A.** Liszt
- ☐ **B.** Mozart
- ☐ **C.** Schubert

16 Qui est l'auteur des *Lettres persanes* ?

- ☐ **A.** Rousseau
- ☐ **B.** Montesquieu
- ☐ **C.** Voltaire

17 Qui est l'auteur du *Discours de la méthode* ?

- ☐ **A.** Descartes
- ☐ **B.** Kant
- ☐ **C.** Spinoza

18 *Les Fleurs du mal* sont l'œuvre de :

- ☐ **A.** Apollinaire
- ☐ **B.** Baudelaire
- ☐ **C.** Mallarmé

19 Parmi ces ouvrages, lequel n'est pas de Camus ?

- ☐ **A.** *L'Étranger*
- ☐ **B.** *La Nausée*
- ☐ **C.** *La Peste*

20 Apollinaire se rattache à l'école :

- ☐ **A.** naturaliste
- ☐ **B.** romantique
- ☐ **C.** surréaliste

Corrigé

1 **Réponse A : Molière.**

2 **Réponse B : Diderot.**

3 **Réponse C : musée du Louvre.**

4 **Réponse A : néo-classique.**

5 **Réponse A : Géricault.**

6 **Réponse C : Van Gogh.**

7 **Réponse C : XXe siècle.**

8 **Réponse C : Munch.**

9 **Réponse A : Rabelais.**

10 **Réponse C : *Du contrat social.***

11 **Réponse C : Voltaire.**

12 **Réponse B : Rimbaud.**

13 **Réponse C : Vivaldi.**

14 **Réponse B : 9.**

15 **Réponse C : Schubert.**

16 **Réponse B : Montesquieu.**

17 **Réponse A : Descartes.**

18 **Réponse B : Baudelaire.**

19 **Réponse B : La Nausée.**

20 **Réponse B : romantique.**

Fiche 4 - **Institutions**

1. Les organisations internationales

A. L'ONU

- Les organisations internationales sont nombreuses, la principale est l'Organisation des Nations unies (ONU) fondée en 1945 après l'échec de la Société des Nations (SDN). Elle compte à ce jour 193 États membres. Les organes principaux de l'ONU sont l'assemblée générale, le conseil de sécurité (dont la France fait partie à titre permanent avec un droit de veto), le conseil économique et social, le conseil de tutelle, la cour internationale de justice et le secrétariat. La charte des Nations-Unies définit le secrétaire général comme le « chef de l'administration de l'organisation ». L'actuel et neuvième secrétaire général de l'histoire de l'institution, est depuis le 1er janvier 2017, le portugais Antonio Guterres.
- Le système des Nations unies est composé de l'Organisation des Nations Unies et de nombreux programmes (le HCR, ou l'UNICEF par exemple), et de fonds et institutions spécialisées (l'UNESCO ou l'OMS par exemple). Chacune de ces entités a sa propre direction, son propre budget et ses propres États membres. Les programmes et fonds sont financés par des contributions volontaires plutôt que statutaires.

- Le drapeau de l'ONU représente une carte du monde, le pôle Nord servant de centre ; autour de la carte, une couronne de branches d'olivier ; le tout en or sur champ gris-bleu, les mers en blanc.
- L'ONU utilise six langues officielles : l'anglais, l'arabe, le chinois, l'espagnol, le français et le russe.

B. Le Conseil de l'Europe

Le Conseil de l'Europe est la principale organisation de défense des droits de l'homme du continent. Il comprend 47 États membres, dont l'ensemble des membres de l'Union européenne. Tous les États membres du Conseil de l'Europe ont signé la Convention européenne des droits de l'homme, un traité visant à protéger les droits de l'homme, la démocratie et l'État de droit. La Cour européenne des droits de l'homme contrôle la mise en œuvre de la Convention dans les États membres. Les individus peuvent ainsi porter plainte pour violation des droits de l'homme devant la Cour de Strasbourg, dès lors que toutes les voies de recours ont été épuisées dans l'État membre concerné.

Attention !

Le Conseil de l'Europe est une organisation distincte de l'Union européenne. Il ne faut pas confondre le Conseil de l'Europe avec :
– le Conseil européen, qui lui est une institution de l'UE, réunissant les chefs d'État et de gouvernement des États membres ;
– le Conseil de l'Union européenne, une autre institution de l'UE, qui rassemble les ministres des gouvernements des États membres, également appelé conseil des ministres.

2. L'Union européenne

- L'Union européenne compte 447 millions d'habitants (soit 7 % de la population mondiale), 4,2 millions de km^2 (soit 3 % des terres émergées) et 20 % du PIB mondial.
- Elle est composée de 27 États membres (l'Allemagne, l'Autriche, la Belgique, la Bulgarie, Chypre, la Croatie, le Danemark, l'Espagne, l'Estonie, la Finlande, la France, la Grèce, la Hongrie, l'Irlande, l'Italie, la Lettonie, la Lituanie, le Luxembourg, Malte, les Pays-Bas, la Pologne, le Portugal, la République tchèque, la Roumanie, la Slovaquie, la Slovénie et la Suède), depuis le retrait du Royaume-Uni (le Brexit) qui est effectif depuis le 31 janvier 2020. À l'heure actuelle, cinq pays sont officiellement candidats pour intégrer l'UE. Pour deux d'entre eux (Monténégro et la Serbie), les négociations sont en cours. Concernant la Turquie, l'Albanie et la Macédoine du Nord, les négociations sont, soit au point mort, soit n'ont pas débuté.

Les grands textes de base

Ces textes de base sont constitués par les traités majeurs qui ont permis de construire l'Union européenne :
– le traité instituant la **Communauté européenne du charbon et de l'acier** (CECA), signé en 1951 ;
– le **traité dit de Rome** instituant la Communauté économique européenne (CEE) en 1957 ;
– le traité sur l'Union européenne, signé à **Maastricht** en 1992 novembre 1993 : la Communauté économique européenne devient l'Union Européenne ;
– le **traité d'Amsterdam** entré en vigueur le 1er mai 1999 révise le traité sur l'Union européenne et fait entrer de nouveaux domaines dans le champ communautaire et pose le principe des coopérations renforcées ;
– le **traité de Nice**, signé en 2001 apporte de nouvelles modifications aux traités UE et CE ;
– le **traité de Lisbonne**, entré en vigueur le 1er décembre 2009, adapte en profondeur les règles des anciens traités pour permettre une meilleure coordination à 27 États membres. Il crée notamment les fonctions de président permanent du Conseil européen et de haut représentant pour la politique extérieure de l'Union. Il simplifie également le processus de décision au Conseil de l'UE (règle de la majorité qualifiée) et clarifie la répartition des compétences entre l'Union et les États membres.

- L'euro a été adopté par onze États membres de l'UE le 1er janvier 1999. La **zone euro** intègre 19 pays depuis l'adhésion de la Lituanie en 2015. Cette zone compte

337 millions d'Européens. S'ajoute **l'espace Schengen** depuis 1995, qui autorise la libre circulation des personnes et harmonise les contrôles des voyageurs au sein de l'espace constitué par ces États. L'espace Schengen comporte 26 pays dont quatre extérieurs à l'UE (Islande, Liechtenstein, Norvège, Suisse).

A. Les principales institutions européennes

- Le **Conseil européen** réunit les chefs d'État et de gouvernement des vingt-sept pays membres de l'Union européenne. Il se réunit au moins quatre fois par an pour définir les grandes orientations politiques de l'Union. Son président est le Belge Charles Michel.
- Le **Conseil de l'Union européenne** est, avec la Commission et le Parlement, l'un des trois piliers du processus législatif européen. Il réunit les ministres des États membres par domaine d'activité. Sa présidence tournante est assurée par un État membre pendant 6 mois. La France assurera cette fonction au premier semestre 2022.
- La **Commission européenne** siège à Bruxelles et incarne le pouvoir exécutif européen. Ses 27 commissaires (soit un par État membre) sont à l'initiative des politiques européennes dans leur domaine de compétences respectifs. Pour la France, c'est Thierry Breton qui siège au sein de la Commission. L'institution est présidée par l'Allemande Ursula von der Leyen, élue pour cinq ans.
- Le **Parlement européen** dispose de pouvoirs législatif, budgétaire et exerce le contrôle politique. Il est composé de 705 députés européens (79 pour la France), élus au suffrage universel direct tous les cinq ans, qui se réunissent régulièrement en session plénière à Bruxelles ou à Strasbourg. L'Italien David Sassoli le préside.
- La **Banque centrale européenne** est responsable de l'émission de la monnaie commune en zone euro. Elle est chargée de la politique monétaire et assure notamment la stabilité de la monnaie et des prix. Elle est présidée par la Française Christine Lagarde et son siège est à Francfort.

B. Le drapeau et l'hymne européen

- Le drapeau européen est le symbole de l'Union européenne, mais aussi de l'unité et de l'identité de l'Europe. Il est sur fond bleu avec un cercle d'étoiles dorées. Le cercle d'étoiles dorées représente la solidarité et l'harmonie entre les peuples d'Europe. Le nombre d'étoiles n'est pas lié au nombre d'États membres. Il comporte douze étoiles, car ce chiffre est traditionnellement un symbole de perfection, de plénitude et d'unité.
- « L'Ode à la joie » de Beethoven a été choisi comme hymne en 1985. Cette hymne avait déjà été adopté par le Conseil de l'Europe en 1972.

3. Les institutions françaises

A. Les constitutions françaises

- La France a connu dans son histoire **15 Constitutions** écrites dont certaines, comme celle de l'an I, ne furent jamais appliquées. C'est la Constitution de 1875 qui détient le record de longévité avec 65 ans d'existence.
- Nous sommes aujourd'hui régis par la **Constitution du 4 octobre 1958** (la Constitution de la Ve République). Cette Constitution a été modifiée à 24 reprises à ce jour, la dernière fois en 2008.

B. Le président de la République

- Aux termes de la Constitution, le Président de la République est élu depuis la révision constitutionnelle de 1962 au **suffrage universel direct** pour un **mandat de cinq ans** (et non plus 7 ans). Il ne peut exercer plus de deux mandats consécutifs.
- Le Président n'est pas politiquement responsable devant le Parlement, ni vis-à-vis du gouvernement. Il est le gardien de la Constitution (article 5) : il peut saisir le Conseil constitutionnel, initier une révision constitutionnelle. Il assure le fonctionnement régulier des pouvoirs publics ainsi que la continuité de l'État, il garantit la souveraineté extérieure de l'État.
- Il détient des **pouvoirs propres** : nomination du Premier ministre et de trois membres du Conseil constitutionnel, saisine du Conseil constitutionnel, droit de dissolution, droit de s'adresser au Parlement réuni en Congrès, recours sous certaines conditions de fond et de forme à l'article 16 de la Constitution, qui lui octroie des pouvoirs étendus en période exceptionnelle.
- Il exerce également des **compétences partagées avec le gouvernement** qui s'exercent vis-à-vis du Parlement (exemple : promulgation des lois votées...) ou vis-à-vis du gouvernement (présidence du Conseil des ministres, signature de décrets et ordonnances, nomination de certains hauts fonctionnaires ...). Il représente la France d'un point de vue international et il est le chef des armées.

C. Le Premier ministre

- Le rôle du **Premier ministre** est déterminé par la Constitution du 4 octobre 1958. Sa fonction première consiste à diriger l'action du gouvernement aux termes de l'article 21 de la Constitution.
- Il lui revient de définir et de mettre en œuvre la politique de la nation. S'il ne dispose pas à strictement parler de pouvoir hiérarchique sur les ministres, il bénéficie à leur égard d'une primauté de fait car il propose au Président la liste des ministres qui composeront le gouvernement (article 8), car c'est lui qui délimite par les décrets d'attribution les compétences de chacun des ministres.
- Au quotidien, il conduit le travail du gouvernement qu'il coordonne. **C'est aussi le chef de l'administration** : pour conduire la politique de la nation, le gouvernement s'appuie notamment sur l'administration (article 20). Il dispose du pouvoir réglementaire (pouvoir d'édicter des règlements, textes de portée générale), afin d'assurer d'une part l'exécution des lois votées par le Parlement et, d'autre part, son propre fonctionnement. Sa signature (contreseing) est rendue obligatoire pour plusieurs catégories de décrets émanant du Président de la République (article 19).
- Il dispose d'un pouvoir important de nomination, notamment pour tous les hauts responsables de l'administration. Il est aussi responsable de la Défense nationale (article 21). Le chef du gouvernement joue un rôle particulier à l'égard du Parlement : il participe à la procédure législative puisqu'il signe et dépose les projets de loi au nom du gouvernement. Le Premier ministre a aussi la possibilité de demander au Président de la République la convocation du Parlement en session extraordinaire (article 29). Il peut, comme d'autres autorités, déférer une loi devant le Conseil Constitutionnel avant sa promulgation (article 61). Il peut proposer au Président de la République, gardien de la Constitution, d'initier un processus de révision de la Constitution (article 89).

- Il est **responsable politiquement devant le Parlement**, peut engager devant les députés la responsabilité du gouvernement, que ce soit sur la base du programme d'action qu'il détermine ou du discours de politique générale qu'il prononce devant l'Assemblée.

D. Le gouvernement

- Le **gouvernement** de son côté « conduit et détermine la politique de la nation » aux termes de l'article 20 de la Constitution. Il dispose de l'administration et de la force armée. Son action est collégiale et le Conseil des ministres est le symbole de cette collégialité.

E. Le Parlement

- Le **Parlement** est composé de deux chambres : **l'Assemblée nationale et le Sénat**. L'Assemblée nationale qui est la chambre basse est composée de 577 députés élus au suffrage universel direct à l'issue des élections législatives prévues tous les cinq ans ou à la suite d'une dissolution de l'Assemblée. Le scrutin est majoritaire à deux tours. Les prochaines élections législatives sont prévues en 2022. Les sénateurs, au nombre de 348, sont eux élus pour six ans et sont renouvelés par moitié tous les trois ans. Les élections sénatoriales se déroulent au scrutin indirect : les électeurs votent dans leur département pour désigner les membres des collèges électoraux qui eux-mêmes voteront pour les sénateurs. Contrairement à l'Assemblée nationale, le Sénat qui est la chambre haute, ne peut pas être dissout.
- Traditionnellement, le Parlement vote la loi et contrôle l'action du gouvernement : le pouvoir législatif est exercé conjointement par les deux chambres. Chaque chambre examine successivement les projets de lois qui sont d'origine gouvernementale ou les propositions de lois qui sont d'origine parlementaire. Cependant, en cas de désaccord entre les deux chambres, le gouvernement peut demander à l'Assemblée nationale de statuer définitivement sur un texte. Le Parlement exerce aussi le contrôle de l'action gouvernementale au moyen de différents instruments : débats sur des déclarations du gouvernement, séances de questions orales et recours à des questions écrites, création de commissions d'enquête, missions d'information réalisées par les commissions permanentes des deux assemblées. Cependant, la responsabilité politique du gouvernement (c'est-à-dire la mise en cause de son existence) ne peut être engagée que devant l'Assemblée nationale qui vote dans ce cas une motion de censure. La contrepartie de la motion de censure est le droit de dissolution du gouvernement.

Les présidents de la République depuis 1958

– Charles De Gaulle (janvier 1959 - avril 1969)
– Alain Poher (avril 1969 - juin 1969)
– George Pompidou (juin 1969 -avril 1974)
– Alain Poher (avril 1974 - mai 1974)
– Valéry Giscard d'Estaing (mai 1974 - mai 1981)
– François Mitterrand (mai 1981- mai 1995)
– Jacques Chirac (mai 1995 - mai 2007)
– Nicolas Sarkozy (mai 2007 - mai 2012)
– François Hollande (mai 2012 - mai 2017)
– Emmanuel Macron (mai 2017 -)

4. L'organisation administrative française

A. Concentration et déconcentration

- L'organisation administrative française repose à la fois sur des **services centraux** et sur des **services déconcentrés**.
- Les **administrations centrales** qui sont placées **sous l'autorité directe des ministres** ont pour rôle la définition des politiques ministérielles, de les impulser, de donner des orientations ou directives aux services déconcentrés, d'évaluer les politiques publiques.
- Au **plan local**, les services de l'État sont représentés par le **préfet** et les **services déconcentrés**.
  Le préfet représente le gouvernement dans son département ou dans la région : il a en charge des intérêts nationaux, il veille au respect des lois et des règlements dans le département, au maintien de l'ordre public et exerce le contrôle administratif sur les collectivités locales.
  Le préfet a aussi autorité sur les services déconcentrés présents dans son département ou dans la région sauf exceptions (justice, finances publiques, défense nationale, inspection du travail, contenu de l'action éducative). Plusieurs réformes sont venues impacter l'organisation des services déconcentrés. La dernière en date se traduit par exemple par la mise en place des directions départementales de l'emploi, du travail et de la solidarité (DDETS) qui fusionnent pour partie les attributions et services des anciennes DDCS et unités DIRECCTE.
  Les services déconcentrés sont les services locaux des différents ministères dont ils dépendent. Chargés essentiellement d'appliquer sur le terrain, sous l'autorité des préfets, la politique décidée par le gouvernement et l'administration centrale, ils prennent aussi les décisions liées à la gestion administrative quotidienne et s'occupent du contact permanent avec les usagers et le public.

B. Les collectivités territoriales

- La France compte 34 948 communes, 101 départements et 13 régions métropolitaines, auxquels il faut ajouter les territoires d'outre-mer, les collectivités à statut particulier (Saint-Pierre-et-Miquelon, Mayotte, Collectivité européenne d'Alsace) ainsi que la collectivité territoriale de Corse. Ces collectivités constituent des entités juridiques à part entière : elles sont en effet dotées de la personnalité morale et exercent des compétences à vocation générale sur un territoire géographique restreint.
- Avec la **décentralisation**, l'État a progressivement transféré des compétences, des moyens et des agents aux collectivités locales qui constituent des personnes morales de droit public distinctes de l'État, et qui « s'administrent librement par des conseils élus » (art. 72 al. 3 de la Constitution) par les citoyens « dans les conditions prévues par la loi » et « disposent d'un pouvoir réglementaire pour l'exercice de leurs compétences ».
- Alors que les conseillers municipaux, départementaux et régionaux assurent la délibération sur les affaires de la collectivité (notamment budgétaires), le pouvoir exécutif est détenu lui aussi par des autorités élues au sein des assemblées locales : le maire pour la commune, le président du Conseil départemental pour le département et le président du Conseil régional pour la région.

- La liberté d'administration des collectivités territoriales connaît cependant une limite. Les lois de décentralisation en 1982 et 1983 ont substitué au contrôle d'opportunité, un contrôle de légalité exercé par le représentant de l'État, le préfet.
- Les attributions des **communes** sont très diverses : urbanisme, enseignement scolaire, distribution de l'eau, assainissement, bibliothèques et musées municipaux, marchés... Depuis 1982, elles peuvent intervenir sous certaines conditions et sous réserve des compétences des autres collectivités dans le domaine économique et social (aides directes et indirectes entreprises). Les communes peuvent transférer un certain nombre de compétences à des établissements publics de coopération intercommunale (EPCI) : métropoles, communautés urbaines, communautés d'agglomération, communautés de communes, syndicats intercommunaux. Le principe est qu'aujourd'hui, toute commune doit adhérer un EPCI à fiscalité propre.
- Les **départements** ont été les grands bénéficiaires des lois de décentralisation. À côté de leurs missions traditionnelles (aide sociale, voirie), ils se sont vu attribuer de nouvelles compétences en matière d'habitat, de transports, de santé et surtout d'enseignement (collèges).
- Les **régions** qui ont été créées en 1982 ont connu une extension progressive de leur champ de compétences : aménagement du territoire, enseignement (lycées), formation professionnelle, de transports, culture, recherche, aides économiques...

Liste des 13 régions métropolitaines

– Auvergne-Rhône-Alpes
– Bourgogne-Franche-Comté
– Bretagne
– Centre-Val de Loire
– Corse
– Grand Est
– Hauts-de-France
– Île-de-France
– Normandie
– Nouvelle-Aquitaine
– Occitanie
– Pays de la Loire
– Provence-Alpes-Côte d'Azur

Entraînement 4 - **Institutions**

1 Combien de français ont exercé à ce jour les responsabilités de secrétaire général de l'ONU ?

- ☐ **A.** aucun
- ☐ **B.** 1
- ☐ **C.** 3

2 Combien de membres comprend le Conseil de l'Europe ?

- ☐ **A.** 27
- ☐ **B.** 37
- ☐ **C.** 47

3 Parmi ces organisations internationales, laquelle s'occupe de questions de santé ?

- ☐ **A.** l'OCDE
- ☐ **B.** l'OMS
- ☐ **C.** l'UNESCO

4 Le FMI a été créé en 1945 à la suite de la conférence de :

- ☐ **A.** Bretton Woods
- ☐ **B.** Paris
- ☐ **C.** Washington

5 Parmi ces pays, lequel ne fait pas partie de l'OPEP ?

- ☐ **A.** le Mexique
- ☐ **B.** le Nigeria
- ☐ **C.** le Venezuela

6 Combien de pays membres comprend la zone euro ?

- ☐ **A.** 12
- ☐ **B.** 19
- ☐ **C.** 27

7 Combien de députés la France envoie-t-elle au Parlement européen ?

- ☐ **A.** 39
- ☐ **B.** 79
- ☐ **C.** 109

8 Le drapeau européen comporte :

- ☐ **A.** 12 étoiles
- ☐ **B.** 18 étoiles
- ☐ **C.** 27 étoiles

9 Parmi ces trois pays scandinaves, lequel ne fait pas partie de l'Union européenne ?

- ☐ **A.** la Finlande
- ☑ **B.** la Norvège
- ☐ **C.** la Suède

10 Parmi ces pays, lequel n'est pas un membre fondateur de l'Union européenne en 1957 ?

- ☐ **A.** la Belgique
- ☑ **B.** l'Espagne
- ☐ **C.** l'Italie

11 Le président de la République est en France :

- ☑ **A.** chef de l'État
- ☐ **B.** chef de gouvernement
- ☐ **C.** chef de l'État et le chef de gouvernement

12 En cas de vacance de la présidence de la République, qui assure l'intérim ?

- ☐ **A.** le président de l'Assemblée nationale
- ☑ **B.** le président du Sénat
- ☐ **C.** le Premier ministre

13 Qui autorise la déclaration de guerre en France ?

- ☐ **A.** le Président de la République
- ☑ **B.** le Parlement
- ☐ **C.** le Conseil des ministres

14 Qui est compétent pour statuer sur l'élection des députés et sénateurs ?

- ☑ **A.** le Conseil constitutionnel
- ☐ **B.** le Conseil d'État
- ☐ **C.** la Cour de cassation

15 Quel est l'article de la Constitution qui précise le domaine de la loi ?

- ☐ **A.** l'article 16
- ☑ **B.** l'article 34
- ☐ **C.** l'article 89

16 Une collectivité territoriale :

- ☑ **A.** ne peut exercer une tutelle sur une autre.
- ☐ **B.** peut exercer une tutelle sur une autre.
- ☐ **C.** ne peut exercer une tutelle sur une autre que dans des conditions très précises.

17 Combien d'EPCI à fiscalité propre recense-t-on en France ?

- ☐ **A.** 253
- ☑ **B.** 1 253
- ☐ **C.** 3 253

18 Les départements ont été créés en :

- [x] **A.** 1871
- [ ] **B.** 1946
- [ ] **C.** 1982

19 Les conseils municipaux sont élus pour un mandat de :

- [ ] **A.** 4 ans
- [ ] **B.** 5 ans
- [x] **C.** 6 ans

20 Qui détient le pouvoir de police des cimetières et des funérailles ?

- [x] **A.** le maire
- [ ] **B.** le président du département
- [ ] **C.** le représentant de l'État

Corrigé

1 **Réponse A : aucun.**

2 **Réponse C : 47.**

3 **Réponse B : l'OMS.**

4 **Réponse A : Bretton Woods.**

5 **Réponse A : le Mexique.**

6 **Réponse B : 19.**

7 **Réponse B : 79.**

8 **Réponse A : 12 étoiles.**

9 **Réponse B : la Norvège.**

10 **Réponse B : l'Espagne.**

11 **Réponse A : le chef de l'État.**

12 **Réponse B : le président du Sénat.**

13 **Réponse B : le Parlement.**

14 **Réponse A : le Conseil constitutionnel.**

15 **Réponse B : l'article 34.**

16 **Réponse A : ne peut exercer une tutelle sur une autre.**

17 **Réponse B : 1 253.**

18 **Réponse A : 1871.**

19 **Réponse C : 6 ans.**

20 **Réponse A : le maire.**

Fiche 5 - **Sciences**

- Voici une liste non exhaustive des principales inventions au cours des siècles.
- Aux XIXe et XXe siècles, les avancées industrielles et technologiques se sont accélérées au cours des révolutions industrielles, faisant basculer le monde agraire et artisanal vers un monde commercial et industriel.
- Certaines inventions portent le nom de leur inventeur.

Dates	Inventions/Découvertes	Inventeurs
vers 4000 av. J.-C.	la roue (Asie)	
vers 550 av. J.-C.	le cadran solaire (Grèce)	
1090	la boussole (Chine, Arabie)	
1440	l'imprimerie	Gutenberg
1604	le microscope	Zacharias Jansen
1625	la machine à calculer	Blaise Pascal
1643	la machine à vapeur	Denis Papin
1714	le thermomètre à mercure	Farenheit
1770	l'automobile	Joseph Cugnot
1783	le bateau à vapeur	Claude Fr. Jouffroy d'Abbans
1796	le vaccin contre la variole	Edward Jenner
1814	la locomotive	George Stephenson
1814	la photographie	Nicéphore Niépce
1814	le stéthoscope	René Laennec
1821	le moteur électrique	Mickael Faraday
1829	la machine à écrire	W. A. Burt
1829	l'alphabet Braille	Louis Braille
1834	le réfrigérateur	Jacobs Perkins
1854	l'ascenseur	Elisha Graves Otis
1861	le four électrique	Sir William Siemens
1866	la dynamite	Alfred Nobel
1876	le téléphone	Graham Bell
1884	la poubelle	le préfet Eugène Poubelle
1885	le vaccin contre la rage	Louis Pasteur
1887	le moteur à combustion	Carl Benz et Gottlieb Daimler
1888	le pneu en caoutchouc gonflé à l'air	John Bajd Dunlop
1888	l'appareil photographique	Georges Eastman
1893	le moteur Diesel	Rudolph Diesel
1894	le projecteur de cinéma	Les frères Lumière

•••

1895	le pneu de voiture démontable	Édouard Michelin
1895	les rayons X	Wilhelm Röntgen
1896	le télégraphe sans fil	Guglielmo Marconi
1896	la radioactivité	Antoine Henri Becquerel
1898	le radium	Pierre et Marie Curie
1900	le ballon dirigeable	Ferdinand von Zeppelin
1903	l'avion	Wilbur et Orwille Wright
1917	la théorie de la relativité	Albert Einstein
1921	l'insuline	Sir Frederik Grant Banting
1921	le BCG	Albert Calmette
1925	la télévision	John Logie Baird
1928	la pénicilline	Sir Alexander Fleming
1934	la radioactivité artificielle	Irène et Frédéric Joliot-Curie
1935	le caoutchouc synthétique	
1946	le premier ordinateur	John Eckert et John Mauchly
1951	la télévision en couleur	Peter Carl Goldmark
1954	le vaccin contre la poliomyélite	Jonas Salk et Pierre Lépine
1955	la datation au carbone 14	Williard Frank Libby
1957	le satellite	
1960	la pilule contraceptive	Gregory Pincus
1961	le premier homme dans l'espace	Youri Gagarine
1967	la première greffe du cœur sur l'homme	professeur Christian Barnard
1969	le premier homme sur la lune	Neil Armstrong
1971	le premier micro-ordinateur	François Grenelle
1971	le scanner	Godffrey N. Hourefield et A. Mac Leold Cormack
1975	le vaccin contre l'hépatite B	Phillipe Maupas
1977	le premier bébé éprouvette	Robert Edwards et Patrick Steptoe
1981	la navette spatiale	
1983	premier téléphone portable	l'entreprise Motorola
1983	découverte du virus du Sida	chercheurs de l'institut Pasteur
1989	naissance du Web	Tim Berners-Lee
1996	premier animal clôné (la brebis Dolly)	Ian Wilmut et Keith Campbell
2010	lancement de l'iPad	l'entreprise Apple

Entraînement 5 - **Sciences**

1 **Quel est le nom du célèbre concours visant à récompenser chaque année des inventions innovantes ?**

- ☐ **A.** concours Haussmann
- ☐ **B.** concours Lépine
- ☐ **C.** concours Poubelle

2 **Denis Papin construit en 1679 :**

- ☐ **A.** la première machine à vapeur
- ☐ **B.** le premier dirigeable
- ☐ **C.** le premier vélo

3 **L'axe de rotation de la Terre est de :**

- ☐ **A.** 23°
- ☐ **B.** 51°
- ☐ **C.** 90°

4 **Combien de satellites naturels la Terre possède-t-elle ?**

- ☐ **A.** un
- ☐ **B.** deux
- ☐ **C.** trois

5 **Charon est un satellite de :**

- ☐ **A.** Jupiter
- ☐ **B.** Mercure
- ☐ **C.** Pluton

6 **Qui encouragea en France le développement de la culture de la betterave sucrière ?**

- ☐ **A.** Louis XI
- ☐ **B.** Henri IV
- ☐ **C.** Napoléon Ier

7 **La plus prestigieuse des récompenses en mathématiques est :**

- ☐ **A.** la médaille Fields
- ☐ **B.** le prix Nobel de mathématiques
- ☐ **C.** le prix Pulitzer

8 **Le becquerel permet de mesurer :**

- ☐ **A.** la tension électrique
- ☐ **B.** la teneur de l'eau en oxygène
- ☐ **C.** la radioactivité

9 **L'intensité d'un poids s'exprime en :**

☐ **A.** litres
☐ **B.** newtons
☐ **C.** volts

10 **L'entomologie est l'étude des :**

☐ **A.** insectes
☐ **B.** mammifères
☐ **C.** poissons

11 **Le plus gros animal terrestre est :**

☐ **A.** la baleine bleue
☐ **B.** l'éléphant
☐ **C.** la girafe

12 **Le premier aviateur à avoir réussi à traverser la Manche est :**

☐ **A.** Louis Blériot
☐ **B.** Roland Garros
☐ **C.** Saint-Exupéry

13 **L'acier est un mélange de :**

☐ **A.** fer et de carbone
☐ **B.** charbon et de cuivre
☐ **C.** aluminium et de fonte

14 **La surface de la Terre est recouverte d'eau à hauteur de :**

☐ **A.** 51 %
☐ **B.** 71 %
☐ **C.** 91 %

15 **Le corps humain est composé à :**

☐ **A.** 15 % d'eau
☐ **B.** 45 % d'eau
☐ **C.** 65 % d'eau

16 **Le métier Jacquard est :**

☐ **A.** un métier à tisser
☐ **B.** une spécialisation culinaire
☐ **C.** une confrérie professionnelle

17 **La première compagnie des mines, celle d'Anzin, est fondée en :**

☐ **A.** 1757
☐ **B.** 1857
☐ **C.** 1957

18 **À quelle période de l'histoire a vécu le grand mathématicien Archimède ?**

☐ **A.** sous l'antiquité
☐ **B.** à la Renaissance
☐ **C.** lors de la 1re Révolution industrielle

19 Dans quelle discipline Arago a-t-il fait avancer la science ?

- ☐ **A.** la chimie
- ☐ **B.** la médecine
- ☐ **C.** la physique

20 Un générateur nucléaire de type EPR est un générateur de :

- ☐ **A.** 2e génération
- ☐ **B.** 3e génération
- ☐ **C.** 4e Génération

Corrigé

1 **Réponse B : Lépine.**

2 **Réponse A : la première machine à vapeur.**

3 **Réponse A : 23°.**

4 **Réponse A : un.**

5 **Réponse C : Pluton.**

6 **Réponse C : Napoléon Ier.**

7 **Réponse A : la médaille Fields.**

8 **Réponse C : la radioactivité.**

9 **Réponse B : newtons.**

10 **Réponse A : insectes.**

11 **Réponse B : l'éléphant.**

12 **Réponse A : Louis Blériot.**

13 **Réponse A : fer et de carbone.**

14 **Réponse B : 71 %.**

15 **Réponse C : 65 % d'eau.**

16 **Réponse A : un métier à tisser.**

17 **Réponse A : 1757.**

18 **Réponse A : sous l'antiquité.**

19 **Réponse C : la physique.**

20 **Réponse B : 3e génération.**

Fiche 6 - **Actualités**

- Les actualités sont par définition vastes, riches et fluctuantes. Beaucoup de thématiques peuvent être concernées par cette notion, depuis les questions internationales jusqu'aux débats nationaux.
- Ne vous noyez donc pas dans la lecture quotidienne de (trop) nombreux documents, mais à l'inverse soyez attentif à l'actualité récente. Limitez-vous par exemple à la lecture d'un quotidien si vous le pouvez, écoutez régulièrement une grande station de radio d'informations, évitez de vous documenter à travers les réseaux sociaux, car les « *fake news* » y pullulent.
- Vous pouvez également vous abonner sur le site « Carrières publiques » à une fiche publiée chaque mois, et qui synthétise l'actualité du mois écoulée :
https://www.carrieres-publiques.com.

Entraînement 6 - **Actualités**

1 Combien de fruits et légumes, le programme national nutrition santé recommande-t-il de consommer chaque jour ?

- ☐ **A.** 3
- ☒ **B.** 5
- ☐ **C.** 7

2 Ursula von der Leyen préside :

- ☐ **A.** la Commission européenne
- ☐ **B.** le Conseil européen
- ☒ **C.** le Parlement européen

3 Qui est l'actuel président du Sénat ?

- ☒ **A.** Gérard Larcher
- ☐ **B.** Gaston Monnerville
- ☐ **C.** Alain Poher

4 Quelle centrale nucléaire vient d'être définitivement fermée ?

- ☐ **A.** Chinon
- ☒ **B.** Fessenheim
- ☐ **C.** Gravelines

5 La Cour des comptes est présidée par :

- ☐ **A.** Gilles Carrez
- ☐ **B.** Didier Migaud
- ☒ **C.** Pierre Moscovici

6 Les dernières élections municipales ont eu lieu en France en :

- ☐ **A.** 2016
- ☐ **B.** 2018
- ☒ **C.** 2020

7 Quelle est la nationalité du joueur de tennis Novak Djokovic ?

- ☐ **A.** canadienne
- ☒ **B.** serbe
- ☐ **C.** suisse

8 Hors crise sanitaire, quel est l'aéroport européen qui accueille annuellement le plus de passagers ?

- ☐ **A.** Francfort-sur-le-Main
- ☒ **B.** Londres (Heathrow)
- ☐ **C.** Paris (Charles de Gaulle)

9 Quel est le pourcentage de Français possédant aujourd'hui un smartphone ?

- ☐ **A.** 57 %
- ☐ **B.** 77 %
- ☐ **C.** 97 %

10 À partir de quel âge l'instruction est-elle désormais obligatoire en France ?

- ☐ **A.** 2 ans
- ☐ **B.** 3 ans
- ☐ **C.** 4 ans

11 Parmi ces Français, qui n'a pas dirigé le FMI ?

- ☐ **A.** Jacques Attali
- ☐ **B.** Christine Lagarde
- ☐ **C.** Dominique Strauss-Kahn

12 Le Premier ministre britannique est aujourd'hui :

- ☐ **A.** David Cameron
- ☐ **B.** Boris Johnson
- ☐ **C.** Teresa May

13 Le glyphosate est :

- ☐ **A.** un herbicide
- ☐ **B.** une vitamine
- ☐ **C.** un engrais

14 Quel est le nom du compteur électrique de nouvelle génération dont le déploiement est en cours en France ?

- ☐ **A.** Dinky
- ☐ **B.** Linky
- ☐ **C.** Rocky

15 La bande dessinée *Les Schtroumpfs* a été inventée par :

- ☐ **A.** Goscinny
- ☐ **B.** Hergé
- ☐ **C.** Peyo

16 Qui a précédé Édouard Philippe dans les fonctions de Premier ministre en France ?

- ☐ **A.** Jean Castex
- ☐ **B.** Bernard Cazeneuve
- ☐ **C.** Manuel Valls

17 Joe Biden est le :

- ☐ **A.** 26e président de l'histoire des États-Unis
- ☐ **B.** 36e président de l'histoire des États-Unis
- ☐ **C.** 46e président de l'histoire des États-Unis

18 On parle d'obésité lorsque l'IMC est supérieur ou égal à :

- ☑ **A.** 30
- ☐ **B.** 35
- ☐ **C.** 40

19 Dans quelle ville ont eu lieu les Jeux Olympiques d'été en 2021 ?

- ☐ **A.** Paris
- ☐ **B.** Pékin
- ☑ **C.** Tokyo

20 Quelle a été la dernière ville française consacrée capitale européenne de la culture ?

- ☐ **A.** Avignon
- ☐ **B.** Lille
- ☑ **C.** Marseille

Corrigé

1 **Réponse B : 5.**

2 **Réponse A : la Commission européenne.**

3 **Réponse A : Gérard Larcher.**

4 **Réponse B : Fessenheim.**

5 **Réponse C : Pierre Moscovici.**

6 **Réponse C : 2020.**

7 **Réponse B : serbe.**

8 **Réponse B : Londres (Heathrow).**

9 **Réponse B : 77 %.**

10 **Réponse B : 3 ans.**

11 **Réponse A : Jacques Attali.**

12 **Réponse B : Boris Johnson.**

13 **Réponse A : un herbicide.**

14 **Réponse B : Linky.**

15 **Réponse C : Peyo.**

16 **Réponse B : Bernard Cazeneuve.**

17 **Réponse C : 46e président de l'histoire des États-Unis.**

18 **Réponse A : 30.**

19 **Réponse C : Tokyo.**

20 **Réponse C : Marseille.**

Sujet blanc n° 1

1 Auguste était un empereur :

- ☐ **A.** égyptien
- ☐ **B.** grec
- ☐ **C.** romain

2 Quel était l'autre nom de Saint-Louis ?

- ☐ **A.** Louis Ier
- ☐ **B.** Louis IX
- ☐ **C.** Louis XV

3 Le cardinal de Richelieu était le principal conseiller de :

- ☐ **A.** Clovis
- ☐ **B.** Louis XIII
- ☐ **C.** Louis-Philippe

4 Le Second Empire prend fin suite à la bataille de :

- ☐ **A.** Paris
- ☐ **B.** Sedan
- ☐ **C.** Waterloo

5 Le Nil est un fleuve :

- ☐ **A.** africain
- ☐ **B.** asiatique
- ☐ **C.** européen

6 Les Pyrénées séparent la France de :

- ☐ **A.** l'Espagne
- ☐ **B.** l'Italie
- ☐ **C.** la Suisse

7 À proximité de quelle autre île méditerranéenne la Corse se situe-t-elle ?

- ☐ **A.** la Crète
- ☐ **B.** Malte
- ☐ **C.** la Sardaigne

8 La capitale de la Belgique est :

- ☐ **A.** Anvers
- ☐ **B.** Bruxelles
- ☐ **C.** Liège

9 Qui a écrit les *Essais* ?

- ☐ **A.** Montaigne
- ☐ **B.** Montesquieu
- ☐ **C.** Rabelais

10 Rodin était un célèbre :

- ☐ **A.** musicien
- ☐ **B.** peintre
- ☐ **C.** sculpteur

11 Qui a composé la musique du *Boléro* en 1928 ?

- ☐ **A.** Chopin
- ☐ **B.** Mozart
- ☐ **C.** Ravel

12 Quel est l'emblème national de la République française ?

- ☐ **A.** le coq
- ☐ **B.** le drapeau tricolore
- ☐ **C.** la Marseillaise

13 Le président de la République est élu en France pour un mandat de :

- ☐ **A.** 5 ans
- ☐ **B.** 6 ans
- ☐ **C.** 7 ans

14 Combien d'États membres compte l'Union européenne ?

- ☐ **A.** 25
- ☐ **B.** 27
- ☐ **C.** 28

15 Le vaccin contre la rage a été découvert par :

- ☐ **A.** Galilée
- ☐ **B.** Newton
- ☐ **C.** Pasteur

16 Einstein a inventé la théorie de :

- ☐ **A.** l'émotivité
- ☐ **B.** la facilité
- ☐ **C.** la relativité

17 La première femme à avoir reçu un prix Nobel est :

- ☐ **A.** Marie Curie
- ☐ **B.** Bertha von Suttner
- ☐ **C.** Marguerite Yourcenar

18 Combien de coupes de monde de football la France a-t-elle remporté à ce jour ?

- ☐ **A.** aucune
- ☐ **B.** une
- ☐ **C.** deux

19 L'actuel président américain, Joe Biden, appartient au parti :

- ☐ **A.** démocrate
- ☐ **B.** libéral
- ☐ **C.** républicain

20 Le premier homme à avoir marché sur la lune est :

- ☐ **A.** Neil Armstrong
- ☐ **B.** Youri Gagarine
- ☐ **C.** Thomas Pesquet

Corrigé

1 **Réponse C : romain.**

2 **Réponse B : Louis IX.**

3 **Réponse B : Louis XIII.**

4 **Réponse B : Sedan.**

5 **Réponse A : africain.**

6 **Réponse A : l'Espagne.**

7 **Réponse C : la Sardaigne.**

8 **Réponse B : Bruxelles.**

9 **Réponse A : Montaigne.**

10 **Réponse C : sculpteur.**

11 **Réponse C : Ravel.**

12 **Réponse B : le drapeau tricolore.**

13 **Réponse A : 5 ans.**

14 **Réponse B : 27.**

15 **Réponse C : Pasteur.**

16 **Réponse C : la relativité.**

17 **Réponse A : Marie Curie.**

18 **Réponse C : deux.**

19 **Réponse A : démocrate.**

20 **Réponse A : Neil Armstrong.**

Sujet blanc n° 2

1 En 52 av. J.-C, Jules César met en déroute les armées gauloises à :

- ☐ **A.** Alésia
- ☐ **B.** Gergovie
- ☐ **C.** Marathon

2 Charles Martel remporte une importante bataille à Poitiers en :

- ☐ **A.** 732
- ☐ **B.** 1132
- ☐ **C.** 1532

3 Qui s'empare de la couronne d'Angleterre après la bataille d'Hastings ?

- ☐ **A.** Guillaume le Conquérant
- ☐ **B.** Richard Cœur de Lion
- ☐ **C.** Marie Stuart

4 La Loire se jette dans :

- ☐ **A.** la mer du Nord
- ☐ **B.** la mer Méditerranée
- ☐ **C.** l'océan Atlantique

5 L'île de la Réunion se situe dans l'océan :

- ☐ **A.** Atlantique
- ☐ **B.** Indien
- ☐ **C.** Pacifique

6 Quel département français d'outremer est limitrophe du Brésil ?

- ☐ **A.** la Guadeloupe
- ☐ **B.** la Guyane
- ☐ **C.** la Martinique

7 Parmi ces grands musiciens, lequel est mort à 35 ans ?

- ☐ **A.** Beethoven
- ☐ **B.** Chopin
- ☐ **C.** Mozart

8 Le célèbre tableau *La ronde de nuit* est l'œuvre de :

- ☐ **A.** Rembrandt
- ☐ **B.** Léonard de Vinci
- ☐ **C.** Watteau

9 **Quel écrivain français refusa le prix Nobel de littérature en 1964 ?**

- ☐ **A.** Simone de Beauvoir
- ☐ **B.** Albert Camus
- ☐ **C.** Jean-Paul Sartre

10 **Parmi ces peintres, lequel fut à l'origine du mouvement dit du « cubisme » ?**

- ☐ **A.** Picasso
- ☐ **B.** Raphaël
- ☐ **C.** Le Titien

11 **La pile électrique est inventée en 1800 par :**

- ☐ **A.** Ampère
- ☐ **B.** Franklin
- ☐ **C.** Volta

12 **Gaspard Monge était un grand :**

- ☐ **A.** astronome
- ☐ **B.** chimiste
- ☐ **C.** mathématicien

13 **Le Corbusier s'est illustré dans :**

- ☐ **A.** l'architecture
- ☐ **B.** la musique
- ☐ **C.** la recherche médicale

14 **Quel président de la Ve République est décédé au cours de son mandat ?**

- ☐ **A.** Charles de Gaulle
- ☐ **B.** François Mitterrand
- ☐ **C.** Georges Pompidou

15 **Selon la Constitution de la Ve République, l'organisation de la France est :**

- ☐ **A.** centralisée
- ☐ **B.** déconcentrée
- ☐ **C.** décentralisée

16 **La seule femme ayant exercé les fonctions de Premier ministre sous la Ve République est :**

- ☐ **A.** Martine Aubry
- ☐ **B.** Édith Cresson
- ☐ **C.** Ségolène Royal

17 **Combien d'habitants comptait la France au 1er janvier 2021 ?**

- ☐ **A.** 57,4 millions
- ☐ **B.** 67,4 millions
- ☐ **C.** 77,4 millions

18 Quel est le montant du SMIC brut horaire au 1er janvier 2021 ?

- ☐ **A.** 7,25 €
- ☐ **B.** 10,25 €
- ☐ **C.** 15,25 €

19 La Journée de l'Europe est célébrée tous les ans le :

- ☐ **A.** 1er janvier
- ☐ **B.** 9 mai
- ☐ **C.** 14 juillet

20 On mesure la qualité de l'air en France au moyen de l'indice :

- ☐ **A.** Atmo
- ☐ **B.** Moat
- ☐ **C.** Tomat

Corrigé

1 **Réponse A : Alésia.**

2 **Réponse A : 732.**

3 **Réponse A : Guillaume le Conquérant.**

4 **Réponse C : l'océan Atlantique.**

5 **Réponse B : Indien.**

6 **Réponse B : la Guyane.**

7 **Réponse C : Mozart.**

8 **Réponse A : Rembrandt.**

9 **Réponse C : Jean-Paul Sartre.**

10 **Réponse A : Picasso.**

11 **Réponse C : Volta.**

12 **Réponse C : mathématicien.**

13 **Réponse A : l'architecture.**

14 **Réponse C : Georges Pompidou.**

15 **Réponse C : décentralisée.**

16 **Réponse B : Édith Cresson.**

17 **Réponse B : 67,4 millions.**

18 **Réponse B : 10,25 €.**

19 **Réponse B : 9 mai.**

20 **Réponse : Atmo.**

LES ÉPREUVES DE SÉLECTION

Épreuve de compréhension de textes

Présentation de l'épreuve et conseils méthodologiques

1. Le cadre réglementaire de l'épreuve

L'épreuve de test de compréhension de textes se déroule durant l'après-midi des épreuves écrites du concours. Le test dure 40 minutes, il est composé de **15 textes de 15 à 20 lignes chacun, suivis de 5 à 7 questions**. Vous répondrez en choisissant l'une des trois possibilités suivantes : « vrai », « faux », « le texte ne permet pas de savoir ». Chaque texte illustre une situation concrète de la gendarmerie.

2. Qu'attend-on de vous ?

Le test évalue votre capacité à **lire correctement et rapidement un texte**. Les questions vérifient que vous comprenez ce que vous lisez, que vous retenez les informations essentielles et que vous savez les trier. Ainsi, pour quelques questions, vous ne trouverez pas la réponse car le texte, volontairement, ne donne pas les informations.

3. Comment préparer l'épreuve ?

Le test de compréhension de textes est une épreuve qui nécessite un **entraînement régulier**. Faites un test dans les conditions de l'examen une fois par semaine (15 textes en 40 minutes). Deux types d'entraînement vous permettront de progresser.

A. Créez vos propres sujets

- Créez le maximum de sujets d'entraînement. Sélectionnez plusieurs fois par semaine des articles de presse (15 à 20 lignes) relatant des opérations de gendarmerie. Une fois l'article lu, conservez-le et posez-vous des questions de vérification des informations auxquelles vous pouvez répondre par « vrai » ou « faux » ou « le texte ne permet pas de le dire ». Lorsque vous avez constitué au moins 20 sujets d'entraînement, entraînez-vous en reprenant vos sujets.
- Cet exercice vous oblige à lire des textes qui ressemblent fortement à ceux de l'épreuve. En outre, en créant vos propres questions, vous vous entraînez à repérer et sélectionner les informations essentielles d'un texte. Votre lecture devient active et vous élaborez votre propre méthode de lecture efficace.

B. Faites des tests blancs

Faites les tests blancs du livre plusieurs fois, à intervalles réguliers. Les tests blancs doivent être réalisés entièrement en **40 minutes**. Il faut vous habituer à finir l'épreuve dans les temps.

4. Conseils méthodologiques

A. Étape 1 : lisez le texte, surlignez et répondez aux questions

- **Lisez** une première fois **le texte en entier sans regarder les questions**, prenez le temps de lire à votre vitesse. Cette lecture doit être active. Pour cela, **surlignez les mots-clés et éléments principaux** du texte. Dans l'exemple qui suit, nous surlignons en gris le nom des protagonistes, les lieux, les dates, les chiffres et nous surlignons en bleu les mots-clés (ils sont toujours liés au thème principal du texte, au « problème » ou à l'infraction décrite, ils sont répétés ou reformulés et forment souvent un champ lexical).
- Lorsque vous avez lu le texte, lisez la première question et répondez-y, lisez ensuite la deuxième question et répondez-y. Ne lisez pas toutes les questions d'un coup, lisez une question puis répondez-y tout de suite. Si vous répondez, mais que vous n'êtes pas certain de la réponse, faites une croix au crayon de papier à côté de la question. Si vous ne savez pas répondre à une question, laissez-la de côté, ne relisez pas le texte et passez à la question suivante. Procédez de la même manière pour chaque texte.

B. Étape 2 : relisez le texte pour compléter et vérifier vos réponses

Lorsque vous avez lu tous les textes et répondu au maximum de questions, reprenez les textes un par un pour répondre aux questions laissées de côté et pour vérifier vos réponses aux questions difficiles. **Relisez les questions auxquelles vous n'avez pas répondu en premier**, relisez le texte rapidement et répondez impérativement. Si vous ne savez pas, procédez par élimination et choisissez la réponse qui vous semble la plus logique. Dans tous les cas, répondez obligatoirement à toutes les questions. Si vous avez encore du temps, relisez les questions que vous jugez difficiles (celles signalées par une croix) et vérifiez vos réponses.

Exemple

La veille de Noël, les gendarmes de Fort-de-France ont eu une drôle de surprise ou plutôt une frayeur reptilienne. Tout a commencé lors d'une opération de sécurité routière à la sortie du chef-lieu de la Martinique. Une Renault qui roulait trop vite a été repérée par les forces de l'ordre. Après une brève course poursuite, les gendarmes ont intercepté le véhicule et ses occupants, originaires de Pointe-à-Pitre. Lorsque les gendarmes ont ouvert le coffre, ils ont trouvé trois étranges paniers en osier. Le lieutenant Mekbel a ouvert chaque panier qui contenait chacun deux crotales ! Heureusement, le lieutenant est indemne. Les deux hommes interpellés, soupçonnés de trafic d'animaux exotiques, ont été placés en garde à vue.

1. Les personnes interpellées sont originaires de Fort-de-France.
☐ **A.** Vrai ☐ **B.** Faux ☐ **C.** Le texte ne permet pas de le dire

2. Le lieutenant Mekbel a été mordu.
☐ **A.** Vrai ☐ **B.** Faux ☐ **C.** Le texte ne permet pas de le dire

3. Le deux hommes interpellés sont soupçonnés de trafic d'animaux exotiques.
☐ **A.** Vrai ☐ **B.** Faux ☐ **C.** Le texte ne permet pas de le dire

4. La voiture interpellée roulait à plus de 130 km/h.
☐ **A.** Vrai ☐ **B.** Faux ☐ **C.** Le texte ne permet pas de le dire

5. Les gendarmes étaient en mission de sécurité routière.
☐ **A.** Vrai ☐ **B.** Faux ☐ **C.** Le texte ne permet pas de le dire

6. Au total, les gendarmes ont trouvé deux serpents.
☐ **A.** Vrai ☐ **B.** Faux ☐ **C.** Le texte ne permet pas de le dire

Réponses : 1B, 2B, 3A, 4C, 5A, 6B.
Dans cet exemple, une lecture active avec un surlignage efficace permet de répondre avec certitude et rapidité aux questions 1-2-3-5. La question 4 peut éventuellement être laissée de côté ou signalée par une croix (question à vérifier à l'étape 2). La question 6 présente un piège, il faut multiplier 3 par 2, elle doit donc faire l'objet d'une seconde lecture (étape 2).

Entraînement

Appliquez les conseils de méthode vus précédemment et répondez à l'ensemble des questions en 20 minutes. Pour chaque question, choisissez uniquement l'une des trois réponses proposées.

Texte 1

Hier soir, le dortoir du centre national des étudiants en management (CNEM) s'est embrasé. L'origine du sinistre est une fête autorisée qui a dégénéré. Les pompiers sont intervenus, secondés par les gendarmes, car de nombreux adjoints et adjointes de management (AM), mais aussi des dirigeants de management en formation (DMF), étaient ivres et incontrôlables. Or, l'alcool est interdit dans le dortoir. L'unité de gendarmerie commandée par la majore Aurélia F. a donc procédé à de nombreuses interpellations. La majore a montré l'exemple en maîtrisant énergiquement plusieurs récalcitrants (deux sont hospitalisés). La proviseure générale du CNEM, Emmanuela C. et son adjoint Thomas C. sont indignés devant un tel manque de professionnalisme, d'éthique et de déontologie : « Nous aussi avons été DMF et AM, nous passions nos soirées à travailler, à débattre des enjeux institutionnels, de management, à réviser les cours vus en journée et préparer ceux du lendemain ! Nous sommes offusqués ». Vers 2h du matin, le feu a été maîtrisé.

1 Thomas C. est le proviseur général adjoint du CNEM.

☐ **A.** Vrai ☐ **B.** Faux ☐ **C.** Le texte ne permet pas de le dire

2 La fête a été organisée par les assistants et assistants de management.

☐ **A.** Vrai ☐ **B.** Faux ☐ **C.** Le texte ne permet pas de le dire

3 La majore Aurélia F. a interpellé des fêtards.

☐ **A.** Vrai ☐ **B.** Faux ☐ **C.** Le texte ne permet pas de le dire

4 Le feu a été maîtrisé à trois heures du matin.

☐ **A.** Vrai ☐ **B.** Faux ☐ **C.** Le texte ne permet pas de le dire

5 Tous les résidents étaient ivres.

☐ **A.** Vrai ☐ **B.** Faux ☐ **C.** Le texte ne permet pas de le dire

6 Emmanuela C. et Thomas C. débattent tous les soirs d'optimisation des ressources humaines.

☐ **A.** Vrai ☐ **B.** Faux ☐ **C.** Le texte ne permet pas de le dire

7 Emmanuela C. et Thomas C. ont été DMF et/ou AM.

☐ **A.** Vrai ☐ **B.** Faux ☐ **C.** Le texte ne permet pas de le dire

Texte 2

Le major Wahji G. est un gendarme heureux, il sait que l'intervention de son équipe a permis de démanteler un réseau de faussaires dans la modeste commune de Sanlinois, près de Strasbourg. Tout a commencé quand madame Victoire G. s'est rendue chez un expert pour faire estimer la bague de fiançailles offerte par son compagnon, monsieur Abel A. Madame Victoire G. voulait faire assurer le bijou. Or, sa surprise fut grande en apprenant de l'expert que la valeur de la bague n'excédait pas 500 €, car les pierres précieuses étaient fausses. En apprenant la nouvelle, son mari fut interloqué et dévoila à son épouse le prix payé auprès d'un magasin de luxe : 8 000 €.
Le couple se rendit à la gendarmerie pour porter plainte. À la suite de leur mésaventure, une enquête de plusieurs mois a été menée. Les gendarmes ont identifié tous les acteurs du réseau. Le préjudice s'élèverait à plusieurs millions d'euros.

1 L'escroquerie porte sur le vol de données bancaires.

☐ **A.** Vrai ☐ **B.** Faux ☐ **C.** Le texte ne permet pas de le dire

2 M. Abel A. a acheté une bague de luxe vendue 8 000 €, mais n'en valant que 500 €.

☐ **A.** Vrai ☐ **B.** Faux ☐ **C.** Le texte ne permet pas de le dire

3 Madame Victoire G. voulait faire assurer sa bague.

☐ **A.** Vrai ☐ **B.** Faux ☐ **C.** Le texte ne permet pas de le dire

4 Le couple habite à Sanlinois.

☐ **A.** Vrai ☐ **B.** Faux ☐ **C.** Le texte ne permet pas de le dire

5 La bague de madame Victoire G. est composée de plusieurs vrais diamants.

☐ **A.** Vrai ☐ **B.** Faux ☐ **C.** Le texte ne permet pas de le dire

6 Plusieurs acheteurs de bijoux ont été escroqués.

☐ **A.** Vrai ☐ **B.** Faux ☐ **C.** Le texte ne permet pas de le dire

7 C'est la plainte de madame Victoire G. qui a déclenché l'enquête de la gendarmerie.

☐ **A.** Vrai ☐ **B.** Faux ☐ **C.** Le texte ne permet pas de le dire

Texte 3

L'école française des magistrats (EFM) est soulagée, les épreuves orales de son prestigieux concours session 2023 auront lieu et madame Maria-Gabriella F. est indemne. Cette dernière avait décidé de mener une action coup de poing, sans aucune violence toutefois, pour protester contre « l'arbitraire des notes écrites du concours de l'EFM ». Non admissible, madame Maria-Gabiella F. avait alors décidé de s'enchaîner aux portes de l'EFM, bloquant l'entrée des candidats, tout en espérant attirer l'attention médiatique. Elle réclamait la révision des notes de ses copies, estimant « qu'il y avait forcément une erreur ». Il a fallu une demi-journée à l'unité de la sous-lieutenante Jenna D. pour libérer les grilles de l'EFM et madame Maria-Gabriella F. La sous-lieutenante Jenna D. a affirmé « n'avoir jamais connu une enchaînée aussi déterminée ». « Madame Maria-Gabiella F. compte représenter le concours de l'EFM l'an prochain », a confié la sous-lieutenante, dubitative.

1 **Maria-Gabriella F. a réussi les épreuves écrites session 2023 du concours de l'EFM.**

☐ **A.** Vrai ☐ **B.** Faux ☐ **C.** Le texte ne permet pas de le dire

2 **La sous-lieutenante Jenna D. a déjà vu une enchaînée aussi déterminée.**

☐ **A.** Vrai ☐ **B.** Faux ☐ **C.** Le texte ne permet pas de le dire

3 **Maria-Gabriella F. espérait attirer l'attention des candidats au concours de l'EFM.**

☐ **A.** Vrai ☐ **B.** Faux ☐ **C.** Le texte ne permet pas de le dire

4 **Personne n'a aidé Maria-Gabriella F. à s'enchaîner.**

☐ **A.** Vrai ☐ **B.** Faux ☐ **C.** Le texte ne permet pas de le dire

5 **Maria-Gabriella F. pense que la notation de ses copies contient une ou des erreurs.**

☐ **A.** Vrai ☐ **B.** Faux ☐ **C.** Le texte ne permet pas de le dire

6 **L'EFM organise un prestigieux concours.**

☐ **A.** Vrai ☐ **B.** Faux ☐ **C.** Le texte ne permet pas de le dire

7 **Maria-Gabriella F. a frappé quelqu'un.**

☐ **A.** Vrai ☐ **B.** Faux ☐ **C.** Le texte ne permet pas de le dire

Texte 4

Le collège Paul Verlaine de Châtillon-en-Diois (26) a reçu la visite de la gendarmerie, ce jeudi. Le matin, l'équipe de la capitaine Claria I. a procédé à un exercice d'évacuation incendie en lien avec les pompiers. La capitaine, spécialisée dans ces exercices, a revu le dispositif : « Nous avons retravaillé les grandes lignes, à savoir : réactions à adopter, identification d'un guide-file, d'un serre-file… Par expérience, je sais qu'un incendie peut se déclarer n'importe où », a indiqué la capitaine. La cheffe des pompiers, Stéphanie B., a apprécié la présence de la gendarmerie : « C'est un plus de travailler avec eux, l'exercice a été formateur ». L'après-midi a été consacrée au sport, à des exercices de boxe éducative. Entraînées par la championne Marie B., deux gendarmes se sont affrontées dans un combat de démonstration de boxe amateur d'une durée de trois rounds. L'aspirante-lieutenante Loupna l'a emporté. Son adversaire, un peu marquée par le combat, la majore Sachie D., a déclaré : « La boxe éducative est très intéressante, elle permet d'entretenir son corps, de calmer l'esprit. Elle apprend la discipline. Je demande souvent aux jeunes s'ils vont bien, si ce n'est pas le cas, je propose une séance réveil de cardio-training axée sur la boxe éducative ». Les élèves et leurs enseignants ont été ravis de cette journée auprès des gendarmes.

1 Les gendarmes et les pompiers sont intervenus pour un exercice d'alerte attentat.

☐ **A.** Vrai ☐ **B.** Faux ☐ **C.** Le texte ne permet pas de le dire

2 La boxe éducative est enseignée au collège Paul Verlaine.

☐ **A.** Vrai ☐ **B.** Faux ☐ **C.** Le texte ne permet pas de le dire

3 La championne Marie B. est une gendarme.

☐ **A.** Vrai ☐ **B.** Faux ☐ **C.** Le texte ne permet pas de le dire

4 L'aspirante-lieutenante n'a jamais perdu un combat.

☐ **A.** Vrai ☐ **B.** Faux ☐ **C.** Le texte ne permet pas de le dire

5 Un incendie s'est déclaré dans le collège Paul Verlaine de Châtillon-en-Diois.

☐ **A.** Vrai ☐ **B.** Faux ☐ **C.** Le texte ne permet pas de le dire

6 De nombreux élèves ont décidé de pratiquer la boxe.

☐ **A.** Vrai ☐ **B.** Faux ☐ **C.** Le texte ne permet pas de le dire

7 Les élèves ont été formés au risque incendie.

☐ **A.** Vrai ☐ **B.** Faux ☐ **C.** Le texte ne permet pas de le dire

Texte 5

Il a fallu l'intervention de trois gendarmes pour calmer monsieur Paulio W. La scène s'est déroulée hier à l'aéroport de Paris. En apprenant que son vol à destination des Baléares était avancé d'une heure, monsieur Paulio W. a forcé le passage, de crainte d'être en retard. Sommé de se calmer, de reculer, monsieur Paulio W. a involontairement envoyé au sol deux agents de sécurité et a abîmé par inadvertance un portique. « Suivant la procédure, j'ai envoyé mon équipe, car l'individu est un roc ! Il est doté d'une grande force et d'une grande détermination », a expliqué dans un débit de paroles rapide la majore Constante D. Personne n'a été blessé, monsieur Paulio W. s'est immédiatement arrêté lorsqu'il a vu les gendarmes. Ces derniers ne l'ont pas menotté. Monsieur Paulio W. a compris qu'il avait créé un trouble à l'ordre public. Il a présenté des excuses et reçu une contravention. Il a pu prendre l'avion suivant pour rentrer chez lui.

1 Paulio W. gravement blessé deux agents de sécurité.

☐ **A.** Vrai ☐ **B.** Faux ☐ **C.** Le texte ne permet pas de le dire

2 Paulio W a présenté des excuses pour sa conduite.

☐ **A.** Vrai ☐ **B.** Faux ☐ **C.** Le texte ne permet pas de le dire

3 La majore Constante D. parle vite.

☐ **A.** Vrai ☐ **B.** Faux ☐ **C.** Le texte ne permet pas de le dire

4 Paulio W. a été menotté par les gendarmes.

☐ **A.** Vrai ☐ **B.** Faux ☐ **C.** Le texte ne permet pas de le dire

5 La majore Constante D. est affectée à la surveillance de l'aéroport de Lille depuis deux ans.

☐ **A.** Vrai ☐ **B.** Faux ☐ **C.** Le texte ne permet pas de le dire

6 Le vol de Paulio W. a été avancé de deux heures.

☐ **A.** Vrai ☐ **B.** Faux ☐ **C.** Le texte ne permet pas de le dire

7 Paulio W. part en vacances dans les Baléares.

☐ **A.** Vrai ☐ **B.** Faux ☐ **C.** Le texte ne permet pas de le dire

Texte 6

Ce samedi, la torpeur du petit village de Ventilimois-sur-Mer près de Marseille a été troublée. En effet, les gendarmes menés par le lieutenant Julian B. sont intervenus pour expulser un locataire, à la suite de la fin de la trêve hivernale. La particularité de l'expulsion tient au lien familial qui unit le locataire, monsieur Ikhane A. et le bailleur, sa mère. « À 50 ans, ce monsieur célibataire résidait encore dans une chambre chez sa mère, il refusait de lui payer le loyer dû selon le contrat de location », nous a expliqué le lieutenant Julian B. L'homme, artiste photographe, spécialisé dans les autoportraits et adepte du culturisme, a accepté de quitter les lieux dans le calme.

1 Le litige porte sur un héritage familial.

☐ **A.** Vrai ☐ **B.** Faux ☐ **C.** Le texte ne permet pas de le dire

2 L'homme a toujours habité chez sa mère.

☐ **A.** Vrai ☐ **B.** Faux ☐ **C.** Le texte ne permet pas de le dire

3 L'homme est photographe spécialisé dans les autoportraits.

☐ **A.** Vrai ☐ **B.** Faux ☐ **C.** Le texte ne permet pas de le dire

4 La gendarmerie est intervenue à la fin de la trêve hivernale.

☐ **A.** Vrai ☐ **B.** Faux ☐ **C.** Le texte ne permet pas de le dire

5 Le locataire et le bailleur sont de la même famille.

☐ **A.** Vrai ☐ **B.** Faux ☐ **C.** Le texte ne permet pas de le dire

6 Les gendarmes ont dû employer la force.

☐ **A.** Vrai ☐ **B.** Faux ☐ **C.** Le texte ne permet pas de le dire

7 L'homme pratique le culturisme.

☐ **A.** Vrai ☐ **B.** Faux ☐ **C.** Le texte ne permet pas de le dire

Texte 7

Dans la nuit de mardi à mercredi, l'unité d'intervention rapide de la gendarmerie dirigée par la lieutenante Tessa D. est intervenue dans le gigantesque centre commercial de Gidroit près de Lille où se trouve le magasin *SnackingFood*. À deux heures, du matin, l'alarme silencieuse a retenti. Le centre de sécurité a immédiatement contacté la gendarmerie. Sur les lieux, les forces de l'ordre ont été surprises, comme le raconte la lieutenante Tessa D. : « Nous nous attendions à un casse visant le coffre-fort ou le matériel informatique, mais tout était intact. Nous avons même cru qu'il s'agissait d'une erreur, puis nous avons repéré une enfant que nous recherchions ! » En effet, la jeune Lolysée M. avait disparu dans la journée dans le centre commercial. Ses parents redoutaient un enlèvement, mais en fait, l'enfant s'était égarée dans le dédale des réserves de l'imposant édifice, avant d'y être enfermée par inadvertance. Ayant faim, la jeune fille a rejoint par hasard *SnackingFood*, où elle s'est restaurée au rayon biscuits et chocolats. Les gendarmes ont immédiatement récupéré l'enfant et rassuré ses parents.

1 **La gendarmerie a retrouvé une fillette disparue depuis plusieurs mois.**

☐ **A.** Vrai ☐ **B.** Faux ☐ **C.** Le texte ne permet pas de le dire

2 **Les parents ont abandonné leur fille dans le centre commercial.**

☐ **A.** Vrai ☐ **B.** Faux ☐ **C.** Le texte ne permet pas de le dire

3 **La jeune fille a été retrouvée au rayon biscuits et chocolats.**

☐ **A.** Vrai ☐ **B.** Faux ☐ **C.** Le texte ne permet pas de le dire

4 **Un vol a déjà été commis dans le magasin *SnackingFood*.**

☐ **A.** Vrai ☐ **B.** Faux ☐ **C.** Le texte ne permet pas de le dire

5 **La jeune fille a été enlevée.**

☐ **A.** Vrai ☐ **B.** Faux ☐ **C.** Le texte ne permet pas de le dire

6 **L'alarme silencieuse a retenti à deux heures du matin.**

☐ **A.** Vrai ☐ **B.** Faux ☐ **C.** Le texte ne permet pas de le dire

7 **L'enfant s'est volontairement dissimulée dans le centre commercial.**

☐ **A.** Vrai ☐ **B.** Faux ☐ **C.** Le texte ne permet pas de le dire

Texte 8

265 km/heure : « C'est un record pour le périphérique parisien ! », a affirmé la major-cheffe Méline G. Cette vitesse a été atteinte par une jeune femme, madame Karlia J., dans son bolide de marque italienne, cadeau de son compagnon. « Après 7 tentatives et 175 heures de conduite, madame Karlia J. venait de recevoir son permis de conduire le matin même ! Elle a décidé de profiter de son puissant véhicule, mais elle a oublié les règles du Code de la route », a expliqué la major-cheffe Méline. La conductrice, désolée, a dit « être en retard à un rendez-vous professionnel, ce qui lui arrive souvent ». Confuse, madame Karlia J. a relaté « avoir oublié de surveiller la vitesse ». « Le Code de la route, c'est le Code de la Route, il faut le connaître parfaitement ! » a asséné la major-cheffe Méline.

1 La major-cheffe Méline pense qu'il faut connaître parfaitement le Code de la route.

☐ **A.** Vrai ☐ **B.** Faux ☐ **C.** Le texte ne permet pas de le dire

2 Le bolide de Karlia J. est de marque italienne.

☐ **A.** Vrai ☐ **B.** Faux ☐ **C.** Le texte ne permet pas de le dire

3 Le compagnon de Karlia J. a une voiture de luxe.

☐ **A.** Vrai ☐ **B.** Faux ☐ **C.** Le texte ne permet pas de le dire

4 Karlia J. est une conductrice expérimentée.

☐ **A.** Vrai ☐ **B.** Faux ☐ **C.** Le texte ne permet pas de le dire

5 Karlia J. est toujours extrêmement ponctuelle.

☐ **A.** Vrai ☐ **B.** Faux ☐ **C.** Le texte ne permet pas de le dire

6 Karlia J. a son permis de conduire depuis un an.

☐ **A.** Vrai ☐ **B.** Faux ☐ **C.** Le texte ne permet pas de le dire

7 Karlia J. a réalisé 185 heures de conduite.

☐ **A.** Vrai ☐ **B.** Faux ☐ **C.** Le texte ne permet pas de le dire

Corrigé

Texte 1 : 1A, 2C, 3A, 4B, 5B, 6B, 7A.

Texte 2 : 1B, 2A, 3A, 4C, 5C, 6A, 7A.

Texte 3 : 1B, 2B, 3B, 4C, 5A, 6A, 7B.

Texte 4 : 1B, 2C, 3C, 4C, 5B, 6C, 7A.

Texte 5 : 1B, 2A, 3A, 4B, 5C, 6B, 7B.

Texte 6 : 1B, 2C, 3A, 4A, 5A, 6B, 7A.

Texte 7 : 1B, 2B, 3A, 4C, 5B, 6A, 7B.

Texte 8 : 1A, 2A, 3C, 4B, 5B, 6B, 7B.

Sujet blanc n° 1

Répondez aux questions suivantes en 40 minutes. Une seule bonne réponse possible à chaque fois.

Texte 1

Le clocher du centre-ville d'Orléans sonnait midi lorsque deux individus cagoulés entrèrent dans la superette située à côté du bureau de poste. L'un deux empoigna le responsable, M. Desplanches, connu et estimé dans le quartier, et lui demanda d'ouvrir la caisse pour en récupérer le contenu, peu important à ce moment de la journée. Le deuxième individu, d'une corpulence imposante, faisait le guet sur le pas de la porte.
Un client caché dans un coin de la boutique appela la police. Comprenant ce qu'il se passait, il n'hésita pas à appeler les forces de l'ordre pour faire part du braquage. Malgré la rapidité avec laquelle celles-ci sont intervenues, les deux individus ont pu s'échapper, sautant dans une camionnette conduite par un troisième individu également cagoulé qui prit la direction de la gare.

1 Les individus cagoulés s'échappent dans une voiture de petit modèle.

☐ **A.** Vrai ☐ **B.** Faux ☐ **C.** Le texte ne permet pas de le dire

2 M. Desplanches, le responsable de la superette, est quelqu'un de respecté dans le quartier.

☐ **A.** Vrai ☐ **B.** Faux ☐ **C.** Le texte ne permet pas de le dire

3 La caisse volée contient une importante somme d'argent.

☐ **A.** Vrai ☐ **B.** Faux ☐ **C.** Le texte ne permet pas de le dire

4 L'un des braqueurs est très musclé.

☐ **A.** Vrai ☐ **B.** Faux ☐ **C.** Le texte ne permet pas de le dire

5 Le client qui appelle la police est caché dans l'arrière-boutique.

☐ **A.** Vrai ☐ **B.** Faux ☐ **C.** Le texte ne permet pas de le dire

6 Le braquage a lieu en périphérie de la ville.

☐ **A.** Vrai ☐ **B.** Faux ☐ **C.** Le texte ne permet pas de le dire

Texte 2

La gendarmerie du Morbihan a été appelée ce matin par une habitante du quartier Montmoulinais, inquiète de l'absence de réponse de sa voisine âgée qui vit seule. Celle-ci, très joviale, avait l'habitude de la saluer tous les matins et d'échanger quelques mots. Une voiture a été dépêchée sur les lieux afin de contrôler la demeure. En faisant le tour du pavillon, le gendarme constate que la porte donnant sur le jardin est grande ouverte. En entrant, il trouve la vieille dame ligotée sur un chaise, ensanglantée au visage et inconsciente.

1 **La dame âgée dont il est question habite dans un appartement.**

☐ **A.** Vrai ☐ **B.** Faux ☐ **C.** Le texte ne permet pas de le dire

2 **Le poste de gendarmerie se trouve en Bretagne.**

☐ **A.** Vrai ☐ **B.** Faux ☐ **C.** Le texte ne permet pas de le dire

3 **La vieille dame agressée est plutôt perçue comme désagréable.**

☐ **A.** Vrai ☐ **B.** Faux ☐ **C.** Le texte ne permet pas de le dire

4 **C'est un sous-officier qui découvre la victime.**

☐ **A.** Vrai ☐ **B.** Faux ☐ **C.** Le texte ne permet pas de le dire

5 **La personne âgée est découverte décédée.**

☐ **A.** Vrai ☐ **B.** Faux ☐ **C.** Le texte ne permet pas de le dire

6 **Deux véhicules de la gendarmerie sont envoyés.**

☐ **A.** Vrai ☐ **B.** Faux ☐ **C.** Le texte ne permet pas de le dire

TEXTE 3

Mardi 3 juillet, une jeune femme appelle la gendarmerie de Saint-Éloi pour faire savoir que son mari est incontrôlable. Elle se trouve dans une chambre à l'étage enfermée afin de se protéger, elle demande de l'aide. C'est son troisième appel aux forces de l'ordre cette semaine. Elle précise qu'il est armé. Deux patrouilles arrivent sur place et entrent de manière sécurisée dans la maison. Elles constatent des traces d'une rare violence : des impacts de balles sur les murs, des meubles renversés et de nombreux objets cassés. La jeune femme est retrouvée prostrée sous un lit. Son mari n'est plus là, il a pris la fuite dans son 4×4. Son signalement est immédiatement transmis dans la région. Il est activement recherché.

1 La jeune femme a déjà contacté la gendarmerie à plusieurs reprises.

☐ **A.** Vrai ☐ **B.** Faux ☐ **C.** Le texte ne permet pas de le dire

2 Le mari met le feu à la maison.

☐ **A.** Vrai ☐ **B.** Faux ☐ **C.** Le texte ne permet pas de le dire

3 La jeune femme se réfugie dans le grenier.

☐ **A.** Vrai ☐ **B.** Faux ☐ **C.** Le texte ne permet pas de le dire

4 Ce fait divers se déroule en été.

☐ **A.** Vrai ☐ **B.** Faux ☐ **C.** Le texte ne permet pas de le dire

5 Le mari est connu des services de police.

☐ **A.** Vrai ☐ **B.** Faux ☐ **C.** Le texte ne permet pas de le dire

6 L'homme prend la fuite à bord d'un fourgon.

☐ **A.** Vrai ☐ **B.** Faux ☐ **C.** Le texte ne permet pas de le dire

TEXTE 4

Le premier week-end du mois de mai qui marque la fête du printemps dans la ville de Royan a été terni par des comportements inciviques. Dans le stade de la municipalité, un match de football a été organisé en début d'après-midi entre le club local et celui de la ville voisine. Une contestation d'une remarque de l'arbitre a fait dégénérer la partie. En effet, deux joueurs des équipes opposées se sont d'abord invectivés puis en sont rapidement venus aux mains. Effet de solidarité de groupe, cela a rapidement tourné à la bagarre générale.
L'arbitre a été blessé. Il a été exfiltré par des habitants de la ville et récupéré par la police qui l'a accompagné au commissariat pour porter plainte. Les deux individus à l'origine de la bagarre ont été interpellés. Il s'est avéré que ceux-ci avaient des antécédents et un contentieux commun lié à un vol de scooter.

1 **L'arbitre reste dans le stade à l'abri après son agression.**

☐ **A.** Vrai ☐ **B.** Faux ☐ **C.** Le texte ne permet pas de le dire

2 **La bagarre se généralise aux deux équipes.**

☐ **A.** Vrai ☐ **B.** Faux ☐ **C.** Le texte ne permet pas de le dire

3 **Certains des individus sont connus des services de police.**

☐ **A.** Vrai ☐ **B.** Faux ☐ **C.** Le texte ne permet pas de le dire

4 **La bagarre est précédée par des insultes.**

☐ **A.** Vrai ☐ **B.** Faux ☐ **C.** Le texte ne permet pas de le dire

5 **La police trouve des stupéfiants en fouillant certains joueurs.**

☐ **A.** Vrai ☐ **B.** Faux ☐ **C.** Le texte ne permet pas de le dire

6 **Le match est organisé pour marquer le début de l'été.**

☐ **A.** Vrai ☐ **B.** Faux ☐ **C.** Le texte ne permet pas de le dire

Texte 5

Loïc V. prend comme tous les matins le chemin de terre qui longe le lac de Créteil pour faire son jogging. Ce matin-là, le temps est plutôt brumeux. Il découvre sur la route un sac à main dont le contenu est éparpillé : un téléphone portable, un rouge à lèvres et un portefeuille. Le jeune Loïc s'éloigne un peu plus du chemin et découvre avec stupeur le corps d'une jeune femme ensanglantée. Elle est visiblement sans vie au regard de ses blessures. Choqué par la situation, il appelle au secours mais il n'y a pas grand monde dans le secteur à cette heure de la journée. Il essaie de reprendre ses esprits et aperçoit au loin un homme qui promène ses deux chiens. Il va à sa rencontre pour lui faire part de sa découverte et lui demande d'appeler la police car il est sorti sans son téléphone.

1 La scène se déroule près d'un lac.

☐ **A.** Vrai ☐ **B.** Faux ☐ **C.** Le texte ne permet pas de le dire

2 Le jeune Loïc connait la victime.

☐ **A.** Vrai ☐ **B.** Faux ☐ **C.** Le texte ne permet pas de le dire

3 Loïc découvre un sac à main après avoir découvert le corps de la jeune femme.

☐ **A.** Vrai ☐ **B.** Faux ☐ **C.** Le texte ne permet pas de le dire

4 Loïc se promène avec un de ses amis qui possède des chiens.

☐ **A.** Vrai ☐ **B.** Faux ☐ **C.** Le texte ne permet pas de le dire

5 Loïc utilise son téléphone pour prévenir la police.

☐ **A.** Vrai ☐ **B.** Faux ☐ **C.** Le texte ne permet pas de le dire

6 Le promeneur qui appelle la police a deux bergers allemands.

☐ **A.** Vrai ☐ **B.** Faux ☐ **C.** Le texte ne permet pas de le dire

Texte 6

Lilia S. est enseignante dans un lycée de l'académie de Créteil. Elle travaille depuis plus de vingt ans auprès d'élèves en difficultés. Ce matin du lundi 30 mars, elle a une altercation avec un élève qui refuse de sortir de son cours après avoir violemment agressé verbalement l'un de ses camarades. Elle l'exclut de son cours. L'élève incriminé finit par sortir en renversant deux chaises et en la menaçant de « régler ses comptes ». Lilia S. n'y prête pas attention.

À la fin de sa journée de travail, elle regagne sa voiture et constate des dégradations importantes au niveau de ses portières. Non loin de là, elle reconnaît l'élève exclu le matin même qui lui lance : « Je vous avais dit que je règlerai mes comptes avec vous ». Choquée, Lilia se dirige vers le commissariat de la ville pour aller porter plainte. En déclinant l'identité du jeune homme, l'OPJ qui la reçoit lui fait savoir qu'il est connu des services de police pour de multiples délits et faits de violence.

1 Lilia est une jeune professeure qui débute dans le métier.

☐ **A.** Vrai ☐ **B.** Faux ☐ **C.** Le texte ne permet pas de le dire

2 Elle enseigne l'économie.

☐ **A.** Vrai ☐ **B.** Faux ☐ **C.** Le texte ne permet pas de le dire

3 Elle exclut un élève pour cause de violences verbales.

☐ **A.** Vrai ☐ **B.** Faux ☐ **C.** Le texte ne permet pas de le dire

4 Lilia est agressée physiquement dans le cadre de ses fonctions d'enseignante.

☐ **A.** Vrai ☐ **B.** Faux ☐ **C.** Le texte ne permet pas de le dire

5 Le jeune incriminé est un délinquant notoire.

☐ **A.** Vrai ☐ **B.** Faux ☐ **C.** Le texte ne permet pas de le dire

6 La voiture de l'enseignante est découverte avec les pneus crevés.

☐ **A.** Vrai ☐ **B.** Faux ☐ **C.** Le texte ne permet pas de le dire

Texte 7

Comme tous les matins, le jeune Ilian prend le métro pour aller au lycée. Les wagons sont bondés comme à l'accoutumée. Il se lève pour laisser sa place à une personne âgée et se fraie donc un chemin vers la porte opposée afin de laisser circuler les personnes devant lui. Malgré ses écouteurs de musique vissés sur ses oreilles, Ilian est interpellé par le comportement étrange d'un homme assis à côté de la vieille dame à qui il a laissé sa place. En effet, l'individu jette des coups d'œil répétés sur son sac à main.
L'individu croise les bras en faisant mine de regarder le plan de métro au-dessus de lui. Il glisse alors sa main droite vers la pochette extérieure du sac de la vieille dame qu'il ouvre du bout des doigts. Il saisit un porte cartes qu'il glisse dans la poche intérieure de sa veste. Rien n'échappe à Ilian, estomaqué par la facilité déconcertante avec laquelle l'opération s'est déroulée. La vieille dame ne s'est rendu compte de rien. Ilian se souvient qu'à la station Liberté il y a un poste RATP sureté. Doté d'un sens aigu de civisme, il décide de descendre pour donner le signalement de l'individu. L'équipe, composée de trois agents habitués à ce genre de larcins, se saisit alors de la radio pour procéder à l'interpellation du pickpocket.

1 La scène se passe dans le RER.

☐ **A.** Vrai ☐ **B.** Faux ☐ **C.** Le texte ne permet pas de le dire

2 Une vieille dame se fait voler son sac à main.

☐ **A.** Vrai ☐ **B.** Faux ☐ **C.** Le texte ne permet pas de le dire

3 Le jeune Ilian qui observe la scène du vol se rendait à son club de sport.

☐ **A.** Vrai ☐ **B.** Faux ☐ **C.** Le texte ne permet pas de le dire

4 Le comportement d'Ilian est exemplaire.

☐ **A.** Vrai ☐ **B.** Faux ☐ **C.** Le texte ne permet pas de le dire

5 Ilian descend à la station Solutré.

☐ **A.** Vrai ☐ **B.** Faux ☐ **C.** Le texte ne permet pas de le dire

6 L'équipe RATP sécurité possède un chien de type « berger allemand ».

☐ **A.** Vrai ☐ **B.** Faux ☐ **C.** Le texte ne permet pas de le dire

Texte 8

Dans le département de la Gironde, le soir du 31 décembre, un barrage de la gendarmerie est monté afin d'effectuer des contrôles de circulation. En effet, un couvre-feu a été instauré au niveau national pour ralentir la progression du virus COVID 19. De nombreuses personnes sont contrôlées, et pour certaines verbalisées, pour des raisons diverses.

Tout d'abord, trois jeunes présentent des attestations en bonne et due forme. La nature de leur emploi justifie leur présence dehors après 22h. Ils travaillent comme manutentionnaires dans une entreprise pharmaceutique. Cependant, un contrôle d'alcoolémie révèle une consommation excessive d'alcool (0,62 gramme par litre de sang) pour le conducteur qui est verbalisé et doit laisser le volant à l'un de ses collègues.

Une jeune femme est ensuite interpellée pour défaut de permis et absence de contrôle technique. Elle s'emporte face au gendarme qui effectue le contrôle. Son attitude violente justifie une fouille de son véhicule qui révèle la présence d'un nombre important de cartouches de cigarettes dans son coffre, situation face à laquelle elle doit s'expliquer.

Enfin, une personne âgée est rappelée à l'ordre pour non présentation d'attestation et de justificatif. Elle prétend se rendre dans une pharmacie de garde pour acheter des médicaments.

1 L'un des contrôles révèle qu'une voiture utilisée est volée.

☐ **A.** Vrai ☐ **B.** Faux ☐ **C.** Le texte ne permet pas de le dire

2 Un contrôle d'alcoolémie révèle un taux de 0,67 gramme par litre de sang.

☐ **A.** Vrai ☐ **B.** Faux ☐ **C.** Le texte ne permet pas de le dire

3 L'objectif du barrage est de faire des contrôles de routine.

☐ **A.** Vrai ☐ **B.** Faux ☐ **C.** Le texte ne permet pas de le dire

4 Les trois jeunes travaillant dans l'entreprise pharmaceutique ont trop d'alcool dans le sang.

☐ **A.** Vrai ☐ **B.** Faux ☐ **C.** Le texte ne permet pas de le dire

5 La jeune femme contrôlée avec des cigarettes est connue des services de police.

☐ **A.** Vrai ☐ **B.** Faux ☐ **C.** Le texte ne permet pas de le dire

6 Le barrage routier est mis en place en région parisienne.

☐ **A.** Vrai ☐ **B.** Faux ☐ **C.** Le texte ne permet pas de le dire

Texte 9

Une femme d'une trentaine d'années, Mme Decars, se présente à un poste de gendarmerie du département de la Mayenne. Elle souhaite porte plainte car sa fille, Marie, qui est en classe de 3e, est la cible de harcèlement sur les réseaux sociaux.

Mme Decars n'est pas originaire de la région. Elle a suivi son mari dans le cadre d'une mutation professionnelle il y a un an. Elle s'est bien intégrée dans la région mais sa fille lui a dissimulé des problèmes rencontrés à l'école. La maman justifie son dépôt de plainte en expliquant que sa fille développe une phobie scolaire attestée par un certificat médical. Elle déclare que le harcèlement a débuté avec l'une de ses camarades qui l'accuse de lui avoir volé son petit ami. S'en est suivi un déferlement d'insultes et de menaces dont Marie est victime. Ces insultes sont relayées par de nombreux élèves du collège.

La gendarmerie enregistre la plainte et note les comptes de réseaux sociaux incriminés. Les parents des jeunes concernés seront convoqués pour une audition. L'enquête est prise au sérieux.

1 **Mme Decars vient porter plainte contre le cyber harcèlement dont sa fille est victime.**

☐ **A.** Vrai ☐ **B.** Faux ☐ **C.** Le texte ne permet pas de le dire

2 **Mme Decars connaît bien la Mayenne, elle y a grandi et est très surprise des problèmes rencontrés par sa fille.**

☐ **A.** Vrai ☐ **B.** Faux ☐ **C.** Le texte ne permet pas de le dire

3 **Marie est au lycée.**

☐ **A.** Vrai ☐ **B.** Faux ☐ **C.** Le texte ne permet pas de le dire

4 **L'origine du harcèlement est une histoire de relation amoureuse.**

☐ **A.** Vrai ☐ **B.** Faux ☐ **C.** Le texte ne permet pas de le dire

5 **Le mari de Mme Decars est ingénieur.**

☐ **A.** Vrai ☐ **B.** Faux ☐ **C.** Le texte ne permet pas de le dire

6 **Le cyberharcèlement dont Marie est victime est pris très au sérieux par la gendarmerie.**

☐ **A.** Vrai ☐ **B.** Faux ☐ **C.** Le texte ne permet pas de le dire

TEXTE 10

La rentrée scolaire des vacances de Noël dans l'école primaire Pasteur est animée puisqu'une équipe de deux gendarmes se rend sur place pour faire de la prévention. Au programme : harcèlement scolaire et prévention de la délinquance. Les élèves sont très excités à l'idée de voir des uniformes entrer dans leur classe. L'adjudant Maréchal explique la raison de sa présence avec le major Gallois. Il démarre son intervention avec la problématique du harcèlement scolaire en donnant des exemples concrets. La jeune Malya pose des questions pertinentes : elle demande à l'adjudant si un élève qui harcèle perpétuellement un autre peut avoir des problèmes avec la justice. Damla intervient vigoureusement en disant qu'un tel élève peut aller en prison ! Un débat intéressant s'engage au cours duquel le major donne des informations sur les responsabilités des parents et sur la possibilité d'interroger des enfants dans un bureau de gendarmerie.
La séance porte aussi sur les dégradations multiples du mobilier urbain observé dans la ville (graffitis sur les murs, bancs publics abîmés). À ce propos, les gendarmes évoquent l'histoire de deux jeunes enfants âgés à peine de 9 ans pris en flagrant délit de lacération d'un banc avec un canif. Non accompagnés, ils ont été ramenés chez leurs parents contre lesquels la municipalité a porté plainte.

1 Les gendarmes se rendent dans un collège pour faire de la prévention.

☐ **A.** Vrai ☐ **B.** Faux ☐ **C.** Le texte ne permet pas de le dire

2 Deux jeunes filles interviennent au cours des échanges.

☐ **A.** Vrai ☐ **B.** Faux ☐ **C.** Le texte ne permet pas de le dire

3 Trois gendarmes interviennent dans la classe.

☐ **A.** Vrai ☐ **B.** Faux ☐ **C.** Le texte ne permet pas de le dire

4 Une jeune fille pose des questions sur le harcèlement à l'adjudant.

☐ **A.** Vrai ☐ **B.** Faux ☐ **C.** Le texte ne permet pas de le dire

5 Les exemples de dégradation évoqués par les gendarmes concernent des véhicules de particuliers.

☐ **A.** Vrai ☐ **B.** Faux ☐ **C.** Le texte ne permet pas de le dire

6 Le lieu de l'intervention, à savoir l'école primaire Pasteur, a été choisi par le maire.

☐ **A.** Vrai ☐ **B.** Faux ☐ **C.** Le texte ne permet pas de le dire

Texte 11

Un homme vivant dans la région de Grenoble a été placé en détention immédiate pour non présentation au commissariat et absence de déclaration de changement d'adresse. En effet, Michel K. est fiché comme délinquant sexuel. Il a été condamné et a déjà fait de la prison. Il a une injonction d'obligations de soins et d'auto-signalement pour que la justice sache où il se trouve. L'individu a défrayé la chronique dans les années 2000 dans la région. Il a agressé de jeunes collégiens et a été reconnu coupable de ses actes. Il a été interpellé au moment d'un banal contrôle d'identité dans un centre commercial. Il déjeunait dans une cafétéria après avoir fait des achats. Un gardien de la paix semblait l'avoir reconnu. Il a immédiatement été emmené au commissariat et sommé de s'expliquer sur son absence de signalement. Il a expliqué devant l'officier chargé de l'interroger qu'il a horreur de répondre aux demandes administratives et que selon lui il était guéri. Après lui avoir rappelé le passif dont il faisait l'objet, il a été écroué à la maison d'arrêt de Grenoble-Varces.

1 **Michel K. est un délinquant sexuel qui s'est échappé de prison.**

☐ **A.** Vrai ☐ **B.** Faux ☐ **C.** Le texte ne permet pas de le dire

2 **Il a agressé des jeunes dans les années 1990.**

☐ **A.** Vrai ☐ **B.** Faux ☐ **C.** Le texte ne permet pas de le dire

3 **Il est reconnu dans un centre commercial par quelqu'un qui appelle la police.**

☐ **A.** Vrai ☐ **B.** Faux ☐ **C.** Le texte ne permet pas de le dire

4 **Il souffre, selon lui, de phobie administrative.**

☐ **A.** Vrai ☐ **B.** Faux ☐ **C.** Le texte ne permet pas de le dire

5 **Au moment de son interpellation, il est en train de manger.**

☐ **A.** Vrai ☐ **B.** Faux ☐ **C.** Le texte ne permet pas de le dire

6 **Il a effectué par le passé 3 ans de prison.**

☐ **A.** Vrai ☐ **B.** Faux ☐ **C.** Le texte ne permet pas de le dire

Texte 12

À l'entrée de la ville d'Angers, deux jeunes âgés de 19 et 21 ans roulent à vive allure à l'intérieur d'une grosse cylindrée. La voiture est déclarée volée. Elle poursuit sa course à travers la ville et se fait remarquer d'autant plus qu'elle grille des feux rouges.
Une jeune femme qui traverse avec ses deux enfants manque de peu de se faire renverser. Une vielle dame hurle à son passage et manque de tomber face à la rapidité du véhicule. La voiture prend la direction d'une nationale quand elle est repérée par des policiers municipaux qui préviennent la brigade de gendarmerie se trouvant au même endroit. À l'approche du point de rencontre, le véhicule de police est stationné sur le bas-côté et un brigadier se rend visible et fait signe au bolide de s'arrêter. Comprenant très rapidement qu'il ne s'arrêtera pas, il s'écarte pour se mettre à l'abri. Mais la trajectoire de la voiture dévie de manière volontaire et percute de manière très violente le brigadier. Son corps est projeté dans le fossé et la voiture poursuit sa course folle.

1 Une vieille dame est renversée par un véhicule roulant à vive allure.

☐ **A.** Vrai ☐ **B.** Faux ☐ **C.** Le texte ne permet pas de le dire

2 La voiture volée est conduite par des délinquants multirécidivistes.

☐ **A.** Vrai ☐ **B.** Faux ☐ **C.** Le texte ne permet pas de le dire

3 La grosse cylindrée renverse volontairement le brigadier.

☐ **A.** Vrai ☐ **B.** Faux ☐ **C.** Le texte ne permet pas de le dire

4 La voiture prend l'autoroute avant de renverser le brigadier.

☐ **A.** Vrai ☐ **B.** Faux ☐ **C.** Le texte ne permet pas de le dire

5 Une jeune femme avec son enfant manquent de se faire renverser.

☐ **A.** Vrai ☐ **B.** Faux ☐ **C.** Le texte ne permet pas de le dire

6 Ce grave fait divers a eu lieu dans la région angevine.

☐ **A.** Vrai ☐ **B.** Faux ☐ **C.** Le texte ne permet pas de le dire

TEXTE 13

Une soirée dans un pavillon de la banlieue parisienne à Maisons Alfort bat son plein. Il est 23h30 et des invités continuent à arriver. Cependant, le couvre-feu de 20h et les conditions sanitaires liées à l'épidémie de Covid 19 imposent des restrictions nécessaires pour ralentir le taux d'incidence de contamination. Cela ne paraît pas être le souci de certains. Une patrouille de police qui passait par là est troublée par l'effervescence. Les officiers sonnent à la porte et constatent rapidement une concentration anormale de personnes. Rien qu'à travers l'entrebâillement de la porte, on distingue plus d'une dizaine de convives. Ils demandent après le propriétaire qui se présente dans l'entrée, un homme d'une cinquantaine d'années endimanché. Il ne comprend pas la présence de la police qui lui rappelle les conditions de sécurité en vigueur. Il s'emporte vivement et congédie les forces de l'ordre. Visiblement alcoolisé et devenant agressif, il est arrêté pour être emmené au poste de police. Les invités sont dispersés non sans bruit. Deux autres convives faisant preuve de rébellion sont aussi emmenés.

1 **Le propriétaire du pavillon se présente en jean face aux policiers.**

☐ **A.** Vrai ☐ **B.** Faux ☐ **C.** Le texte ne permet pas de le dire

2 **Il est déjà minuit lorsque la police arrive.**

☐ **A.** Vrai ☐ **B.** Faux ☐ **C.** Le texte ne permet pas de le dire

3 **La soirée est organisée pour une fête d'anniversaire.**

☐ **A.** Vrai ☐ **B.** Faux ☐ **C.** Le texte ne permet pas de le dire

4 **Cette soirée est composée d'une petite dizaine de personnes.**

☐ **A.** Vrai ☐ **B.** Faux ☐ **C.** Le texte ne permet pas de le dire

5 **De nombreux invités font acte de rébellion au moment de la dispersion.**

☐ **A.** Vrai ☐ **B.** Faux ☐ **C.** Le texte ne permet pas de le dire

6 **Le non-respect du couvre-feu est l'origine de l'intervention de la police.**

☐ **A.** Vrai ☐ **B.** Faux ☐ **C.** Le texte ne permet pas de le dire

TEXTE 14

Le début de l'année est tristement marqué par la disparition de Mme Maréchal dans la commune de Rethel dans les Ardennes. Elle a disparu sans laisser de traces depuis 10 jours. Son entourage, extrêmement inquiet, a signalé son absence à la police au bout de 24 heures le 26 décembre. La dame vivait seule depuis déjà une dizaine d'années. Ses voisins l'avaient vue deux jours avant le réveillon. Elle venait d'effectuer des courses. Son fils âgé de 35 ans était même venu l'aider à monter un meuble chez elle comme l'a relaté à la police le couple vivant à proximité. Le témoignage d'une jeune voisine cependant est inquiétant car elle a précisé au brigadier Soult qu'elle avait eu un échange agréable avec cette dame, mais qu'elle montrait des signes de perte de mémoire.
Le plus étrange, c'est qu'au moment de sa disparition la porte de son appartement a été trouvée ouverte. Rien ne semble avoir disparu mais elle n'a prévenu aucun proche. Ce qui inquiète le plus sa famille, c'est qu'elle prend un traitement médical assez strict.
L'enquête a été confiée à la gendarmerie locale qui a déjà interrogé beaucoup de monde. Un avis de recherche est lancé.

1 **Une dame âgée a disparu dans les Ardennes au moment des fêtes de fin d'année.**

☐ **A.** Vrai ☐ **B.** Faux ☐ **C.** Le texte ne permet pas de le dire

2 **L'enquête révèle qu'il s'agit d'un enlèvement.**

☐ **A.** Vrai ☐ **B.** Faux ☐ **C.** Le texte ne permet pas de le dire

3 **La vieille dame prend un traitement médical pour le cœur.**

☐ **A.** Vrai ☐ **B.** Faux ☐ **C.** Le texte ne permet pas de le dire

4 **Il semblerait que la personne disparue ait des problèmes de mémoire.**

☐ **A.** Vrai ☐ **B.** Faux ☐ **C.** Le texte ne permet pas de le dire

5 **Son fils lui a rendu visite peu de temps avant sa disparition pour démonter un meuble.**

☐ **A.** Vrai ☐ **B.** Faux ☐ **C.** Le texte ne permet pas de le dire

6 **La vieille dame a été retrouvée.**

☐ **A.** Vrai ☐ **B.** Faux ☐ **C.** Le texte ne permet pas de le dire

Texte 15

La nuit semble très calme dans le quartier de la Mongerie. Gilles M. est assis et lit son magazine à côté de la fenêtre de son salon. Il aperçoit en face de sa maison, sur le trottoir, deux individus qui enjambent un portail de manière rapide et silencieuse. Ses voisins sont en vacances et ne possèdent pas d'alarme. L'action est rapide, les deux personnes pénètrent rapidement dans la demeure après avoir ouvert la porte avec une facilité déconcertante. Gilles M. décroche son téléphone pour appeler la police et signaler ce qu'il vient de voir. Pendant ce temps, les cambrioleurs visitent le pavillon et vont à l'essentiel : dans les chambres à la recherche de bijoux ou d'objets précieux.
Ils ressortent cinq minutes plus tard et une troisième personne vient les récupérer en voiture alors que la police n'est pas encore arrivée. Gilles M. recule de la fenêtre car l'un des individus tourne la tête vers lui, attiré par la lumière.
Une patrouille arrive peu de temps après. Gilles M. leur raconte ce qu'il a vu. Il est désolé de ne pas avoir pu noter la plaque d'immatriculation des fuyards.

1 **Gilles M. est témoin d'un cambriolage avec séquestration.**

☐ **A.** Vrai ☐ **B.** Faux ☐ **C.** Le texte ne permet pas de le dire

2 **Gilles M. voit trois individus entrer dans le pavillon de ses voisins.**

☐ **A.** Vrai ☐ **B.** Faux ☐ **C.** Le texte ne permet pas de le dire

3 **Les cambrioleurs commencent par le sous-sol.**

☐ **A.** Vrai ☐ **B.** Faux ☐ **C.** Le texte ne permet pas de le dire

4 **Les voisins de Gilles M. sont partis en soirée.**

☐ **A.** Vrai ☐ **B.** Faux ☐ **C.** Le texte ne permet pas de le dire

5 **La police demande à Gilles M. de venir témoigner au poste.**

☐ **A.** Vrai ☐ **B.** Faux ☐ **C.** Le texte ne permet pas de le dire

6 **L'équipe de cambriolage est composée de trois individus en tout.**

☐ **A.** Vrai ☐ **B.** Faux ☐ **C.** Le texte ne permet pas de le dire

Corrigé

Texte 1 : 1B, 2A, 3B, 4A, 5C, 6B.

Texte 2 : 1B, 2A, 3B, 4B, 5C, 6B.

Texte 3 : 1A, 2B, 3B, 4A, 5C, 6B.

Texte 4 : 1B, 2A, 3A, 4A, 5C, 6B.

Texte 5 : 1A, 2C, 3B, 4B, 5B, 6C.

Texte 6 : 1B, 2C, 3A, 4B, 5A, 6B.

Texte 7 : 1B, 2B, 3B, 4A, 5B, 6C.

Texte 8 : 1B, 2B, 3B, 4B, 5C, 6B.

Texte 9 : 1A, 2B, 3B, 4A, 5C, 6A.

Texte 10 : 1B, 2A, 3B, 4A, 5B, 6C.

Texte 11 : 1B, 2B, 3B, 4A, 5A, 6C.

Texte 12 : 1B, 2C, 3A, 4B, 5B, 6A.

Texte 13 : 1B, 2B, 3C, 4B, 5B, 6A.

Texte 14 : 1A, 2C, 3C, 4A, 5B, 6B.

Texte 15 : 1B, 2B, 3B, 4B, 5C, 6A.

Sujet blanc n° 2

Répondez aux questions suivantes en 40 minutes. Une seule bonne réponse possible à chaque fois.

Texte 1

Le modeste village de Benevise (26) s'est réveillé ce mercredi sous les bruits de sirènes et les lumières des gyrophares de la gendarmerie. En effet, un locataire du gite a été interpellé et placé en garde à vue. Il doit comparaître rapidement au tribunal de Valence (26). Tout a commencé dans la nuit de mardi à mercredi, le lieutenant Mekbel patrouillait avec deux collègues pour vérifier le respect des règles sanitaires, quand « une odeur caractéristique et suspecte » les a attirés. Devant la porte C du gite de deux étages, les trois gendarmes ont découvert des mégots coniques et deux feuilles séchées. Par la fenêtre, le lieutenant a aperçu des pieds de cannabis. Il s'est alors adressé à sa supérieure, la commandante Cohen, qui a obtenu un mandat de perquisition signé par le juge D. Lanfrey. La perquisition, menée à 6 heures du matin au domicile du suspect, a permis la saisie de 16 pieds de cannabis, des plants, du matériel, de l'ecstasy, 10 grammes de cocaïne et 15 000 € en liquide. Le suspect, un homme de 30 ans, réside depuis 2018 dans le studio situé au 1er étage. La propriétaire du gite, madame Fulvia V. a déclaré sa surprise et son indignation : « Jamais plus, je ne louerai mon studio à une personne que je ne connais pas ! ».

1 **La perquisition a permis de saisir du cannabis, de la cocaïne et de l'argent liquide.**

☐ **A.** Vrai ☐ **B.** Faux ☐ **C.** Le texte ne permet pas de le dire

2 **Le lieutenant Mekbel a aperçu des pieds de cannabis en entrant dans l'appartement.**

☐ **A.** Vrai ☐ **B.** Faux ☐ **C.** Le texte ne permet pas de le dire

3 **Devant la porte du suspect, les gendarmes ont trouvé des traces de cocaïne.**

☐ **A.** Vrai ☐ **B.** Faux ☐ **C.** Le texte ne permet pas de le dire

4 **La perquisition a eu lieu à 7 heures du matin.**

☐ **A.** Vrai ☐ **B.** Faux ☐ **C.** Le texte ne permet pas de le dire

5 **Le suspect consomme de la drogue.**

☐ **A.** Vrai ☐ **B.** Faux ☐ **C.** Le texte ne permet pas de le dire

6 **Le suspect risque 10 ans de prison ferme et 15 000 € d'amende.**

☐ **A.** Vrai ☐ **B.** Faux ☐ **C.** Le texte ne permet pas de le dire

TEXTE 2

Une heure de poursuite, le renfort d'un hélicoptère, des barrages, trente gendarmes, voilà le temps et les moyens employés par la gendarmerie pour stopper quatre cousins mineurs fans de *Fast and Furious*. Les routes départementales 383, 49, 38, 834 dans les Landes ont été le cadre d'une vraie scène de cinéma qui s'est, heureusement, terminée sans victime ni accident. Quatre cousins mineurs ont volé quatre voitures de rêve, ils ont ensuite décidé de faire la course, pour savoir qui était le meilleur pilote. Le premier, Ugo V. (15 ans), conduisait une Bugatti Chiron, le deuxième, Mathis G. (16 ans), pilotait une Lamborghini Aventador SVG, ses frères Axel G. (14 ans) et Gaël G. (10 ans) étaient au volant d'une Ferrari Portofino et d'une Aston Martin Vantage. Repérés par des gendarmes affectés à la surveillance des infractions routières, les jeunes ont été immédiatement pris en chasse. Cependant, leurs bolides leur ont permis de distancer les gendarmes. Ceux-ci ont donc demandé l'aide d'un hélicoptère et mis en place plusieurs barrages. L'adjudante Mia a rappelé : « L'essentiel, pour nous, était d'éviter un accident. Nous avons été patients et prudents ». Grâce à leur stratégie de resserrement, les gendarmes ont guidé les quatre jeunes où ils le voulaient. « On a fermé des routes, barré des accès, pour éviter qu'ils ne croisent d'autres usagers ou n'empruntent des voies très fréquentées », a expliqué l'adjudante. « On a été étonnés par la qualité de la conduite des gamins, leurs pères ont dû leur apprendre », reconnait le major Roberto. Trois cousins ont été placés en garde à vue, le plus jeune est en retenue.

1 Les personnes poursuivies sont des mineurs de moins de 15 ans.

☐ **A.** Vrai ☐ **B.** Faux ☐ **C.** Le texte ne permet pas de le dire

2 Les gendarmes ont arrêté les enfants grâce à une stratégie de resserrement.

☐ **A.** Vrai ☐ **B.** Faux ☐ **C.** Le texte ne permet pas de le dire

3 Les enfants faisaient la course pour reproduire des scènes de *Fast and Furious*.

☐ **A.** Vrai ☐ **B.** Faux ☐ **C.** Le texte ne permet pas de le dire

4 Les enfants conduisaient une Bugatti, une Lamborghini, une Ferrari et une Porsche.

☐ **A.** Vrai ☐ **B.** Faux ☐ **C.** Le texte ne permet pas de le dire

5 Les enfants ont volé les voitures qu'ils conduisaient.

☐ **A.** Vrai ☐ **B.** Faux ☐ **C.** Le texte ne permet pas de le dire

6 Tous les enfants ont été placés en garde à vue.

☐ **A.** Vrai ☐ **B.** Faux ☐ **C.** Le texte ne permet pas de le dire

Texte 3

Les malfrats étaient rapides, mais moins que la vedette de la gendarmerie maritime de La Rochelle (17). « On se serait cru dans un film avec Jean-Claude Van Damme, les bateaux allaient à une vitesse folle », a affirmé C. Serra, un vacancier avec son épouse et leurs deux filles. L'intervention virile a marqué les esprits, et pour cause, il est rarissime de voir les pelotons de sûreté maritime et portuaire (PSMP) en action. « Ces gendarmes font partie de l'élite, je le sais pour avoir souvent collaboré avec eux », a rappelé le commissaire S. Dudu. Ce dernier a fait appel à la gendarmerie pour attraper deux pirates, bien connus des forces de l'ordre, l'un surnommé « Roubio », et l'autre, son cousin, surnommé « Morg ». Les malfaiteurs détroussaient les riches bateaux en mer et disparaissaient aussi vite. Le commissaire s'est réjoui de l'arrestation des cousins : « On les piste depuis 6 mois, c'est un beau succès ! ».

1 Les gendarmes tournent une scène d'un film avec Jean-Claude Van Damme.

☐ **A.** Vrai ☐ **B.** Faux ☐ **C.** Le texte ne permet pas de le dire

2 Le commissaire S. Dudu se félicite d'avoir récupéré l'argent volé par le duo.

☐ **A.** Vrai ☐ **B.** Faux ☐ **C.** Le texte ne permet pas de le dire

3 Les malfrats sont des pirates modernes.

☐ **A.** Vrai ☐ **B.** Faux ☐ **C.** Le texte ne permet pas de le dire

4 Le fait divers se déroule à La Rochelle.

☐ **A.** Vrai ☐ **B.** Faux ☐ **C.** Le texte ne permet pas de le dire

5 Le commissaire a déjà travaillé avec un peloton de sûreté maritime et portuaire (PSMP).

☐ **A.** Vrai ☐ **B.** Faux ☐ **C.** Le texte ne permet pas de le dire

6 Les malfrats avaient un mandat d'arrêt international contre eux.

☐ **A.** Vrai ☐ **B.** Faux ☐ **C.** Le texte ne permet pas de le dire

Texte 4

La gendarmerie mobile est intervenue, lundi dernier, dans la zone de sécurité prioritaire du quartier de l'Argonne à Orléans (45). Elle était en renfort de la gendarmerie départementale qui devait interpeller un évadé de la maison d'arrêt de Fleury Mérogis. L'individu, âgé de 45 ans, est considéré comme extrêmement dangereux. Il s'était réfugié dans le quartier de l'Argonne, car la délinquance y est enracinée. L'évadé a été repéré dans un appartement situé au troisième étage. Après avoir discrètement sécurisé et quadrillé le quartier, les gendarmes sont intervenus rapidement et promptement. La cheffe d'escadron, Magali L., affichait sa fierté : « L'individu échappé n'a pas résisté, l'interpellation a été nette ». Certains habitants du quartier aimeraient que les gendarmes restent. Carlos A. qui habite depuis 30 ans l'Argonne déplore que « depuis une quinzaine d'années, l'insécurité augmente, nous avons l'impression d'être oubliés et livrés à notre sort ». D'autres, en revanche, préfèrent que les forces de l'ordre repartent : « Les jeunes deviennent plus nerveux quand ils voient des uniformes, je pense qu'il faudrait des travailleurs sociaux plutôt que des flics », pensent Cédric S. et Serge P., tenanciers d'un restaurant kebab.

1 **L'action se passe dans le quartier de l'Argonne à Poitiers.**

☐ **A.** Vrai ☐ **B.** Faux ☐ **C.** Le texte ne permet pas de le dire

2 **Tous les habitants de cette zone de sécurité prioritaire aimeraient une présence continuelle des forces de l'ordre.**

☐ **A.** Vrai ☐ **B.** Faux ☐ **C.** Le texte ne permet pas de le dire

3 **L'interpellation du fugitif a été brutale.**

☐ **A.** Vrai ☐ **B.** Faux ☐ **C.** Le texte ne permet pas de le dire

4 **Le quartier de l'Argonne est une zone de sécurité prioritaire depuis 45 ans.**

☐ **A.** Vrai ☐ **B.** Faux ☐ **C.** Le texte ne permet pas de le dire

5 **Pour Carlos A., habitant du quartier, l'insécurité augmente depuis 10 ans.**

☐ **A.** Vrai ☐ **B.** Faux ☐ **C.** Le texte ne permet pas de le dire

6 **Les gendarmes ont sécurisé et quadrillé le quartier avant de procéder à l'interpellation de l'individu.**

☐ **A.** Vrai ☐ **B.** Faux ☐ **C.** Le texte ne permet pas de le dire

Texte 5

Souvent méconnu du grand public, le centre de production multimédia de la Gendarmerie nationale (CPMGN), implanté à Limoges (87) depuis 2011, a été mis à l'honneur hier en recevant la visite de quatre ministres : madame Asfhar (Affaires étrangères), madame Blanchard (Intérieur), madame Palais (Économie), monsieur Chapon (Éducation nationale). Dirigé par la lieutenante-colonelle Émilie Valentin, assistée de la commandante Anaïs Leroy, le CPMGN a pour principales missions de produire et de tenir à jour la documentation professionnelle pour toutes les unités de la gendarmerie, de participer à la mise en œuvre des formations initiales en favorisant l'e-learning, de concevoir et réaliser les productions audiovisuelles, pédagogiques pour développer la formation interne. « Même si nous sommes néophytes en la matière et dans le domaine de l'édition, nous trouvons que leurs travaux éditoriaux sont fabuleux ! », ont vanté madame Blanchard et madame Palais. Monsieur Chapon pense utiliser des outils et des méthodes du CPMGN dans les futures réformes de l'Éducation nationale, quant à madame Asfhar, elle ira promouvoir l'organisation du CPMGN lors de son voyage en Perse. La lieutenante-colonelle Valentin a félicité ses équipes pour l'excellence de leur travail.

1 Le CPMGN est situé à Lille.

☐ **A.** Vrai ☐ **B.** Faux ☐ **C.** Le texte ne permet pas de le dire

2 Le CPMGN a reçu la visite de quatre ministres, dont le chef du gouvernement.

☐ **A.** Vrai ☐ **B.** Faux ☐ **C.** Le texte ne permet pas de le dire

3 L'une des missions du CPMGN est de produire et de tenir à jour la documentation professionnelle pour l'ensemble de la gendarmerie.

☐ **A.** Vrai ☐ **B.** Faux ☐ **C.** Le texte ne permet pas de le dire

4 La lieutenante-colonelle Émilie Valentin dirige le CPMGN depuis 2011.

☐ **A.** Vrai ☐ **B.** Faux ☐ **C.** Le texte ne permet pas de le dire

5 Les ministres ont été impressionnés par le travail du CPMGN.

☐ **A.** Vrai ☐ **B.** Faux ☐ **C.** Le texte ne permet pas de le dire

6 Travailler pour le CPMGN est uniquement réservé à des officiers supérieurs.

☐ **A.** Vrai ☐ **B.** Faux ☐ **C.** Le texte ne permet pas de le dire

TEXTE 6

Huit mois d'investigations, quatre filatures opérées 24h/24h par huit membres de la gendarmerie, un travail de coordination avec les douanes, ont permis une saisie impressionnante d'objets de contrefaçons : fausses montres de luxe, tee-shirts griffés, lunettes de soleil, baskets…

Dans cette caserne d'Ali Baba de l'aéroport de Marseille Provence, rien ne manquait. Le capitaine Jean-Pierre, membre de la gendarmerie des transports aériens (GTA), explique qu'« il y avait même de faux médicaments, de faux hochets pour les nourrissons et de fausses pièces pour les voitures. Cela est extrêmement dangereux. Le système était bien rodé, on pense qu'il aurait rapporté plusieurs millions d'euros ». Les faux transitaient par une voie moins sécurisée grâce à la complicité d'employés. Un réseau de huit personnes, dont quatre employés de l'aéroport ont été interpellés. Les procureures Samira Zeghir et Caroline Bourdelle ont été chargées de l'affaire. Outre la réparation civile, en cas de produits contrefaisants, dangereux ou en lien avec un réseau criminel, la peine maximale est de 7 ans d'emprisonnement et 750 000 € d'amende.

1 **L'acheminement des contrefaçons était facilité grâce à la complicité d'employés de l'aéroport.**

☐ **A.** Vrai ☐ **B.** Faux ☐ **C.** Le texte ne permet pas de le dire

2 **Les douaniers ont dirigé l'opération, les gendarmes les ont secondés.**

☐ **A.** Vrai ☐ **B.** Faux ☐ **C.** Le texte ne permet pas de le dire

3 **Le système a rapporté au moins 8 millions d'euros.**

☐ **A.** Vrai ☐ **B.** Faux ☐ **C.** Le texte ne permet pas de le dire

4 **Parmi les objets saisis, il y avait de vraies pièces d'automobiles.**

☐ **A.** Vrai ☐ **B.** Faux ☐ **C.** Le texte ne permet pas de le dire

5 **Toutes les personnes interpellées auront 7 ans de prison ferme.**

☐ **A.** Vrai ☐ **B.** Faux ☐ **C.** Le texte ne permet pas de le dire

6 **Deux procureures ont été chargées de l'affaire.**

☐ **A.** Vrai ☐ **B.** Faux ☐ **C.** Le texte ne permet pas de le dire

TEXTE 7

Les élèves de 4e et 3e du collège Jean Racine de Viroflay (78) étaient tous convoqués par la gendarmerie ce mercredi matin. Il ne s'agissait pas d'une garde à vue collective, mais d'un rendez-vous avec la brigade de prévention de la délinquance juvénile (BPDJ) implantée à Versailles. Les thèmes étaient le harcèlement scolaire et l'outil numérique. Deux spécialistes, la maréchale des logis-cheffe Turbin et l'adjudant-chef Goutard ont réparti les élèves dans deux ateliers de 90 minutes. La maréchale Turbin a défini le harcèlement et indiqué les moyens de lutter contre ce fléau : « J'ai insisté sur le cadre légal, mais aussi sur les notions de victimes et témoins actifs ou passifs ». L'adjudant-chef Goutard a formé les collégiens au numérique : « C'est un outil magnifique, mais truffé de dangers. J'ai voulu leur montrer les pièges et les conséquences ». Le chef de l'établissement scolaire, M. Villand a été enchanté de l'intervention préventive : « Depuis toujours, j'insiste sur la nécessité de parler, de prévenir, sur la douceur et la concertation. Je ne crois ni à la répression ni aux sanctions, mais à l'ouverture des champs psychologiques ». Dans quelques jours, les deux gendarmes interviendront avec les 6e et les 5e. Ils espèrent le même succès qu'avec les 4e et 3e. Les élèves Mathis, Axel, Ugo ont vanté les ateliers : « C'était génial, on a adoré ! ».

1 **Les gendarmes sont intervenus auprès de classes de 6e, 5e, 4e, 3e.**

☐ **A.** Vrai ☐ **B.** Faux ☐ **C.** Le texte ne permet pas de le dire

2 **Le principal M. Villand est un adepte des sanctions.**

☐ **A.** Vrai ☐ **B.** Faux ☐ **C.** Le texte ne permet pas de le dire

3 **Les thèmes de la journée étaient le harcèlement scolaire et l'interruption volontaire de grossesse.**

☐ **A.** Vrai ☐ **B.** Faux ☐ **C.** Le texte ne permet pas de le dire

4 **Les élèves ont apprécié les ateliers préventifs des gendarmes.**

☐ **A.** Vrai ☐ **B.** Faux ☐ **C.** Le texte ne permet pas de le dire

5 **L'atelier de l'adjudant-chef Goutard durait une heure et demie.**

☐ **A.** Vrai ☐ **B.** Faux ☐ **C.** Le texte ne permet pas de le dire

6 **La maréchale des logis-chef Turbin a évoqué le harcèlement uniquement du point de vue du cadre légal.**

☐ **A.** Vrai ☐ **B.** Faux ☐ **C.** Le texte ne permet pas de le dire

TEXTE 8

Cette fois, le rideau restera clos sur *Le boudoir d'Anita*. Cet établissement dit « bar à hôtesses et hôtes » du centre-ville de Toulon a été définitivement fermé. Les gendarmes le suspectaient à raison d'être un lieu de prostitution. La gérante Anita C. avait déjà eu des soucis judiciaires avec son boudoir. Outre la suspicion de proxénétisme, des clients s'étaient plaints d'additions salées et fictives. M. Pinheiro et M. Azoia, qui ont déposé plainte, narrent leur mésaventure : « Nous sommes entrés appâtés par une fille devant l'établissement, à l'intérieur nous avons découvert qu'elle travaillait pour le bar. On nous a dit que nous devions immédiatement nous acquitter de 100 €, et qu'avec notre ticket nous avions le droit à une consommation. Nous avons commandé des bières, et quand nous nous apprêtions à partir, on nous a facturé 90 € supplémentaires, car nous n'avions le droit qu'à des consommations softs. Nous avons protesté, mais de gros bras nous ont brutalisés ». Les brillantes avocates d'Anita C., maîtres Argyre et Gwenaëlle associées, ont assisté impuissantes au verdict du tribunal : « 18 mois de prison dont 4 avec sursis et 10 000 € d'amende. L'ancienne gérante a été reconnue coupable de "tenue d'un établissement de prostitution" pour la période de mars 2016 à février 2021 »

1 *Le boudoir d'Anita* est un lieu de prostitution.

☐ **A.** Vrai ☐ **B.** Faux ☐ **C.** Le texte ne permet pas de le dire

2 Deux hôtes d'accueil, Stéphane P. et Dominique M., ont été maltraités par de gros bras.

☐ **A.** Vrai ☐ **B.** Faux ☐ **C.** Le texte ne permet pas de le dire

3 Deux clients ont été condamnés pour s'être battus dans le club.

☐ **A.** Vrai ☐ **B.** Faux ☐ **C.** Le texte ne permet pas de le dire

4 Les bières ont coûté 100 €.

☐ **A.** Vrai ☐ **B.** Faux ☐ **C.** Le texte ne permet pas de le dire

5 L'établissement attrapait des clients grâce à une rabatteuse.

☐ **A.** Vrai ☐ **B.** Faux ☐ **C.** Le texte ne permet pas de le dire

6 M. Pinheiro et M. Azoia ont récupéré l'argent extorqué grâce à leurs plaintes.

☐ **A.** Vrai ☐ **B.** Faux ☐ **C.** Le texte ne permet pas de le dire

TEXTE 9

Le mercredi 10 février 2021, les employés d'une célèbre enseigne de fast-food franco-belge ont eu un client original. Un enfant, âgé de 5 ans, parlant français et italien s'est présenté seul au comptoir. Il a calmement demandé un menu grande taille et trois desserts !
L'employée de caisse, Sara V., a alerté Morad M., le directeur du restaurant. Le petit client, nommé Gaël, a expliqué venir de Rome. Morad M. a immédiatement contacté la gendarmerie. Ces derniers ont questionné l'enfant et résolu l'intrigue. Le garçonnet était en visite scolaire, il a échappé à la vigilance des adultes pour… se promener dans Paris ! Ayant soudain faim, il s'est dirigé vers un fast-food. En attendant que ses accompagnateurs viennent le chercher, Morad M. a offert le déjeuner à l'inattendu client (dépourvu d'argent) qui lui a poliment dit : « Grazie mille ! ».

1 **L'enfant est entré dans le fast-food car il était perdu.**

☐ **A.** Vrai ☐ **B.** Faux ☐ **C.** Le texte ne permet pas de le dire

2 **L'enfant est franco-italien.**

☐ **A.** Vrai ☐ **B.** Faux ☐ **C.** Le texte ne permet pas de le dire

3 **L'employée de caisse, Sara V., a offert un déjeuner à l'enfant affamé.**

☐ **A.** Vrai ☐ **B.** Faux ☐ **C.** Le texte ne permet pas de le dire

4 **Le restaurant est un fast-food d'origine américaine.**

☐ **A.** Vrai ☐ **B.** Faux ☐ **C.** Le texte ne permet pas de le dire

5 **La gendarmerie a contacté les accompagnateurs de l'enfant.**

☐ **A.** Vrai ☐ **B.** Faux ☐ **C.** Le texte ne permet pas de le dire

6 **L'enfant a commandé trois desserts.**

☐ **A.** Vrai ☐ **B.** Faux ☐ **C.** Le texte ne permet pas de le dire

Texte 10

La montagne est belle, mais dangereuse, l'été comme l'hiver. Cette leçon ne sera pas oubliée par un couple d'imprudents randonneurs : Yannick G. et Sylvie T.
Originaires de Bretagne et sportifs, l'homme et la femme ont été surpris par la montagne qui peut changer de face en quelques minutes.
Partis d'un refuge pour rejoindre les sommets du Vercors, les randonneurs se sont perdus. Comble de misère, un orage brutal les a surpris. Ils se sont retrouvés coincés au-dessus d'une barre rocheuse de quinze mètres de haut, à 2 000 mètres d'altitude. Trempés, en short, avec de simples baskets, ils étaient « en hypothermie légère ».
Heureusement, ils ont été secourus par un peloton de gendarmerie de haute montagne (PGHM). Le temps empêchant le recours à l'hélicoptère, ce sont les hommes de la majore Colliot qui sont allés les chercher. La majore, à la carrure impressionnante, résume ainsi l'opération : « Comme toujours, le PGHM a fait le travail. Je suis contente de mon unité, ils ont gravi les sentiers pour secourir rapidement les imprudents. Je redis qu'il ne faut pas plaisanter avec la montagne, car la montagne ne plaisante pas ! On ne doit pas s'y engager sans équipement : cartes, GPS, trousse de secours, tente, vêtements chauds (même en été), planification du parcours, consultation de la météo et surtout il ne faut pas surestimer ses forces ! ».

1 **L'incident se passe en été.**

☐ **A.** Vrai ☐ **B.** Faux ☐ **C.** Le texte ne permet pas de le dire

2 **Le couple est originaire de Rennes.**

☐ **A.** Vrai ☐ **B.** Faux ☐ **C.** Le texte ne permet pas de le dire

3 **Le couple était bien équipé pour affronter la montagne.**

☐ **A.** Vrai ☐ **B.** Faux ☐ **C.** Le texte ne permet pas de le dire

4 **Les aventuriers ont été bloqués au-dessus d'une barre rocheuse en haute altitude.**

☐ **A.** Vrai ☐ **B.** Faux ☐ **C.** Le texte ne permet pas de le dire

5 **Les gendarmes sont intervenus rapidement grâce à leur hélicoptère.**

☐ **A.** Vrai ☐ **B.** Faux ☐ **C.** Le texte ne permet pas de le dire

6 **Les randonneurs se sont perdus dans le Vercors.**

☐ **A.** Vrai ☐ **B.** Faux ☐ **C.** Le texte ne permet pas de le dire

Texte 11

Deux personnes ont été mises en examen, ce jeudi. Il leur est reproché d'avoir survolé un espace interdit, la centrale nucléaire de Chooz (Ardennes) avec cinq drones. Les deux activistes antinucléaires voulaient prouver la « vulnérabilité des sites nucléaires ». Sur place, immédiatement alerté, un peloton spécialisé de protection de la gendarmerie (PSPG) a détruit les engins. C'est le brigadier Kervenal, tireur d'élite, qui a fait mouche en cinq tirs. L'excellence du brigadier a enthousiasmé Jérémie G., un ingénieur officiant sur le site nucléaire : « Franchement, le professionnel a tiré parfaitement ! J'aimerais lui demander des leçons de tir ». « On est là pour cela, c'est notre mission principale de protéger les centrales nucléaires », a dit, droit dans ses bottes, le brigadier Kervenal. Pour rappel, cette infraction est passible d'un an d'emprisonnement et de 75 000 € d'amende.

1 Jérémie G. est un tireur d'élite de la gendarmerie.

☐ **A.** Vrai ☐ **B.** Faux ☐ **C.** Le texte ne permet pas de le dire

2 Les PSPG protègent des sites nucléaires.

☐ **A.** Vrai ☐ **B.** Faux ☐ **C.** Le texte ne permet pas de le dire

3 Six drones survolaient la centrale nucléaire.

☐ **A.** Vrai ☐ **B.** Faux ☐ **C.** Le texte ne permet pas de le dire

4 Jérémie G. est un tireur amateur.

☐ **A.** Vrai ☐ **B.** Faux ☐ **C.** Le texte ne permet pas de le dire

5 Deux activistes pro nucléaires pilotaient les drones.

☐ **A.** Vrai ☐ **B.** Faux ☐ **C.** Le texte ne permet pas de le dire

6 Survoler une centrale nucléaire est interdit.

☐ **A.** Vrai ☐ **B.** Faux ☐ **C.** Le texte ne permet pas de le dire

Texte 12

En ce 22 août 2021, la commune de Sélestat (67) a été choisie pour une cérémonie spéciale. En effet, deux militaires ont été récompensées pour leur récent fait d'armes. La première est la maréchale des logis Émilie V. La gendarme a permis le démantèlement d'un réseau de faussaires d'œuvres d'art. Sa ténacité et sa grande culture (elle est experte de la peinture du XIXe siècle) ont été décisives pour attraper le chef des faussaires. Le commissaire-priseur Garcio a livré son expertise : « Les faux sont d'une qualité et d'une valeur inestimables ! ». L'autre gendarme récompensée est l'adjudante Anaïs-Graziella L. spécialisée dans la lutte contre les violences conjugales, formée en psychologie et détentrice d'un master II de droit pénal et de science pénale. Anaïs-Graziella L. a permis l'arrestation de 50 hommes violents en 2021. L'adjudante estime que « l'essentiel, c'est de protéger les victimes, leur faire comprendre qu'elles n'y sont pour rien et que le système peut les sauver ». Lors d'un discours, leur officier supérieur a félicité les deux gendarmes et leur a décerné la médaille militaire. La maréchale des logis, Émilie V., était émue : « C'est un grand honneur et la reconnaissance de l'efficacité de l'action féminine dans la gendarmerie ».

1 Les deux gendarmes ont reçu la Légion d'honneur.

☐ **A.** Vrai ☐ **B.** Faux ☐ **C.** Le texte ne permet pas de le dire

2 Anaïs-Graziella L. a suivi un master à l'université de Sélestat.

☐ **A.** Vrai ☐ **B.** Faux ☐ **C.** Le texte ne permet pas de le dire

3 La maréchale des logis Émilie V. est experte en peinture.

☐ **A.** Vrai ☐ **B.** Faux ☐ **C.** Le texte ne permet pas de le dire

4 L'adjudante Anaïs-Graziella L. a permis l'arrestation d'hommes suspectés de violence conjugale.

☐ **A.** Vrai ☐ **B.** Faux ☐ **C.** Le texte ne permet pas de le dire

5 Un réseau de faussaires d'œuvres d'art a été démantelé.

☐ **A.** Vrai ☐ **B.** Faux ☐ **C.** Le texte ne permet pas de le dire

6 Pour l'adjudante Anaïs-Graziella L. protéger les victimes de violences conjugales est le plus important.

☐ **A.** Vrai ☐ **B.** Faux ☐ **C.** Le texte ne permet pas de le dire

Texte 13

Ce sont des produits cosmétiques bien particuliers qui ont été trouvés à l'école d'esthétique Lucile Criat (44). En effet, les cartons d'une célèbre marque française cachaient de l'héroïne et de la cocaïne. Le propriétaire, un touche-à-tout, avait déjà eu des démêlés liés à la drogue avec la justice internationale. Il dealait, grâce à un système pyramidal qui s'appuyait sur une ancienne employée à la retraite, véritable « cerveau » de l'opération. Le lieutenant Vincent G., membre d'un groupe d'investigation cynophile de la gendarmerie, estime que « la quantité retrouvée sur place est impressionnante ». Il explique les actions à venir : « On cherche maintenant à reconstituer la structure verticale du trafic ». D'ores et déjà, la directrice pédagogique et administrative de l'établissement, une esthéticienne nommée Sarah C., a été mise hors de cause. En pleurs, elle a confié aux gendarmes : « Je n'en reviens pas, j'adore mon patron, c'est un modèle pour moi, je ne peux pas croire qu'il soit lié au trafic de drogue. C'est tragique ».

1 **L'esthéticienne Sarah C. a participé au trafic de drogue.**

☐ **A.** Vrai ☐ **B.** Faux ☐ **C.** Le texte ne permet pas de le dire

2 **Le propriétaire de l'école d'esthétique est aussi le cerveau de l'opération.**

☐ **A.** Vrai ☐ **B.** Faux ☐ **C.** Le texte ne permet pas de le dire

3 **La drogue était cachée dans des cartons d'une célèbre marque allemande.**

☐ **A.** Vrai ☐ **B.** Faux ☐ **C.** Le texte ne permet pas de le dire

4 **Pour le lieutenant Vincent G. la quantité de drogue retrouvée n'est pas impressionnante.**

☐ **A.** Vrai ☐ **B.** Faux ☐ **C.** Le texte ne permet pas de le dire

5 **Le propriétaire de l'école a déjà eu des ennuis judiciaires liés à la drogue.**

☐ **A.** Vrai ☐ **B.** Faux ☐ **C.** Le texte ne permet pas de le dire

6 **La drogue saisie est produite en France.**

☐ **A.** Vrai ☐ **B.** Faux ☐ **C.** Le texte ne permet pas de le dire

TEXTE 14

Les huit brigades de la gendarmerie de l'armement de Saint-Médard-en-Jalles (33) étaient sur le pied de guerre dans le cadre de l'opération épineuse dirigée par la colonelle Samira Z. En effet, depuis 3 ans, la colonelle et son équipe traquaient une mystérieuse vendeuse d'armes internationale. Aucune photographie, aucune description, aucune indication n'existaient sur cette marchande de la mort. « On savait trois choses, premièrement qu'elle est une femme italienne originaire de Sicile, deuxièmement qu'elle allait faire une vente massive d'armes à Bordeaux, troisièmement que son nom dans le milieu est "NF" », a expliqué la colonelle. C'est en surveillant les potentiels acheteurs que les forces de l'ordre ont élaboré une véritable souricière, et, enfin, identifié la criminelle transalpine et ses complices. La colonelle raconte : « On ne voulait pas agir trop vite, il fallait être certain de ne pas commettre d'impairs juridiques ». « NF » a été interpellée place Paul Doumer à Bordeaux, à 50 mètres de chez sa fille. Le comportement impassible de « NF » a étonné la colonelle : « La trafiquante a conclu un contrat de 150 millions d'euros d'armes lourdes, puis elle est tranquillement rentrée chez sa fille (mise hors de cause) avec le tramway ! ». Les acheteurs ont été arrêtés et de présumés complices (un couple de retraités) basés à Aix-en-Provence ont été placés en garde à vue.

1 « NF » appartient à mafia sicilienne.

☐ **A.** Vrai ☐ **B.** Faux ☐ **C.** Le texte ne permet pas de le dire

2 De présumés complices de « NF » ont été arrêtés à Aix-en-Provence.

☐ **A.** Vrai ☐ **B.** Faux ☐ **C.** Le texte ne permet pas de le dire

3 La trafiquante d'armes est traquée par la gendarmerie depuis 3 ans.

☐ **A.** Vrai ☐ **B.** Faux ☐ **C.** Le texte ne permet pas de le dire

4 La trafiquante a organisé une vente d'armes à Bordeaux.

☐ **A.** Vrai ☐ **B.** Faux ☐ **C.** Le texte ne permet pas de le dire

5 « NF » a été arrêtée près du domicile de sa fille.

☐ **A.** Vrai ☐ **B.** Faux ☐ **C.** Le texte ne permet pas de le dire

6 La fille de « NF » fait partie de son organisation criminelle.

☐ **A.** Vrai ☐ **B.** Faux ☐ **C.** Le texte ne permet pas de le dire

Texte 15

L'enquête sur la disparition de Marie-France V. à Saint-Paul (974) progresse, l'époux de la fonctionnaire, Bruno V., a été mis hors de cause par les gendarmes. Son avocat, maître Duval, explique : « Mon client a été convoqué par les gendarmes pour être auditionné, mais ce n'était pas une garde à vue. Il est en totale coopération avec les forces de l'ordre, car il souhaite retrouver son épouse ». En écartant ce suspect, la gendarmerie se concentre sur d'autres pistes. Pour mémoire, Marie-France V. a disparu depuis un mois, elle est partie un matin et n'est pas revenue. Depuis, aucun indice : pas de mouvement de carte bancaire, pas de coup de téléphone, aucune activité sur les réseaux sociaux. La sexagénaire est décrite par ses voisins comme une personne « discrète », son mari est « volubile », d'après S. Palumbo, leur facteur. Cette disparition devient de plus en plus mystérieuse, car ni la participation des habitants de Saint-Paul à une battue citoyenne ni les recherches intensives de la gendarmerie n'ont permis de retrouver la trace de Marie-France V.

1 **Le mari de Marie-France V. a été placé en garde à vue.**

☐ **A.** Vrai ☐ **B.** Faux ☐ **C.** Le texte ne permet pas de le dire

2 **La disparue a au moins 60 ans.**

☐ **A.** Vrai ☐ **B.** Faux ☐ **C.** Le texte ne permet pas de le dire

3 **L'époux de la disparue travaille dans la fonction publique.**

☐ **A.** Vrai ☐ **B.** Faux ☐ **C.** Le texte ne permet pas de le dire

4 **La disparue a utilisé sa carte bancaire.**

☐ **A.** Vrai ☐ **B.** Faux ☐ **C.** Le texte ne permet pas de le dire

5 **L'époux de la disparue est « volubile ».**

☐ **A.** Vrai ☐ **B.** Faux ☐ **C.** Le texte ne permet pas de le dire

6 **Tous les habitants de Saint-Paul ont participé à la battue citoyenne.**

☐ **A.** Vrai ☐ **B.** Faux ☐ **C.** Le texte ne permet pas de le dire

Corrigé

Texte 1 : 1A, 2B, 3B, 4B, 5C, 6C.

Texte 2 : 1B, 2A, 3A, 4B, 5A, 6B.

Texte 3 : 1B, 2B, 3A, 4A, 5A, 6C.

Texte 4 : 1A, 2B, 3B, 4C, 5B, 6A.

Texte 5 : 1B, 2B, 3A, 4C, 5A, 6C.

Texte 6 : 1A, 2B, 3C, 4C, 5C, 6A.

Texte 7 : 1B, 2B, 3B, 4A, 5A, 6B.

Texte 8 : 1A, 2B, 3B, 4B, 5A, 6C.

Texte 9 : 1B, 2C, 3B, 4B, 5A, 6C.

Texte 10 : 1C, 2C, 3B, 4A, 5B, 6A.

Texte 11 : 1B, 2A, 3B, 4C, 5B, 6A.

Texte 12 : 1B, 2B, 3A, 4A, 5A, 6A.

Texte 13 : 1B, 2B, 3B, 4B, 5A, 6C.

Texte 14 : 1C, 2A, 3A, 4A, 5A, 6B.

Texte 15 : 1B, 2A, 3C, 4B, 5A, 6C.

Sujet blanc n° 3

Répondez aux questions suivantes en 40 minutes. Une seule bonne réponse possible à chaque fois.

Texte 1

Les gendarmes de Strasbourg (67) peuvent se targuer d'une belle prise. Deux redoutables trafiquants de drogue ont été interpellés, sans heurts, hier après-midi. En apparence, les deux amis Stéphane P. et Carlos A. semblaient honnêtes. Cependant, ces employés de La Poste se livraient à un trafic rodé. Pendant que le premier ajoutait des colis contenant du cannabis aux paquets de sa tournée, le second récoltait l'argent en vendant les traditionnels calendriers du Nouvel An. Pour la commissaire Argyre, les trafiquants « étaient futés et prudents, ils ne récupéraient les sommes dues par les consommateurs qu'une fois par an, et en liquide, les prendre en flagrant délit a été difficile ! ». Selon les enquêteurs le montant du commerce illicite aurait rapporté 4 millions d'euros. Pourtant, les deux collègues vivaient différemment. L'un dépensait beaucoup d'argent dans des voyages aux États-Unis où il assistait à des matchs de basketball, l'activité préférée de l'autre était les achats en gros chez des discompteurs, pour faire des économies. D'après nos informations, les deux malfaiteurs avaient eu affaire à la justice dans leur jeunesse pour des opérations de vandalisme en d'état d'ébriété sur la voie publique. La commissaire rappelle : « Ces délinquants ont un dossier épais, ils s'amusaient à dégrader des rétroviseurs lors de leurs beuveries. Quand un jeune fait cela, il finit rarement bien ».

1 Les deux postiers dépensent énormément d'argent.

☐ **A.** Vrai ☐ **B.** Faux ☐ **C.** Le texte ne permet pas de le dire

2 Les deux postiers consomment de la drogue.

☐ **A.** Vrai ☐ **B.** Faux ☐ **C.** Le texte ne permet pas de le dire

3 L'un des trafiquants opérait aux États-Unis d'Amérique.

☐ **A.** Vrai ☐ **B.** Faux ☐ **C.** Le texte ne permet pas de le dire

4 L'arrestation des trafiquants a été violente.

☐ **A.** Vrai ☐ **B.** Faux ☐ **C.** Le texte ne permet pas de le dire

5 Les facteurs trafiquants se servaient de la vente de calendriers du nouvel an pour distribuer leurs paquets de cannabis.

☐ **A.** Vrai ☐ **B.** Faux ☐ **C.** Le texte ne permet pas de le dire

6 Les facteurs trafiquants étaient connus de la justice.

☐ **A.** Vrai ☐ **B.** Faux ☐ **C.** Le texte ne permet pas de le dire

TEXTE 2

Il était tard quand les gendarmes sont intervenus dans une impasse déserte de Moulins (Auvergne). Alertées par des riverains, les forces de l'ordre ont séparé un homme, Dominique M. et sa compagne. La jeune femme se plaignait d'insultes, l'homme de violences. La lieutenante D. Paillot résume d'une voix lasse l'épisode : « C'est une banale affaire de mœurs, les cris ont réveillé le voisinage ». Les problèmes domestiques sont légion dans ce quartier, c'est pour cela qu'une association de lutte contre les violences intrafamiliales a vu le jour récemment. Son président J. Villand espère que les hommes et les femmes du quartier viendront nombreux participer aux ateliers mis en place par son association. « Il me semble que de nombreux problèmes peuvent être résolus par le dialogue et par des formations de gestion de la colère, j'y crois fermement », a déclaré M. Villand.

1 **Une association de lutte contre les violences intrafamiliales est présente depuis longtemps dans le quartier.**

☐ **A.** Vrai ☐ **B.** Faux ☐ **C.** Le texte ne permet pas de le dire

2 **L'intervention de la police a eu lieu tôt le matin.**

☐ **A.** Vrai ☐ **B.** Faux ☐ **C.** Le texte ne permet pas de le dire

3 **Dominique M. et sa compagne ont déjà fait intervenir la gendarmerie par le passé.**

☐ **A.** Vrai ☐ **B.** Faux ☐ **C.** Le texte ne permet pas de le dire

4 **J. Villand est le président d'une association de défense des droits civiques.**

☐ **A.** Vrai ☐ **B.** Faux ☐ **C.** Le texte ne permet pas de le dire

5 **L'homme accuse sa compagne de violence.**

☐ **A.** Vrai ☐ **B.** Faux ☐ **C.** Le texte ne permet pas de le dire

6 **La militaire D. Paillot considère que cette affaire de mœurs est banale.**

☐ **A.** Vrai ☐ **B.** Faux ☐ **C.** Le texte ne permet pas de le dire

Texte 3

La discrète commune de Rochefort-en-Terre (56) a vécu un moment singulier et musclé. Dans la nuit de dimanche à lundi, un homme a été interpellé par les gendarmes. La genèse de cette arrestation avec usage de la force remonte à plusieurs semaines, comme le rappelle l'adjudante Géraldine P. : « Madame Laetitia Sererra, connue sous le nom de scène de Larussia l'interprète de « Je t'oublierai », s'est plainte d'être suivie et a aperçu un rôdeur autour de son domicile. Nous avons surveillé le domicile et interpellé ce harceleur alors qu'il tentait de pénétrer par une fenêtre ». L'individu, nommé Loïc V., est connu des services de police et de la chanteuse. En 1998, le tribunal de Grenoble avait accordé à Madame Sererra une injonction d'éloignement de 5 ans contre ce fan obsessionnel.

1 Larussia et Laetitia Sererra sont la même personne.

☐ **A.** Vrai ☐ **B.** Faux ☐ **C.** Le texte ne permet pas de le dire

2 Le harceleur a cherché à s'introduire chez Mme Sererra.

☐ **A.** Vrai ☐ **B.** Faux ☐ **C.** Le texte ne permet pas de le dire

3 L'individu interpellé a déjà été condamné à une injonction d'éloignement.

☐ **A.** Vrai ☐ **B.** Faux ☐ **C.** Le texte ne permet pas de le dire

4 Mme Serrera habite Grenoble depuis 1998.

☐ **A.** Vrai ☐ **B.** Faux ☐ **C.** Le texte ne permet pas de le dire

5 L'individu interpellé voulait cambrioler le domicile de Larussia.

☐ **A.** Vrai ☐ **B.** Faux ☐ **C.** Le texte ne permet pas de le dire

6 Le harceleur s'est rendu sans résister.

☐ **A.** Vrai ☐ **B.** Faux ☐ **C.** Le texte ne permet pas de le dire

TEXTE 4

Le groupement d'intervention de la Gendarmerie nationale (GIGN) est intervenu ce matin dans la ville de Raville (57) au lycée professionnel Champollion. Depuis deux heures, un individu retenait en otage des élèves de première baccalauréat professionnel spécialité aéronautique. L'un d'eux, Ugo V., a réussi courageusement à s'échapper par la fenêtre située au deuxième étage. Il a prévenu immédiatement le proviseur, M. Courbette. Celui-ci a alors contacté le GIGN. Après trois heures de négociations, l'individu, dont on ignore le nom et les motivations, s'est rendu dans le calme.

1 Un professeur retenait ses élèves en otage depuis deux jours.

☐ **A.** Vrai ☐ **B.** Faux ☐ **C.** Le texte ne permet pas de le dire

2 L'individu était armé.

☐ **A.** Vrai ☐ **B.** Faux ☐ **C.** Le texte ne permet pas de le dire

3 Le proviseur a négocié avec l'individu.

☐ **A.** Vrai ☐ **B.** Faux ☐ **C.** Le texte ne permet pas de le dire

4 Un élève s'est échappé et a prévenu le proviseur.

☐ **A.** Vrai ☐ **B.** Faux ☐ **C.** Le texte ne permet pas de le dire

5 Le GIGN n'a pas utilisé la force.

☐ **A.** Vrai ☐ **B.** Faux ☐ **C.** Le texte ne permet pas de le dire

6 L'individu réclamait une rançon de plusieurs millions d'euros.

☐ **A.** Vrai ☐ **B.** Faux ☐ **C.** Le texte ne permet pas de le dire

Texte 5

En plein centre-ville de Marseille, à deux pas du tribunal, la police et l'administration pénitentiaire ont subi un cuisant désaveu. Une trafiquante internationale d'armes a faussé compagnie aux forces de l'ordre, le jour même de son procès. La scène, orchestrée de main de maître, a duré quelques minutes. Deux complices ont fracassé le fourgon blindé qui emprisonnait la détenue. Les deux gangsters sont italiens, ils ont été identifiés. L'enquête et la poursuite des trafiquants ont été confiées à section de recherches (SR) de la gendarmerie départementale des Bouches-du-Rhône. C'est le lieutenant franco-italien Axel Gagliardi qui dirigera et coordonnera les recherches : « Nous avons conscience qu'il sera difficile de retrouver ce trio d'experts du crime, ils ont des réseaux mafieux en Italie, en France, en Tunisie ou encore en Croatie. La police les surveillait. Ils ont réussi à échapper à leur surveillance ». Pour la SR, le plus dur commence.

1 Un gendarme franco-italien dirigera les recherches des trois trafiquants.

☐ **A.** Vrai ☐ **B.** Faux ☐ **C.** Le texte ne permet pas de le dire

2 Le trio de malfaiteurs peut se cacher en Serbie.

☐ **A.** Vrai ☐ **B.** Faux ☐ **C.** Le texte ne permet pas de le dire

3 L'évasion a eu lieu dans le tribunal.

☐ **A.** Vrai ☐ **B.** Faux ☐ **C.** Le texte ne permet pas de le dire

4 L'évasion a longuement été planifiée.

☐ **A.** Vrai ☐ **B.** Faux ☐ **C.** Le texte ne permet pas de le dire

5 Les deux complices sont italiens.

☐ **A.** Vrai ☐ **B.** Faux ☐ **C.** Le texte ne permet pas de le dire

6 De nombreux policiers ont été blessés durant l'évasion.

☐ **A.** Vrai ☐ **B.** Faux ☐ **C.** Le texte ne permet pas de le dire

Texte 6

« C'est la fin d'un terrible cauchemar, je n'en dormais plus, je prenais beaucoup de cachets, j'étais seul, car je n'osais rien avouer à mon épouse ! », cette douloureuse déclaration est celle d'un homme exténué, Cédric S., habitant rural du Poitou. De quel acte indicible ce quadragénaire, fan de *The Rock* et de poésie lyrique, est-il coupable ? Aucun, si ce n'est ce que la bonne société qualifie « d'erreur de jeunesse ». Ce père de famille honnête et travailleur a été victime de chantage numérique. La majore Cohen détaille les grandes lignes de l'affaire : « Le plaignant a reçu un mail lui demandant la somme de 100 000 euros, sous peine d'envoyer à ses collègues, ses amis et sa famille une vidéo compromettante. Heureusement, cette menace n'a pas été exécutée. Mes hommes et moi avons été chargés de l'enquête, nous avons rapidement appréhendé les coupables ». La majore dirige une unité du centre de lutte contre les criminalités numériques (C3N). Le fameux C3N pilote et anime le réseau CYBERGEND, composé de 3 500 gendarmes spécialisés en technologie numérique.

1 **Le C3N lutte contre la cybercriminalité.**

☐ **A.** Vrai ☐ **B.** Faux ☐ **C.** Le texte ne permet pas de le dire

2 **Deux femmes ont tenté d'extorquer 100 000 € à Madame Cohen.**

☐ **A.** Vrai ☐ **B.** Faux ☐ **C.** Le texte ne permet pas de le dire

3 **Cédric S. a été victime de chantage.**

☐ **A.** Vrai ☐ **B.** Faux ☐ **C.** Le texte ne permet pas de le dire

4 **Cédric S. a vu tous les films de *The Rock*.**

☐ **A.** Vrai ☐ **B.** Faux ☐ **C.** Le texte ne permet pas de le dire

5 **Le réseau CYBERGEND comprend 3 500 militaires spécialistes du numérique.**

☐ **A.** Vrai ☐ **B.** Faux ☐ **C.** Le texte ne permet pas de le dire

6 **Les maîtres-chanteurs ont envoyé le fichier compromettant à la famille de Cédric S.**

☐ **A.** Vrai ☐ **B.** Faux ☐ **C.** Le texte ne permet pas de le dire

Texte 7

Les pelotons de gendarmerie de haute montagne (PGHM) ont organisé un trail mixte : la traversée du Mercantour. Le défi réunissait 541 virtuoses de l'Europe entière. La course nature, où les deux sexes se défiaient pour un même podium, a sacralisé, sans surprise, le champion italien Axel Gagliardi. Le natif de Rome est toujours invaincu, il a battu le record précédent (46h10) en bouclant la course en 45h55 minutes. Le Transalpin vise maintenant le record du monde de dénivelé positif en 24h (détenu par le Français Patrick Bohard). Les militaires de haute montagne ont brillé, le brigadier S. Palumbo (47h15) se classe deuxième, la maréchale des logis-cheffe S. Turbin est troisième (48h18), le douanier Julien V. est quatrième (48h24). « Pour nous, c'est l'occasion de présenter les spécialités et spécificités de la gendarmerie, de lancer, et de nous lancer un défi. Il fallait réaliser une course de 220 kilomètres et 13 000 mètres de dénivelé positif, nous espérons un peu de buzz pour créer des vocations militaires ! », a expliqué le brigadier S. Palumbo.

1 Le brigadier Palumbo est franco-italien.

☐ **A.** Vrai ☐ **B.** Faux ☐ **C.** Le texte ne permet pas de le dire

2 Axel Gagliardi détient le record du monde de dénivelé positif.

☐ **A.** Vrai ☐ **B.** Faux ☐ **C.** Le texte ne permet pas de le dire

3 Axel Gagliardi a battu le record de trail de traversée du Mercantour en 45h55.

☐ **A.** Vrai ☐ **B.** Faux ☐ **C.** Le texte ne permet pas de le dire

4 La maréchale des logis-cheffe Turbin est la femme la mieux classée de la course.

☐ **A.** Vrai ☐ **B.** Faux ☐ **C.** Le texte ne permet pas de le dire

5 Patrick Bohard participait au trail du Mercantour.

☐ **A.** Vrai ☐ **B.** Faux ☐ **C.** Le texte ne permet pas de le dire

6 Le record du monde de dénivelé positif est détenu par un Français.

☐ **A.** Vrai ☐ **B.** Faux ☐ **C.** Le texte ne permet pas de le dire

Texte 8

Durant 16 heures, Gagane a mené les gendarmes du Tarn par le bout du museau. Le lévrier s'est enfui de sa maison, à Albi, vendredi matin. Cette fugue a déclenché la détresse de sa maîtresse, Nathalie. Le chien a d'abord été aperçu au bord de l'autoroute 68 par une équipe de patrouilleurs de Vinci qui ont immédiatement prévenu les gendarmes du peloton autoroute. Malgré l'intervention d'une équipe rapide d'intervention (ERI), le canidé a échappé à de multiples reprises aux gendarmes et patrouilleurs. La nuit tombait, les forces de l'ordre redoutaient que l'animal se fasse écraser ou provoque un accident. Cependant, Gagane s'échappait sans cesse, jusqu'à ce que le lieutenant Mekbel, tireur d'élite de la Garde républicaine, croise par hasard ses collègues sur une aire d'autoroute. En pleine nuit, les militaires ont repéré une forme mouvante sur le bas-côté de la bande d'arrêt d'urgence, le lieutenant Mekbel a alors tiré une balle anesthésiante sur l'animal. Sain et sauf, Gagane a pu rejoindre Rouquin, le caniche de Mélanie, l'amie de Nathalie. Ces dernièrs ont chaudement remercié les gendarmes en les conviant à un dîner asiatique.

1 L'équipe rapide d'intervention a réussi à capturer Gagane.

☐ **A.** Vrai ☐ **B.** Faux ☐ **C.** Le texte ne permet pas de le dire

2 Le lieutenant Mekbel, tireur d'élite, a été appelé en urgence pour aider à la capture de Gagane.

☐ **A.** Vrai ☐ **B.** Faux ☐ **C.** Le texte ne permet pas de le dire

3 Rouquin est un caniche qui appartient à Nathalie.

☐ **A.** Vrai ☐ **B.** Faux ☐ **C.** Le texte ne permet pas de le dire

4 Nathalie est d'origine asiatique.

☐ **A.** Vrai ☐ **B.** Faux ☐ **C.** Le texte ne permet pas de le dire

5 Gagane a reçu une balle anesthésiante sur une aire d'autoroute.

☐ **A.** Vrai ☐ **B.** Faux ☐ **C.** Le texte ne permet pas de le dire

6 Ce sont les patrouilleurs de Vinci qui ont repéré les premiers le chien Gagane.

☐ **A.** Vrai ☐ **B.** Faux ☐ **C.** Le texte ne permet pas de le dire

Texte 9

Des injections de toxine botulique pour les lèvres à 100 €, pour les cernes à 200 €, des actes de rhinoplastie par acide hyaluronique à 250 €, ce sont les tarifs très attractifs et étranges proposés par l'école d'esthétique-cosmétique *Gloria* de Roubaix. La praticienne, professeure et dirigeante de l'établissement, Sarah C., assurait toujours elle-même les injections, parfois devant ses élèves de CAP. Or, Sarah C. ne disposait d'aucun diplôme ni d'aucune formation médicale pouvant justifier ces actes médicaux. C'est une patiente mécontente, Mme Lafausse, qui a alerté la gendarmerie : « Mon visage était boursoufflé, mes yeux gonflés ne voyaient plus, j'avais très mal ». L'office central de lutte contre le travail illégal (OCLTI) a dirigé une enquête, dont les conclusions ont été accablantes. Selon le major Raboutet « Madame Sarah C., la propriétaire, n'a pas les qualifications pour ces soins, de plus les produits injectés sont de contrebande et de mauvaise qualité. C'est une certaine Monique qui les lui fournissait, on la recherche activement. C'est navrant de profiter des faiblesses et complexes des autres ».

1 **Mme Lafausse est une cliente de l'école *Gloria*.**

☐ **A.** Vrai ☐ **B.** Faux ☐ **C.** Le texte ne permet pas de le dire

2 **Monique est la propriétaire de l'école d'esthétique.**

☐ **A.** Vrai ☐ **B.** Faux ☐ **C.** Le texte ne permet pas de le dire

3 **Sarah.C a suivi des études de médecine sans les terminer.**

☐ **A.** Vrai ☐ **B.** Faux ☐ **C.** Le texte ne permet pas de le dire

4 **Les tarifs de l'école d'esthétique étaient intéressants.**

☐ **A.** Vrai ☐ **B.** Faux ☐ **C.** Le texte ne permet pas de le dire

5 **Il arrivait que ce soient les élèves de CAP qui injectent le produit aux clientes.**

☐ **A.** Vrai ☐ **B.** Faux ☐ **C.** Le texte ne permet pas de le dire

6 **Les produits injectés sont issus d'un circuit de contrebande.**

☐ **A.** Vrai ☐ **B.** Faux ☐ **C.** Le texte ne permet pas de le dire

TEXTE 10

Samedi, au cœur de Paris, rue de la République, les gendarmes ont aidé le laboratoire central de la préfecture de police de Paris (LCPP) dans la recherche d'un engin explosif. Au numéro 24, se déroulait la troisième rencontre annuelle des jeunes cadres dynamiques (JCD), quand un coup de fil anonyme a annoncé la présence d'un engin explosif en pleine salle de réunion. Derrière la machine à café se cachait un cube noir vrombissant. Le directeur des services, M. Duval, a immédiatement alerté les secours. Après l'évacuation de l'immeuble et la sécurisation des alentours, le LCPP a analysé l'objet suspect. Il s'agissait d'un faux qui ne présentait aucun danger. J. Kervenal, le chef du LCPP, a reconnu être « surpris de la qualité et de la sophistication du faux ». Les enquêteurs cherchent désormais l'auteur de l'appel et espèrent trouver des indices sur la fausse bombe.

1 Un engin explosif a blessé plusieurs personnes dans une réunion à Paris.

☐ **A.** Vrai ☐ **B.** Faux ☐ **C.** Le texte ne permet pas de le dire

2 La JCD avait lieu pour la première fois.

☐ **A.** Vrai ☐ **B.** Faux ☐ **C.** Le texte ne permet pas de le dire

3 Le LCPP est une unité spécialisée de la gendarmerie.

☐ **A.** Vrai ☐ **B.** Faux ☐ **C.** Le texte ne permet pas de le dire

4 L'objet explosif était caché derrière la machine à café.

☐ **A.** Vrai ☐ **B.** Faux ☐ **C.** Le texte ne permet pas de le dire

5 La bombe était factice.

☐ **A.** Vrai ☐ **B.** Faux ☐ **C.** Le texte ne permet pas de le dire

6 M. Duval habite à Paris.

☐ **A.** Vrai ☐ **B.** Faux ☐ **C.** Le texte ne permet pas de le dire

Texte 11

Informatique14, la boutique informatique codétenue par Mr Azoia et Mr Pinheiro, deux élus du conseil municipal de la ville de Bayeux (14), n'ouvrira plus, le rideau de fer restera baissé. Effectivement, les gendarmes enquêteurs du service central des courses et des jeux sont intervenus dans le magasin informatique, mardi, en pleine nuit. Après avoir perquisitionné les lieux, les forces de l'ordre ont trouvé 55 000 € en liquide et 40 machines à sous dissimulées à l'intérieur de jeux d'arcades vintages commercialisés par Mr Azoia. Mr Pinheiro avait créé un programme informatique permettant d'accéder aux machines : « Il fallait taper un code ou réaliser certaines actions pour ouvrir la porte virtuelle menant à la machine à sous. Par exemple, sur le jeu Kick-Off, il fallait choisir l'entraînement, puis cliquer sur trois boutons en dirigeant la manette à droite. En outre, depuis son ordinateur, M. Pinheiro pouvait remettre l'écran factice ! Ce casino illégal a drainé des sommes conséquentes », a expliqué la procureure Samira. Les deux élus ont profité de leur mandat pour détourner l'attention des policiers et bénéficier de subventions municipales. Un membre du conseil municipal témoigne : « Mr Azoia a un don pour obtenir de l'argent public, il avait toujours une idée, un projet ! » Les deux hommes ont été placés en garde à vue.

1 La boutique informatique dissimulait un casino illégal.

☐ **A.** Vrai ☐ **B.** Faux ☐ **C.** Le texte ne permet pas de le dire

2 Mr Azoia et Mr Pinheiro sont députés.

☐ **A.** Vrai ☐ **B.** Faux ☐ **C.** Le texte ne permet pas de le dire

3 Les enquêteurs ont trouvé quarante machines à sous et 55 000 € en liquide.

☐ **A.** Vrai ☐ **B.** Faux ☐ **C.** Le texte ne permet pas de le dire

4 Le magasin informatique ouvrait secrètement la nuit.

☐ **A.** Vrai ☐ **B.** Faux ☐ **C.** Le texte ne permet pas de le dire

5 La procureure Samira estime que l'activité illégale a rapporté peu d'argent.

☐ **A.** Vrai ☐ **B.** Faux ☐ **C.** Le texte ne permet pas de le dire

6 Il fallait jouer uniquement à Kick-Off pour accéder aux machines à sous.

☐ **A.** Vrai ☐ **B.** Faux ☐ **C.** Le texte ne permet pas de le dire

TEXTE 12

Voilà une soirée du 14 février qui finit mal ! Les gendarmes, alertés par un voisin, sont intervenus à 2 heures du matin au Grand-Bourg (23), lors de la soirée de la saint Valentin. « Ils faisaient beaucoup de bruit, je me suis inquiété ! », raconte leur unique voisin, Mr Chapon. Sylvie T. et Yannick G., couple originaire de Bretagne, ont visiblement trop arrosé la soirée. Pour la majore Colliot : « C'est un classique, un verre d'alcool, un deuxième, un troisième… une dispute, on ne se maîtrise plus et tout dérape ! ». Le désaccord a commencé quand l'homme a voulu raconter sa journée, mais a subi le refus de sa compagne. Les trois bouteilles de rhum, les deux de whisky retrouvées vides dans la maison et les dégâts matériels expliquent la suite. « Quand, madame Sylvie T. a refusé de nous obéir et nous a menacés, j'ai procédé à la technique de ceinture basse et à une clé au cou. Il fallait éviter qu'elle se blesse ou ne violente autrui », explique la majore Colliot. Le couple breton a fini sa nuit romantique en cellule de dégrisement.

1 Le couple semble avoir abusé de l'alcool.

☐ **A.** Vrai ☐ **B.** Faux ☐ **C.** Le texte ne permet pas de le dire

2 La major Colliot a dû maîtriser par la force madame Sylvie T.

☐ **A.** Vrai ☐ **B.** Faux ☐ **C.** Le texte ne permet pas de le dire

3 La dispute est due au refus de l'homme d'écouter la journée de sa compagne.

☐ **A.** Vrai ☐ **B.** Faux ☐ **C.** Le texte ne permet pas de le dire

4 Le couple est alcoolique.

☐ **A.** Vrai ☐ **B.** Faux ☐ **C.** Le texte ne permet pas de le dire

5 Sylvie T. et Yannick G. ont habité à Quimper.

☐ **A.** Vrai ☐ **B.** Faux ☐ **C.** Le texte ne permet pas de le dire

6 C'est Mr Chapon qui a alerté la gendarmerie.

☐ **A.** Vrai ☐ **B.** Faux ☐ **C.** Le texte ne permet pas de le dire

TEXTE 13

La route territoriale 20 qui relie Bastia à Ajaccio a été le lieu d'une course-poursuite entre les pilotes de voiture rapide d'intervention de la gendarmerie et un couple (Jean-Pierre et Mia L.) domicilié à Corte. Tout a commencé par une perquisition au domicile du couple qui a révélé une quantité conséquente de faux documents : « cartes d'identité, passeports, certificats de naissance, cartes bleues, chéquiers… tout était parfaitement imité, c'est un travail d'artiste », a commenté la colonelle Émilie T. Pris par surprise, les deux faussaires ont cependant réussi à s'enfuir en passant par une trappe située sous un meuble de la salle de bains. Ils ont immédiatement été pris en chasse par les militaires, mais la puissante Mercédès du couple a mené la vie dure aux gendarmes. Finalement, les sexagénaires ont été arrêtés près de Fiascu. La colonelle Émilie T. se réjouit qu'« on ait réussi à les stopper avant qu'ils ne pénètrent dans le maquis, où ils auraient peut-être pu bénéficier d'aide ». La gendarmerie enquêtait sur le couple depuis leur passage à Aix-en-Provence.

1 **Le coupe a été arrêté dans le maquis corse.**

☐ **A.** Vrai ☐ **B.** Faux ☐ **C.** Le texte ne permet pas de le dire

2 **Les faussaires se sont échappés par une sortie dissimulée dans les toilettes.**

☐ **A.** Vrai ☐ **B.** Faux ☐ **C.** Le texte ne permet pas de le dire

3 **La gendarmerie connaissait le couple depuis leur période à Aix-en-Provence.**

☐ **A.** Vrai ☐ **B.** Faux ☐ **C.** Le texte ne permet pas de le dire

4 **Le travail des faussaires était de mauvaise qualité.**

☐ **A.** Vrai ☐ **B.** Faux ☐ **C.** Le texte ne permet pas de le dire

5 **Le couple réalisait des faux pour les criminels corses.**

☐ **A.** Vrai ☐ **B.** Faux ☐ **C.** Le texte ne permet pas de le dire

6 **Les pilotes de voiture rapide d'intervention de la gendarmerie ont facilement rattrapé les fugitifs.**

☐ **A.** Vrai ☐ **B.** Faux ☐ **C.** Le texte ne permet pas de le dire

TEXTE 14

Ce matin du 15 novembre, à 6 heures, alors qu'ils s'entraînent au bord de La Brague (06) en réalisant leur jogging dominical, l'adjudant-chef V. Goutard et l'adjudant G. Minot entendent des cris affolés. Les deux militaires, qui profitaient de leur jour de repos, se précipitent alors à la rencontre d'un groupe de jeunes, visiblement éméchés, qui regardent le fleuve jouxtant une discothèque. Les gendarmes aperçoivent alors un jeune homme et une jeune femme en train de se noyer. Ni une ni deux, ils se jettent à l'eau et secourent le duo. Heureusement pour ces jeunes, l'adjudant-chef V. Goutard et l'adjuvant G. Minot sont des enquêteurs subaquatiques de la Gendarmerie nationale appartenant à l'une des sept unités « ultramarines ». Ces professionnels sont entraînés à plonger dans des conditions extrêmes. Ils assurent à la fois des missions de police administrative et de police judiciaire. Pris en charge par les sapeurs-pompiers, les jeunes sont sains et saufs. Pour cet acte d'héroïsme, les militaires seront nommés au grade de chevalier de la Légion d'honneur.

1 **Le groupe de jeunes a passé la nuit en discothèque.**

☐ **A.** Vrai ☐ **B.** Faux ☐ **C.** Le texte ne permet pas de le dire

2 **Les enquêteurs subaquatiques assurent des missions de police administrative.**

☐ **A.** Vrai ☐ **B.** Faux ☐ **C.** Le texte ne permet pas de le dire

3 **L'adjudant-chef V. Goutard et l'adjuvant G. Minot étaient en service.**

☐ **A.** Vrai ☐ **B.** Faux ☐ **C.** Le texte ne permet pas de le dire

4 **Les deux jeunes sont tombés à l'eau car ils avaient consommé de l'alcool de manière excessive.**

☐ **A.** Vrai ☐ **B.** Faux ☐ **C.** Le texte ne permet pas de le dire

5 **L'adjudant-chef V. Goutard et l'adjuvant G. Minot recevront la Légion d'honneur.**

☐ **A.** Vrai ☐ **B.** Faux ☐ **C.** Le texte ne permet pas de le dire

6 **Les sapeurs-pompiers ont pris en charge les deux jeunes tombés à l'eau.**

☐ **A.** Vrai ☐ **B.** Faux ☐ **C.** Le texte ne permet pas de le dire

TEXTE 15

Hier, les motocyclistes de la Garde républicaine ont aidé leurs collègues militaires et l'administration pénitentiaire dans l'escorte sensible d'un redoutable gang. Ce gang ciblait des individus richissimes à l'aide d'une combine pour dérober leur argent. « Le nombre d'individus ayant déposé plainte est de 50, mais il y en a certainement le double, car beaucoup ont honte d'avoir été escroqués. Ce gang avait mis en place une arnaque pyramidale qui atténuait la méfiance de ses victimes, car dans un premier temps celles-ci gagnaient de l'argent. Elles investissaient alors de plus en plus, puis se faisaient dépouiller la totalité de leur compte bancaire », a affirmé le juge d'instruction Gogo.

1 Les cibles du gang étaient choisies au hasard.

☐ **A.** Vrai ☐ **B.** Faux ☐ **C.** Le texte ne permet pas de le dire

2 Au total, 50 individus au maximum ont été victimes du gang.

☐ **A.** Vrai ☐ **B.** Faux ☐ **C.** Le texte ne permet pas de le dire

3 Le gang trouvait ses proies sur des sites de bourse en ligne.

☐ **A.** Vrai ☐ **B.** Faux ☐ **C.** Le texte ne permet pas de le dire

4 Le gang mettait en place une arnaque pyramidale.

☐ **A.** Vrai ☐ **B.** Faux ☐ **C.** Le texte ne permet pas de le dire

5 Dans un premier temps, les victimes gagnaient de l'argent.

☐ **A.** Vrai ☐ **B.** Faux ☐ **C.** Le texte ne permet pas de le dire

6 Toutes les victimes du gang sont connues.

☐ **A.** Vrai ☐ **B.** Faux ☐ **C.** Le texte ne permet pas de le dire

Corrigé

Texte 1 : 1B, 2C, 3B, 4B, 5B, 6A.

Texte 2 : 1B, 2B, 3C, 4B, 5A, 6A.

Texte 3 : 1A, 2A, 3A, 4B, 5C, 6B.

Texte 4 : 1B, 2C, 3B, 4A, 5A, 6C.

Texte 5 : 1A, 2C, 3B, 4C, 5A, 6C.

Texte 6 : 1A, 2B, 3A, 4C, 5A, 6B.

Texte 7 : 1C, 2B, 3A, 4A, 5C, 6A.

Texte 8 : 1B, 2B, 3B, 4C, 5B, 6A.

Texte 9 : 1A, 2B, 3C, 4A, 5B, 6A.

Texte 10 : 1B, 2B, 3C, 4A, 5A, 6C.

Texte 11 : 1A, 2B, 3A, 4C, 5B, 6B.

Texte 12 : 1A, 2A, 3A, 4C, 5C, 6A.

Texte 13 : 1B, 2B, 3A, 4B, 5C, 6B.

Texte 14 : 1C, 2A, 3B, 4C, 5A, 6A.

Texte 15 : 1B, 2B, 3C, 4A, 5A, 6B.

LES ÉPREUVES DE SÉLECTION

La lettre de motivation

Conseils pour bien rédiger la lettre de motivation

1. Qu'attend-on de vous ?

- La rédaction d'une lettre de motivation est une des épreuves du concours de gendarme adjoint volontaire (GAV). Lors de votre convocation au centre de sélection, on vous fournira une feuille blanche sans lignes et vous disposerez d'une trentaine de minutes pour rédiger votre lettre.
- Cet exercice sert d'une part à vérifier vos **motivations pour être gendarme adjoint volontaire**, mais aussi à contrôler votre **qualité rédactionnelle** et vos capacités à produire un écrit contraignant de manière organisée, logique et pertinente. La lettre de motivation est un critère de sélection qui permet un premier tri entre les candidats. En effet, certaines lettres sont attractives et d'autres éliminatoires. Il faut donc la préparer et la travailler avec soin.

2. Les qualités d'une lettre de motivation réussie

A. Vos motivations et votre cible

- Vous devez exposer les motivations qui vous poussent à devenir GAV. Votre lettre doit être personnalisée (vous parlez de vous et de votre motivation) et ciblée (vous vous adressez à des professionnels qui doivent avoir envie de travailler avec vous).
- Si votre lettre peut être utilisée pour un autre métier que GAV, alors elle est inadaptée. Détaillez vos motivations et mentionnez vos expériences qui sont en lien ou proches du métier de GAV.
- Pour vous aider à coller au plus près des attentes du concours, lisez avec le plus grand soin la Charte de l'accueil du public et de l'assistance aux victimes et le Code de déontologie de la Police nationale et de la Gendarmerie nationale (flashez les QR Codes dans la marge). Consultez le site de la gendarmerie, lisez les informations du ministère de l'Intérieur, consultez la presse. Il est également conseillé d'entrer en contact avec des gendarmes afin de connaître le métier.

B. Des qualités rédactionnelles

- Votre lettre de motivation doit être **claire**, **bien écrite et organisée** en parties identifiables au premier coup d'œil. Elle doit aussi être séduisante, c'est-à-dire **soignée**. Toute rature, tout changement de police ou de couleur sont rédhibitoires. De même, toutes les fautes d'orthographe ou tous les mauvais usages de la ponctuation sont à proscrire. Soignez la ponctuation en rédigeant des phrases courtes et en utilisant souvent le point (évitez le point-virgule). En n'organisant ou en ne soignant pas votre lettre de motivation, vous passerez pour laxiste, cela n'est pas toléré dans la gendarmerie.

- Enfin, votre lettre de motivation doit être courte et tenir au maximum sur une page. Restez toujours dans un style professionnel.

C. Dites la vérité et restez humble

- Votre lettre de motivation ne doit contenir que des **éléments vrais**. N'inventez rien. Le jury a l'habitude de lire des lettres de motivation et s'il découvre que vous avez menti, vous serez immédiatement éliminé.
- Dans votre lettre, **restez humble**. Ne donnez pas l'impression que vous savez tout, que vous avez tout vu, que vous êtes « le seul valable » pour le poste. Les candidats au concours GAV sont jeunes (de 17 ans à 25 ans), il est logique qu'ils aient peu d'expérience. Vos motivations permettront de vous démarquer des autres.

Les pièges à éviter

– une lettre uniformisée (c'est-à-dire non personnalisée pour le concours GAV) ;
– une lettre désorganisée ;
– une lettre sale ou remplie de fautes ;
– une lettre qui utilise un registre de langue familier, argotique ou des tournures oralisées (le candidat est « super » motivé, il « kiffe » la gendarmerie…) ;
– une lettre vantarde ;
– une lettre mensongère ;
– une lettre qui s'éloigne du registre professionnel (par exemple, le candidat raconte que son grand-père était gendarme) ;
– une lettre trop longue ou trop courte ;
– une lettre qui ne répond pas à la présentation d'une lettre de motivation ;
– une lettre qui mentionne des éléments négatifs (échec à un concours, cursus scolaire raté, infraction, chômage, divorce…).

3. La structure d'une lettre de motivation

- Une lettre de motivation répond à une **structure précise**. Elle est aérée grâce à des sauts de ligne. Des alinéas montrent les changements de sous-parties. Ces alinéas sont réalisés à des moments précis (voir modèles dans les pages qui suivent).
- Une lettre de motivation obéit à une structure précise. Généralement, elle contient les sous-parties suivantes (voir p. 254 des exemples de modèles rédigés).

❶ Coordonnées de l'expéditeur

❷ Coordonnées du destinataire : adresse du centre de sélection

❸ Lieu et date de la rédaction

❹ Objet de la lettre

❺ Madame,
Monsieur, (sans mettre le nom ou la fonction du destinataire)

❻ Une phrase pour dire à quoi on postule
❼ Formation(s), expérience(s) professionnelle(s) en rapport ou non avec le poste
❽ Motivations : compétences que le candidat peut apporter, arguments pour montrer qu'il correspond au profil du poste, anciens emplois en rapport avec le poste, qualités du candidat en rapport avec le poste
❾ Demande d'entretien

❿ Formule de politesse finale (sans mettre le nom du destinataire)

⓫ Signature

4. Entraînez-vous à écrire votre lettre et valorisez vos atouts

A. Entraînez-vous à écrire votre lettre de motivation

- La lettre de motivation est un exercice contraignant et technique. Il est illusoire de penser que vous pourrez la rédiger parfaitement le jour J sans l'avoir préparée avant. Entraînez-vous à la maison à la rédiger et soyez attentifs à :
  – ponctuer correctement les phrases ;
  – bannir toutes les fautes d'orthographe ;
  – éviter les mots parasites, les tournures oralisées ou familières ;
  – varier le vocabulaire ;
  – respecter la structure d'une lettre de motivation.
- Une fois ce travail réalisé, entraînez-vous à le recopier sur une feuille blanche, sans lignes. Écrivez et recopiez régulièrement votre lettre afin d'améliorer votre graphie et de vous habituer à écrire sans lignes. Si vous apprenez par cœur votre lettre, vous gagnerez du temps et du confort pour le jour J.

B. Valorisez vos atouts

- Nous pouvons distinguer deux types d'atouts, ceux liés à vos qualités (persévérance, discipline…) et ceux liés à votre expérience professionnelle.
- Concernant vos qualités, valorisez celles qui correspondent aux attentes et valeurs de la gendarmerie. Vous pouvez donner un ou deux exemples concrets mais pas plus, afin de ne pas tomber dans le piège de transformer votre lettre de motivation en un curriculum vitae (CV). En effet, la lettre de motivation du concours GAV s'axe sur des valeurs générales (l'esprit collectif, la mission de service public…) plutôt que sur des points concrets et détaillés. En revanche, lors de l'entretien individuel, n'hésitez pas à détailler votre parcours et appuyez-vous sur vos qualités en donnant des exemples précis.
- Concernant votre expérience professionnelle, si vous êtes par exemple réserviste civil de la Gendarmerie ou de la Police nationale, il faut absolument intégrer cette expérience dans votre lettre. De même, toutes les expériences ou formations sont à indiquer : formation incendie, baccalauréat professionnel sécurité prévention, attestation de formation aux premiers secours... Si vous n'avez aucune expérience proche du métier de GAV, insistez sur vos qualités et votre attrait pour les valeurs de la gendarmerie.

Exemples de lettres rédigées

1. Exemples de lettres selon l'expérience des candidats

- Voici deux lettres de motivation, la première est l'œuvre d'un candidat de 25 ans, la seconde est celle d'un candidat de 17 ans.
- Le candidat le plus âgé a donc logiquement plus d'expérience et une meilleure formation que le candidat mineur. Sa difficulté est de sélectionner les éléments de ses expériences et d'expliquer pourquoi, à 25 ans, il souhaite devenir GAV.
- Pour le candidat plus jeune, la difficulté est de réaliser une lettre de motivation en ayant peu d'expérience et une formation incomplète. En outre, il doit prouver qu'il connaît le métier, car le jury ne doit pas estimer qu'il s'engage de façon irréfléchie au regard de sa jeunesse.

A. La lettre d'un candidat inexpérimenté

Cédric Serra ❶
8, avenue Juli-Bamby Laféline
98 811 Bélep
N° candidat : 14 031 976

Au centre de sélection Nouvelle-Calédonie ❷
98800 Nouméa

Bélep,
Le 14 mars 2022 ❸

Objet : Candidature pour le concours de gendarme adjoint volontaire ❹

Madame,
Monsieur, ❺

Par la présente, je postule pour le concours de gendarme adjoint volontaire ❻.
Âgé de 17 ans, je détiens le brevet des collèges. ❼ J'envisage mon avenir dans la gendarmerie, car je crois aux missions du service public et à la nécessité de servir l'État. En outre, je suis sensible aux valeurs véhiculées par la gendarmerie. En effet, •••

•••

l'esprit d'équipe, le travail collectif, le service et la protection d'autrui, correspondent à mes attentes, à ma vision d'un emploi tourné vers la protection et l'amélioration du vivre ensemble. De plus, je cherche une première expérience professionnelle valorisante pour ma construction personnelle et professionnelle.

La variété des emplois proposés répond à mon tempérament curieux, à ma volonté de développer et d'enrichir mon expérience et mes savoirs. Curieux, disponible, obéissant, sportif, respectueux de l'autorité et de la hiérarchie, je m'impliquerai avec dynamisme et intérêt dans les tâches qui me seront confiées. Je souhaite ardemment rejoindre la gendarmerie, devenir gendarme adjoint volontaire, je suis particulièrement motivé par ce projet. Je saurai m'adapter à toutes les contraintes et aux obligations inhérentes au travail de gendarme adjoint volontaire. 8

J'espère attirer votre attention et avoir l'occasion d'approfondir avec vous mes motivations lors d'un éventuel entretien. 9

Dans l'attente, je vous prie d'agréer, Madame, Monsieur, mes respectueuses salutations. 10

Cédric Serra
(dessous signature) 11

B. La lettre d'un candidat expérimenté

Carlos Azoia 1
10, rue de la Célébration
97 306 Mana
N° candidat : 30 101 977

Au centre de sélection Guyane 2
97300 Cayenne

Mana,
Le 30 octobre 2022 3

Objet : Candidature pour un poste de gendarme adjoint volontaire 4

Madame,
Monsieur, 5

Par la présente, je propose ma candidature pour un poste de gendarme adjoint volontaire 6.

•••

•••

Âgé de 25 ans, je suis titulaire d'un baccalauréat professionnel spécialité commerce, je détiens également le brevet d'aptitude aux fonctions d'animateur en accueil collectif de mineurs. Durant six ans, j'ai alterné les fonctions de moniteur dans un centre de loisirs, et celle d'employé polyvalent dans un supermarché. Si ces expériences temporaires ont été une première approche de service à autrui, elles n'ont pas totalement comblé mes attentes 7.

En effet, aujourd'hui, je désire être plus utile à la société en servant l'État. Je souhaite m'investir pleinement dans un projet professionnel stable, porteur, à responsabilités, au service de mes concitoyens et de l'ordre public. Pour cela, je veux rejoindre la gendarmerie. Le métier de gendarme adjoint volontaire m'attire par la variété des postes proposés, par sa mobilité, par la vie en collectivité qu'il offre, par l'esprit d'équipe qui y règne. Le prestige de la gendarmerie, son rôle primordial dans la cité et l'affection que lui portent les citoyens français sont, à mes yeux, valorisants et formateurs.

Les responsables de mes expériences professionnelles ont, je pense, apprécié mon respect de la hiérarchie, mon esprit d'équipe, mon autonomie et mon adhésion aux valeurs des structures. En outre, je suis sportif, dynamique, mobile, disponible. J'accepterai toutes les obligations et contraintes du métier de gendarme adjoint volontaire. Ce sont toutes ces qualités et ma motivation que je veux apporter à la gendarmerie en devenant gendarme adjoint volontaire. 8

Je suis à votre entière disposition pour approfondir avec vous mes motivations et expériences, dans un éventuel entretien. 9

Dans l'attente, je vous prie d'agréer, Madame, Monsieur, mes respectueuses salutations. 10

Carlos Azoia

(dessous : signature) 11

C. Les qualités des deux lettres de motivation

- Les deux lettres répondent aux qualités inhérentes à toute lettre de motivation et aux attendus de celle du concours GAV. Elles réussissent des points cruciaux et permettent aux candidats d'être remarqués.
- D'abord, elles montrent que les candidats ont lu et fréquenté avec attention les sites du ministère de l'Intérieur et du site www.lagendarmerierecrute.fr. Ils en ont compris l'esprit général : la gendarmerie est au service de l'État, au service de la protection d'autrui et du respect de l'ordre public. Elle concourt à l'amélioration du vivre ensemble.

- Ensuite, les motivations et l'intérêt des candidats sont palpables. Ils parviennent à lier leurs aspirations au métier de GAV.
- Enfin, ils montrent qu'ils ont conscience de la pénibilité du travail de GAV. Ils signent, par avance, un contrat moral en indiquant accepter les contraintes et les obligations inhérentes au métier de GAV.

2. Un exemple de lettre ratée

Les fautes de la candidate sont corrigées entre crochets.

Madame, Monsieur,

Par cette présente, je souhaite vous exprimer ma motivation pour devenir GAV. Actuellement âgée de 22 ans, en dernière année d'un brevet de technicien supérieur nommée [nommé] « BTS Management en hôtellerie restauration option A management d'unité de restauration (MHR) », possédant un baccalauréat professionnel « cuisine » et également réserviste au sein de la Gendarmerie nationale dans le département de la Gironde (33). Mon cursus scolaire, n'ayant que peu de rapport avec mon projet de carrière au sein de l'entreprise gendarmerie, à [a] était [été] soigneusement créer [créé] pour me permettre de ne pas me retrouver au chômage, par exemple à cause d'un accident, empêchant mon intégration dans la Gendarmerie nationale.

Aujourd'hui, en tant que réserviste, cette activité m'a permis de vivre partiellement mon souhait tout en poursuivant mes études. J'aimerai [j'aimerais], via le GAV, obtenir une immersion absolue au sein de cette institution qui m'attire tant depuis mon plus jeune âge, c'est ma vocation. En tant que gendarme adjointe volontaire, je compte apporté [apporter] tout le soutien aux gendarmes avec qui je travaillerais [je travaillerai] en donnant tout mon sérieux, mon volontarisme, mon dynamisme et professionnalisme à toutes les tâches qui me seront confiées. J'attends de l'institution qu'elle me permette de pouvoir aider, secourir, protéger, autrui dans l'exercice de mes fonctions. À terme, je l'espère, d'un futur contrat de gendarme adjoint volontaire, j'aspire à devenir officière de la gendarmerie.

Dans l'attente de votre réponse, je me tiens à votre entière disposition afin de vous prouver mes motivations. Je vous prie d'agréer l'expression de ma très haute considération.

Dominique Moine

A. Les erreurs sur le fond

Le premier but d'un message écrit ou oral est d'être compréhensible. Ce point est encore plus crucial dans une lettre de motivation. Dans la lettre de Dominique Moine, des défauts compliquent la lecture et la compréhension.

1 - Longueur et construction des phrases

- La longueur des phrases est un défaut majeur. Celles-ci sont trop longues et compliquent la lecture. Ainsi, entre « En tant que gendarme adjoint volontaire… » (l. 15) et « … à toutes les tâches qui me seront confiées » (l. 18), il n'y a qu'une seule phrase, mais elle contient trois verbes conjugués, deux propositions relatives, une proposition participiale et une multitude de virgules. Les phrases sont mal construites et reliées par des conjonctions ou des pronoms qui rendent le tout indigeste.
- Le deuxième défaut est l'absence d'un verbe conjugué à la ligne 2 : « Actuellement âgée de 22 ans… » et à la ligne 6 « … et également réserviste au sein de la Gendarmerie nationale dans le département de la Gironde (33) ». Il s'agit donc d'un ensemble de propositions sans verbes, ce qui est à proscrire.
- Une phrase commence par une majuscule, contient au moins un verbe conjugué à un mode personnel et se termine par un point. Rédigez vos phrases avec au maximum deux verbes conjugués, cela évite les phrases-fleuves qui sont désagréables à lire et à comprendre.

2 - Orthographe et style

- La lettre contient trop de fautes, dont certaines sont rédhibitoires :
  – erreur d'accord du participe passé : « nommée » au lieu de « nommé » (l. 3) ;
  – confusion entre la préposition « à » et le verbe conjugué « a » (l. 8) ;
  – erreur entre le participe passé du verbe « être » et l'imparfait de l'indicatif du même verbe : « était » au lieu de « été » (l. 9).
- Dans la mesure où cette lettre peut être préparée chez vous, ces fautes révèlent un laxisme que l'on ne vous pardonnera pas.
- En outre, la lettre révèle un style lourd et oralisé comme la tournure « qu'elle me permette de pouvoir » (l. 18). Les phrases sont pesantes : « [J'aimerais], via le GAV, obtenir une immersion absolue au sein de cette institution qui m'attire tant depuis mon plus jeune âge, c'est ma vocation » (l. 15). Cet extrait ressemble plus à une conversation orale qu'à un écrit, et c'est à bannir. De plus, le texte contient des mots parasites qui le rendent pompeux : « obtenir une immersion absolue » (l. 14) ne veut rien dire, tout comme le passage « Mon cursus scolaire [a été] soigneusement [créé] » (l. 6-7).
- Certaines formulations sont incorrectes : « aux termes » au lieu de « à terme » (l. 19), « l'entreprise gendarmerie » au lieu de « l'institution » ou « la gendarmerie » (l. 8). Enfin, la candidate utilise le sigle GAV sans donner sa signification. Si ce type de raccourci est parfois permis, il ne l'est qu'après avoir écrit les termes en entier une première fois. Ainsi, si vous écrivez une première fois « Société Nationale des Chemins de fers Français », vous pouvez utiliser ensuite le sigle (SNCF).

Remarque

Dans votre lettre de motivation, nous vous déconseillons d'utiliser le sigle GAV, écrivez en toutes lettres gendarme adjoint volontaire.

3 - Ne pas mettre d'éléments négatifs

La candidate explique que son cursus scolaire « n'a que peu de rapports avec [son] projet de carrière au sein de [la gendarmerie] » (l. 8). Ce point négatif lui nuit. Dans la lettre, il faut relier son expérience au métier de GAV. La candidate aurait dû exprimer dans une phrase ou deux son désir de reconversion sans dénigrer son expérience, en expliquant par exemple ce que cette expérience lui a apporté et ce, même si l'expérience était éloignée du métier de GAV.

B. Les erreurs sur la forme

1 - Formules de politesse

- Au début de la lettre, il faut placer « Madame, Monsieur » tout à gauche et l'un sous l'autre.

Exemples de formulations

Étant donné que la candidate n'est ni l'égale ni la subordonnée du destinataire de la lettre, il est conseillé d'opter pour une formule de politesse respectueuse :
« Je vous prie d'agréer, [Madame, Monsieur], mes respectueuses salutations » ;
« Je vous prie de croire, [Madame, Monsieur], à mes sentiments les plus dévoués » ;
« Je vous prie d'agréer, [Madame, Monsieur], mes respectueuses salutations » ;
« Je vous prie de croire, [Madame, Monsieur], à mes sentiments respectueux et dévoués » ;
« Veuillez croire, [Madame, Monsieur], à mes sentiments les plus respectueux » ;
« Je vous prie d'agréer, [Madame, Monsieur], l'expression de ma haute considération ».

- À la fin de la lettre, il ne faut pas dire : « Je vous prie d'agréer l'expression de ma très haute considération » mais : « Je vous prie d'agréer, Madame, Monsieur, l'expression de ma haute considération ». Là encore, la candidate a employé un mot parasite : l'adverbe « très ». Ce choix rend la formule encore plus pompeuse. Elle a également oublié : « Madame, Monsieur ».

2 - Structure de la lettre

La structure de la lettre est incomplète, elle ne respecte pas tous les éléments indispensables (voir p. 251-252). Cela donne l'impression d'être une accumulation de phrases et non une démonstration rigoureuse. Il n'y a pas de retour à la ligne ni d'alinéas, et la candidate ne saute pas de lignes pour détacher la formulation de politesse du corps de la lettre. Pour rappel, les différentes parties de la lettre doivent être visibles au premier coup d'œil.

Entraînement

Serge Pinheiro
8, cours de Porto
Résidence le Sporting
75011 Paris

Né le 10 juin 1997
Marié, 3 enfants
Permis B
06 87 45 32 10

Objet : Candidature au GAV

Monsieur, Madame,

Ayant terminé mes études avec l'obtention réussie d'un bac pro informatique, j'ai l'honneur de candidater à l'emploi de GAV. J'ai maintenant 24 ans et mon expérience professionnelle est conséquente. Effectivement, j'ai travaillé durant 8 ans pour l'entreprise informatique Inform Dépannage Gagliar Kerne Frey (IDGKF) à Paris et à Rome. Je souhaite, désormais, me reconvertir et devenir GAV.

Depuis mon plus jeune âge, je me suis montré attiré par la gendarmerie. D'abord, parce que mon grand frère Patrick est un super gendarme. Ensuite, parce que je regarde des séries policières, enfin parce que j'apprécie les valeurs de la gendarmerie. Effectivement, le dévouement, l'esprit d'équipe, le respect d'autrui sont des valeurs primordiales pour moi. Je crois fermement au respect de l'ordre public, à l'importance de servir l'État et aux missions du service public. En outre, la gendarmerie offre des emplois variés et dynamiques. Les possibilités d'évolution sont nombreuses, on peut y passer toute une carrière !

J'ai bien conscience que la gendarmerie, ce n'est pas facile tous les jours. En effet, il faut être disponible 24/24 h, en bonne forme physique, mobile et « cool ». Il faut aussi être capable d'entendre les feedbacks de sa hiérarchie. Toutes ces contraintes ne m'effraient pas. Je suis extrêmement motivé, je souhaite devenir GAV. J'espère un enrichissement professionnel et moral de la gendarmerie.

Qu'apporterai-je à l'institution ? J'apporterai ma persévérance, ma loyauté, mon multilinguisme (français, portugais, italien), mon goût de l'effort, mon goût du sport, mon respect d'autrui, ma tolérance, ma patience, ma polyvalence. Ces qualités ont été mises à rude épreuve lors de mon emploi précédent.

Je peux me rendre à une convocation pour un entretien n'importe quand et n'importe où.

En attendant une réponse positive, je vous prie d'agréer, Madame, Monsieur, l'expression de mon extrême considération.

Serge Pinheiro

1 **Indiquez les points positifs et les points négatifs de cette lettre, sur la forme et sur le fond.**

2 **Réécrivez la lettre en améliorant la ponctuation, le style et en ajoutant ou supprimant des phrases. Modifiez également sa structure.**

Corrigé

1 **Les points positifs :**

- L'orthographe est impeccable, les phrases sont maîtrisées grâce à une ponctuation efficace.
- Le candidat argumente et justifie son attrait pour la gendarmerie. Il connaît les contraintes du métier, sa motivation semble réelle. Il insiste sur les valeurs de la gendarmerie : être au service de l'État et d'autrui, assurer l'ordre public.
- Il présente ses qualités et ses atouts.
- Enfin, un effort (malheureusement raté) est réalisé pour structurer la lettre.

Les points négatifs :

- Le candidat utilise le sigle GAV et le diminutif « bac pro ». Le sigle GAV doit être remplacé par « gendarme adjoint volontaire », le diminutif « bac pro » par l'appellation complète : « baccalauréat professionnel ».
- Le registre de langue bascule régulièrement dans le style oralisé : « mon grand frère Patrick est un *super* gendarme », « être disponible *24/24 h* », « J'ai bien conscience que la gendarmerie, *ce n'est pas facile tous les jours !* ». (« Qu'apporterai-je à l'institution ? ») Dans une lettre de motivation, il est interdit de poser une question, ou d'utiliser le point d'exclamation. De même, il convient d'éviter les mots familiers comme « super », les anglicismes comme « feedback », ou les termes qui réunissent les deux : « cool ».
- Le candidat commet une erreur en utilisant le terme « candidater ». Ce verbe n'existe pas. Il faut dire : « être candidat à… », « poser sa candidature pour… », « postuler pour… ».
- Certains passages sont maladroits ou lourds : « je me suis montré attiré », « d'abord, parce que […] Ensuite parce que […] enfin, parce que […] », « je regarde des séries policières » ou « en attendant une réponse positive ».
- À la fin de la lettre, la formulation de politesse est incorrecte et pompeuse : « Je vous prie d'agréer, Madame, Monsieur, l'expression de mon extrême considération ». Il y a des répétitions : « l'obtention réussie ».
- La structure pose également problème. D'abord, dans le corps d'une lettre de motivation (points 6, 7, 8, 9), il ne faut pas sauter des lignes, mais y revenir. Le début de la lettre contient des informations inutiles (numéro de téléphone, situation maritale…), le nom et l'adresse du destinataire sont absents, tout comme le lieu et la date de la rédaction. L'objet est mal rédigé, la formulation : « Candidature au GAV » doit être remplacée par : « Candidature pour le concours de gendarme adjoint volontaire ». L'objet de la lettre doit être à gauche, pas centré. Le nom : « Madame » doit être placé en premier, le nom « Monsieur » en second et en-dessous. Le candidat évoque des éléments privés : son grand-frère « Patrick » qui est gendarme.

2

Serge Pinheiro
8, cours de Porto
Résidence le Sporting
75011 Paris

Au centre de sélection Île-de-France
93 000 La Plaine Saint-Denis

Paris,
Le 4 juillet 2022

Objet : Candidature pour le concours de GAV

Madame,
Monsieur,

Par la présente, je pose ma candidature pour le concours de gendarme adjoint volontaire.

Après des études sanctionnées par un baccalauréat professionnel spécialité informatique, j'ai officié durant huit années comme informaticien dans une entreprise spécialisée en dépannage informatique. Aujourd'hui âgé de 24 ans, je souhaite me reconvertir et intégrer les rangs de la gendarmerie.

L'emploi de gendarme adjoint volontaire m'attire, car j'adhère pleinement aux valeurs de la gendarmerie. Effectivement, le dévouement, l'esprit d'équipe, le respect d'autrui sont des valeurs primordiales. En outre, je crois fermement au respect de l'ordre public, aux missions du service public et à l'importance d'être un serviteur de l'État. Outre la grande variété et le dynamisme des emplois de la gendarmerie, j'apprécie les possibilités d'évolution qui y sont offertes. De plus, j'estime que la gendarmerie peut m'apporter un enrichissement professionnel et personnel. J'y envisage donc toute ma carrière.

Je suis conscient des difficultés, des contraintes et des obligations qu'exige le métier de gendarme adjoint volontaire. Ces dernières ne m'effraient pas, car je suis extrêmement motivé pour rejoindre la gendarmerie. Je saurai m'adapter à toutes les exigences et aux astreintes indissociables du travail de gendarme adjoint volontaire.

Outre mon multilinguisme, je suis loyal, respectueux de la hiérarchie et d'autrui, polyvalent, persévérant, sportif. J'ai aussi, durant mon expérience professionnelle, renforcé mon goût de l'effort et mon aptitude pour réaliser un travail soigné. Ce sont toutes ces qualités et ma motivation que je compte apporter à la gendarmerie en devenant gendarme adjoint volontaire.

J'espère attirer votre attention et avoir l'occasion d'approfondir avec vous mes expériences et motivations lors d'un éventuel entretien.

Dans l'attente, je vous prie d'agréer, Madame, Monsieur, l'expression de ma haute considération.

Serge Pinheiro

CONCOURS BLANC CHRONOMÉTRÉ

Épreuve de tests psychotechniques

Épreuve de connaissances générales

Épreuve de compréhension de textes

Épreuve de tests psychotechniques

40 minutes

Nous vous proposons un concours blanc chronométré. Respectez les contraintes de temps pour vous mettre dans les mêmes conditions que le jour J du concours.

Choisissez l'affirmation qui correspond le mieux à votre personnalité.

1
- ☐ **A.** Je préfère être considéré(e) comme une personne de bon sens.
- ☐ **B.** Je préfère être considéré(e) comme une personne imaginative.

2
- ☐ **A.** J'aime les jeux de rôles.
- ☐ **B.** Je n'aime aucun jeu de société.

3
- ☐ **A.** Je fréquente une bibliothèque au moins deux fois par mois.
- ☐ **B.** Je pratique une activité sportive au moins deux fois par mois.

4
- ☐ **A.** La mobilité professionnelle m'attire.
- ☐ **B.** Je privilégie la sécurité.

5
- ☐ **A.** Je m'inquiète rarement des conséquences de mes actions.
- ☐ **B.** J'évite de prendre des initiatives.

6
- ☐ **A.** Porter un uniforme me rend plus responsable.
- ☐ **B.** Porter un uniforme me gêne.

7
- ☐ **A.** Je sais attendre pour obtenir un résultat.
- ☐ **B.** Je préfère un compromis immédiat pour un résultat imparfait.

8
- ☐ **A.** Dans un groupe, je n'aime pas attirer l'attention.
- ☐ **B.** Dans un groupe, j'aime me faire remarquer.

9
- ☐ **A.** Je suis curieux(se) de toutes les nouveautés technologiques.
- ☐ **B.** Je suis collectionneur(euse).

10
- ☐ **A.** J'aime être seul(e) pour pratiquer une activité manuelle.
- ☐ **B.** J'aime participer à des activités en groupe.

11
- ☐ **A.** Je n'hésite pas à tricher pour prendre l'avantage.
- ☐ **B.** Je suis mauvais(e) joueur(se) et n'aime pas perdre.

12
- ☐ **A.** Je cherche toujours des arguments pour me justifier.
- ☐ **B.** J'ai des difficultés à expliquer mes décisions.

13 ☐ **A.** Je préfère aider des ami(e)s à déménager.
☐ **B.** Je préfère lire au calme.

14 ☐ **A.** L'opinion de mes ami(e) s et de ma famille intervient dans ma prise de décision.
☐ **B.** Je me fie à mon intuition pour prendre une décision.

15 ☐ **A.** Je négocie systématiquement un achat.
☐ **B.** Je paie comptant le prix affiché.

16 ☐ **A.** Je tiens compte des avis de mes réseaux sociaux.
☐ **B.** Je ne me suis jamais inscrit(e) sur les réseaux sociaux.

Choisissez si vous êtes ou non en accord avec les propositions suivantes.

17 Une communication écrite sans faute d'orthographe apparaît plus crédible.
☐ **A.** pas du tout d'accord ☐ **B.** pas d'accord ☐ **C.** assez d'accord
☐ **D.** d'accord ☐ **E.** tout à fait d'accord

18 Savoir planifier son travail est plus important que savoir improviser.
☐ **A.** pas du tout d'accord ☐ **B.** pas d'accord ☐ **C.** assez d'accord
☐ **D.** d'accord ☐ **E.** tout à fait d'accord

19 Travailler dans une ambiance de parité homme/femme apporte de la sérénité.
☐ **A.** pas du tout d'accord ☐ **B.** pas d'accord ☐ **C.** assez d'accord
☐ **D.** d'accord ☐ **E.** tout à fait d'accord

20 La meilleure façon de résoudre un conflit n'est pas toujours de dire la vérité.
☐ **A.** pas du tout d'accord ☐ **B.** pas d'accord ☐ **C.** assez d'accord
☐ **D.** d'accord ☐ **E.** tout à fait d'accord

21 Porter un uniforme dans le cadre de son métier confère une certaine autorité.
☐ **A.** pas du tout d'accord ☐ **B.** pas d'accord ☐ **C.** assez d'accord
☐ **D.** d'accord ☐ **E.** tout à fait d'accord

22 Dans une équipe, il est plus important d'avoir raison que d'être coopératif.
☐ **A.** pas du tout d'accord ☐ **B.** pas d'accord ☐ **C.** assez d'accord
☐ **D.** d'accord ☐ **E.** tout à fait d'accord

23 La liberté doit s'accompagner de règles et de contraintes.
☐ **A.** pas du tout d'accord ☐ **B.** pas d'accord ☐ **C.** assez d'accord
☐ **D.** d'accord ☐ **E.** tout à fait d'accord

24 L'expérience professionnelle est plus importante que le niveau d'étude.

- ☐ **A.** pas du tout d'accord
- ☐ **B.** pas d'accord
- ☐ **C.** assez d'accord
- ☐ **D.** d'accord
- ☐ **E.** tout à fait d'accord

25 Le respect de la vie privé(e) est une exigence primordiale.

- ☐ **A.** pas du tout d'accord
- ☐ **B.** pas d'accord
- ☐ **C.** assez d'accord
- ☐ **D.** d'accord
- ☐ **E.** tout à fait d'accord

26 Il est inutile de faire un compromis car ce n'est qu'une solution insatisfaisante.

- ☐ **A.** pas du tout d'accord
- ☐ **B.** pas d'accord
- ☐ **C.** assez d'accord
- ☐ **D.** d'accord
- ☐ **E.** tout à fait d'accord

27 Il est préférable d'éviter les discussions politiques entre collègues.

- ☐ **A.** pas du tout d'accord
- ☐ **B.** pas d'accord
- ☐ **C.** assez d'accord
- ☐ **D.** d'accord
- ☐ **E.** tout à fait d'accord

28 Il est impératif de dénoncer un collègue en infraction à son supérieur.

- ☐ **A.** pas du tout d'accord
- ☐ **B.** pas d'accord
- ☐ **C.** assez d'accord
- ☐ **D.** d'accord
- ☐ **E.** tout à fait d'accord

29 Le milieu culturel n'intervient pas dans le profil du délinquant.

- ☐ **A.** pas du tout d'accord
- ☐ **B.** pas d'accord
- ☐ **C.** assez d'accord
- ☐ **D.** d'accord
- ☐ **E.** tout à fait d'accord

30 Le port d'une arme n'est pas une réponse à la violence de rue.

- ☐ **A.** pas du tout d'accord
- ☐ **B.** pas d'accord
- ☐ **C.** assez d'accord
- ☐ **D.** d'accord
- ☐ **E.** tout à fait d'accord

31 L'éducation en pensionnat est une bonne façon d'intégrer les jeunes dans la société.

- ☐ **A.** pas du tout d'accord
- ☐ **B.** pas d'accord
- ☐ **C.** assez d'accord
- ☐ **D.** d'accord
- ☐ **E.** tout à fait d'accord

32 Ne pas montrer ses émotions, c'est une règle pour une vie harmonieuse en société.

- ☐ **A.** pas du tout d'accord
- ☐ **B.** pas d'accord
- ☐ **C.** assez d'accord
- ☐ **D.** d'accord
- ☐ **E.** tout à fait d'accord

Choisissez le comportement qui vous correspond le plus parmi les trois proposés.

33

- ☐ **A.** Je réponds immédiatement à mes sms ou mails.
- ☐ **B.** Je ne réponds jamais aux sms ou mail pendant les repas.
- ☐ **C.** J'éteins mon smartphone à des heures précises.

34 Face à la souffrance animale dans les abattoirs :

- ☐ **A.** Je me mobilise.
- ☐ **B.** Je décide de réduire ma consommation de viande.
- ☐ **C.** Je sensibilise mes amis pour agir en commun.

35 Lorsque je suis convaincu d'avoir raison :

- ☐ **A.** Je sais imposer mon avis face aux autres.
- ☐ **B.** Je n'accepte pas de discussion contradictoire.
- ☐ **C.** Je n'écoute pas les autres arguments.

36 Si un de mes proches a commis un délit :

- ☐ **A.** Convaincu de sa sincérité, je l'aide à se protéger.
- ☐ **B.** Malgré mes sentiments, je le dénonce aux autorités.
- ☐ **C.** Je l'accompagne aux autorités pour l'aider à s'expliquer.

37

- ☐ **A.** Je commande des médicaments sur Internet par souci de discrétion.
- ☐ **B.** Je ne commande jamais de médicament sur Internet.
- ☐ **C.** Je commande des médicaments sur Internet pour faire des économies.

38 Un enfant tombe sur la chaussée, percuté par un camion qui ne l'a pas vu. Quelle est ma première réaction ?

- ☐ **A.** Je mets l'enfant en sécurité et appelle les secours.
- ☐ **B.** Je relève le numéro du camion et appelle la gendarmerie.
- ☐ **C.** Je téléphone au SAMU et arrête les autres véhicules.

39 Face à une consigne qui vous semble inadaptée :

- ☐ **A.** Je me fie à mon opinion quitte à ne pas obéir.
- ☐ **B.** J'applique la consigne sans me poser de questions.
- ☐ **C.** J'applique la consigne et demande des explications.

40 Pour me sentir en sécurité, j'ai besoin :

- ☐ **A.** D'être au milieu des autres.
- ☐ **B.** D'être en terrain connu.
- ☐ **C.** D'avoir envisagé toutes sortes de scénarios.

41 Afin de prendre une décision pour une intervention médicale, je choisis :

- ☐ **A.** De consulter mes réseaux sociaux.
- ☐ **B.** De lire la presse et les médias.
- ☐ **C.** De discuter avec des professionnels en qui j'ai confiance.

42

- ☐ **A.** J'éprouve de la difficulté à parler avec un SDF.
- ☐ **B.** Je m'approche spontanément des personnes en difficulté.
- ☐ **C.** Je fais confiance aux systèmes sociaux pour aider.

43 Il m'est conseillé de pratiquer un sport, lequel vais-je choisir ?

- ☐ **A.** Un sport de combat.
- ☐ **B.** Un sport d'équipe.
- ☐ **C.** Un sport d'endurance.

44 Quelle est la première tâche que je choisis de faire ?

- ☐ **A.** Trier les papiers administratifs.
- ☐ **B.** Établir la liste des priorités pour la semaine.
- ☐ **C.** Ranger le bureau.

45 Si vous étiez chef, que trouveriez-vous le plus difficile ?

- ☐ **A.** Sanctionner un collaborateur qui n'a pas rempli ses objectifs.
- ☐ **B.** Choisir un candidat pour un poste.
- ☐ **C.** Reconnaître avoir pris une mauvaise décision.

46

- ☐ **A.** Je suis sensible à l'opinion des autres.
- ☐ **B.** Je préfère ne pas montrer mes émotions.
- ☐ **C.** Je reste d'humeur égale en toute circonstance.

47 Si on ne répond pas immédiatement à l'un de mes courriels ou au téléphone :

- ☐ **A.** Je m'inquiète.
- ☐ **B.** Je pense avoir exprimé quelque chose de désobligeant.
- ☐ **C.** Je refais un appel car j'imagine que mon message n'est pas parvenu.

48 Face à un agent assermenté en uniforme :

- ☐ **A.** Je m'imagine en situation d'infraction.
- ☐ **B.** Je vérifie être en possession de mes papiers.
- ☐ **C.** Je reste serein(e).

49 Avant de prendre une décision professionnelle importante :

- ☐ **A.** Je note toutes les options possibles.
- ☐ **B.** Je demande l'avis de mes proches.
- ☐ **C.** Je prends le temps de me détendre.

50 À la réception d'une lettre officielle :

- ☐ **A.** J'imagine le pire.
- ☐ **B.** Je la range pour la lire plus tard.
- ☐ **C.** Je suis curieux et l'ouvre immédiatement.

Répondez aux questions suivantes.

51 Pardonnez-vous facilement ?

- ☐ **A.** oui
- ☐ **B.** non
- ☐ **C.** sans opinion

52 La hiérarchie est indispensable au bon fonctionnement de la société.

- ☐ **A.** oui
- ☐ **B.** non
- ☐ **C.** sans opinion

53 L'argent est une motivation essentielle.

☐ **A.** oui
☐ **B.** non
☐ **C.** sans opinion

54 La politesse est une forme de respect.

☐ **A.** oui
☐ **B.** non
☐ **C.** sans opinion

55 Ce que je pense se voit sur mon visage.

☐ **A.** oui
☐ **B.** non
☐ **C.** sans opinion

56 Je sais ignorer les insultes.

☐ **A.** oui
☐ **B.** non
☐ **C.** sans opinion

57 Les mots peuvent faire plus de mal que les coups.

☐ **A.** oui
☐ **B.** non
☐ **C.** sans opinion

58 Êtes-vous un(e) confident(e) pour vos proches ?

☐ **A.** oui
☐ **B.** non
☐ **C.** sans opinion

59 La promesse d'une récompense vous motive-t-elle ?

☐ **A.** oui
☐ **B.** non
☐ **C.** sans opinion

60 Pensez-vous que l'addiction soit une maladie ?

☐ **A.** oui
☐ **B.** non
☐ **C.** sans opinion

61 Le diplôme ne remplace pas l'expérience.

☐ **A.** oui
☐ **B.** non
☐ **C.** sans opinion

62 Avez-vous de l'empathie envers les plus démunis ?

☐ **A.** oui
☐ **B.** non
☐ **C.** sans opinion

63 Être inscrit sur les réseaux sociaux vous semble-t-il indispensable ?

- ☐ **A.** oui
- ☐ **B.** non
- ☐ **C.** sans opinion

64 La robotisation vous inquiète-t-elle ?

- ☐ **A.** oui
- ☐ **B.** non
- ☐ **C.** sans opinion

65 Vous savez sourire pour désarmer l'agressivité.

- ☐ **A.** oui
- ☐ **B.** non
- ☐ **C.** sans opinion

66 Savez-vous passer plusieurs jours sans être connecté(e) ?

- ☐ **A.** oui
- ☐ **B.** non
- ☐ **C.** sans opinion

Complétez les phrases suivantes.

67 L'intelligence artificielle pourrait ....

68 Il faut savoir prendre des risques pour ....

69 Le confinement m'a permis de ....

70 Préserver la nature, c'est ....

71 La vidéosurveillance, c'est ....

72 Face à un exploit sportif, je suis ....

73 L'obéissance envers la hiérarchie est ....

74 Pratiquer un sport d'équipe permet de ....

75 Savoir négocier, c'est une compétence utile pour ....

76 Appliquer un protocole, c'est ....

77 Au retour de vacances, je commence par ....

78 Passer du temps à rédiger un compte-rendu, c'est ....

79 Pour éviter le harcèlement, je . . . .

80 Le service civique me paraît . . . .

81 Conduire sans assurance, c'est . . . .

82 Repérer la maltraitance, c'est . . . .

Trouvez un mot à associer.

83 Culture : . . . .

84 Vigilance : . . . .

85 Fraternité : . . . .

86 Respect : . . . .

87 Complicité : . . . .

88 Verbalisation : . . . .

89 Séparatisme : . . . .

90 Puissance : . . . .

91 Dignité : . . . .

92 Ordre : . . . .

93 Politesse : . . . .

94 Restriction : . . . .

95 Bioéthique : . . . .

96 Protocole : . . . .

97 Enquête : . . . .

98 Territoire : . . . .

99 Déclaration : . . . .

100 Casse-tête : . . . .

Épreuve de connaissances générales

30 minutes

Français

1 Complétez la phrase avec la bonne proposition :
« Demain .... le service client. »

☐ **A.** j'apellerai
☐ **B.** j'appellerai
☐ **C.** j'appèlerai
☐ **D.** j'apelerai

2 En géométrie, les droites peuvent être :

☐ **A.** parallèle
☐ **B.** parallèle
☐ **C.** parralele
☐ **D.** parallèles

3 Durant une enquête, le gendarme peut faire appel à un témoin :

☐ **A.** patibulaire
☐ **B.** oculaire
☐ **C.** vernaculaire
☐ **D.** corrolaire

4 Complétez la phrase :
« Jean et Stéphanie ont eu un .... d'ordre financier. »

☐ **A.** différent
☐ **B.** différend
☐ **C.** différand
☐ **D.** different

5 Repérez la faute.

☐ **A.** Patrice as attrapé le ballon.
☐ **B.** Tu as envie d'une glace.
☐ **C.** Il a pris un livre.
☐ **D.** Paul a dormi une heure.

6 Quel terme désigne un amateur de mots croisés ?

☐ **A.** un croiseur
☐ **B.** un intellectuel
☐ **C.** un cruciverbiste
☐ **D.** un hâbleur

7 Quel mot est mal orthographié ?

☐ **A.** bonheure
☐ **B.** fraîcheur
☐ **C.** couleur
☐ **D.** pâleur

8 Quel mot invariable est mal écrit ?

☐ **A.** tout d'abord
☐ **B.** d'une part
☐ **C.** d'autre pard
☐ **D.** néanmoins

9 Quelle est la bonne conjugaison du verbe « vivre » ?

☐ **A.** je vivis
☐ **B.** je viva
☐ **C.** je vécus
☐ **D.** je vivi

10 Quel terme désigne une parole vide de sens ?

☐ **A.** une billevesée
☐ **B.** une billoterie
☐ **C.** une bichenette
☐ **D.** une bide

11 Quel participe passé est mal accordé ?

☐ **A.** J'ai couru toute la journée.
☐ **B.** Toutes les billes ont été rangées dans le tiroir.
☐ **C.** Il y a plein de morceaux de verre dans la chambre, j'en ai ramassés plusieurs.
☐ **D.** J'ai mangé quelques fruits à midi.

12 Repérez la faute.

☐ **A.** bonbon
☐ **B.** embonpoint
☐ **C.** nombreux
☐ **D.** prénon

13 Repérez la faute.

☐ **A.** affection
☐ **B.** accord
☐ **C.** areter
☐ **D.** appétit

14 Repérez la faute.

☐ **A.** Marie et Claire sont au zoo.
☐ **B.** Marie est enrhumée.
☐ **C.** Demain il va faire froid, je prendrai un pull est un short.
☐ **D.** Je suis fatigué et malade.

15 Repérez la faute.

- ☐ **A.** Il faut se méfier de lui, ont ne sait jamais.
- ☐ **B.** Ont-ils répondu au téléphone ?
- ☐ **C.** On tape du pied.
- ☐ **D.** On voit bien qu'ils ont fait exprès.

16 Repérez la faute.

- ☐ **A.** Il n'a pas voulu me donner son nom.
- ☐ **B.** Le son de la radio est trop fort.
- ☐ **C.** Il est parti avec sont agenda.
- ☐ **D.** Ils sont à Angers.

17 Quelle est la bonne orthographe de ce qui désigne quelque chose de court ?

- ☐ **A.** succinct
- ☐ **B.** succind
- ☐ **C.** succaint
- ☐ **D.** succint

18 Quel est le terme qui désigne ce que l'on remet toujours au lendemain ?

- ☐ **A.** prédestination
- ☐ **B.** procrastination
- ☐ **C.** pérégrination
- ☐ **D.** partition

19 Repérez la faute.

- ☐ **A.** Où est mon téléphone ?
- ☐ **B.** Il faut déplacer le canapé où le meuble.
- ☐ **C.** On va dans cette direction ou celle-ci ?
- ☐ **D.** Où va-t-on ?

20 Repérez la faute.

- ☐ **A.** C'est parti !
- ☐ **B.** Elle a pris ces vêtements dans son sac.
- ☐ **C.** Jean a pris ses souliers.
- ☐ **D.** Ce sont des choses intéressantes.

21 Repérez la faute.

- ☐ **A.** Toutes les nuit, c'est pareil, les voisins font du bruit.
- ☐ **B.** Tous les jeunes garçons doivent se présenter en tenue de soirée.
- ☐ **C.** De toute façon, je ne reste pas.
- ☐ **D.** Tout les matins, Patrice fait du sport.

22 Repérez la faute.

- ☐ **A.** Lilia doit aller au travail, elle si rend en voiture.
- ☐ **B.** S'il le veut bien, Ilian ira faire les courses.
- ☐ **C.** Malya va à l'étude, elle s'y rend tous les jours.
- ☐ **D.** Morad est si fatigué, il ne veut rien faire même sur la plage.

23 Repérez la faute.

- ☐ **A.** Le temps est au soleil aujourd'hui mes la pluie arrive demain.
- ☐ **B.** Pourquoi mes affaires sont-elles en désordre ?
- ☐ **C.** Tu peux sortir samedi mais tu devras ranger ta chambre.
- ☐ **D.** Mais où est passé la télécommande ?

24 Repérez la faute.

- ☐ **A.** Laetitia est venue récupérer son téléphone, elle l'as laissé sur la table.
- ☐ **B.** Michael est là devant la porte.
- ☐ **C.** Pourquoi l'as-tu pris ?
- ☐ **D.** Faisons un pari

25 Quelle est la bonne orthographe ?

- ☐ **A.** apocryphe
- ☐ **B.** apocriphe
- ☐ **C.** apocrife
- ☐ **D.** apochrif

26 Quel mot désigne le fait d'être animé par un désir de vengeance ?

- ☐ **A.** combatif
- ☐ **B.** vindicatif
- ☐ **C.** apratif
- ☐ **D.** démagogique

27 Repérez la faute.

- ☐ **A.** un caducée
- ☐ **B.** un mausolée
- ☐ **C.** un scarabé
- ☐ **D.** un lycée

28 Repérez la faute.

- ☐ **A.** un pilotis
- ☐ **B.** une perdrix
- ☐ **C.** un remords
- ☐ **D.** un parcour

29 Quelle phrase n'utilise pas le bon terme ?

- ☐ **A.** Les pauvres vivent dans le dénuement.
- ☐ **B.** Le roi fut détrôné par la collision des ducs.
- ☐ **C.** La finale est un grand événement.
- ☐ **D.** L'avènement du roi est à midi.

30 Repérez la faute.

- ☐ **A.** Il a les yeux verts bleus.
- ☐ **B.** Elle porte des manteaux orange.
- ☐ **C.** Il a redécoré son salon, il a mis des tapis rouge et bleu.
- ☐ **D.** Elle a les yeux bleus.

31 Repérez la faute.

- ☐ **A.** Voilà les fleurs que nous avons cueillies ce matin.
- ☐ **B.** Les vêtements qu'il a acheté sont magnifiques.
- ☐ **C.** Quel responsable as-tu vu ce matin ?
- ☐ **D.** Ils ont emprunté les stylos de Patrick.

32 Repérez la faute.

- ☐ **A.** Cécilia et Ugo se sont souris.
- ☐ **B.** Les affaires se sont succédé.
- ☐ **C.** Ugo et Axel se sont caché les yeux.
- ☐ **D.** Les amis se sont succédé pour me saluer.

33 Quel terme est mal orthographié ?

- ☐ **A.** supination
- ☐ **B.** ordination
- ☐ **C.** réminiscence
- ☐ **D.** arboresence

34 Quelle phrase n'utilise pas le bon terme ?

- ☐ **A.** Il a pris du poids, il a trop forci.
- ☐ **B.** Axel a une inclination pour Joyce Jonathan.
- ☐ **C.** Pas d'alcool ici, c'est prescrit chez nous.
- ☐ **D.** Roberto fait une proposition à Mia.

35 Quel terme n'est pas un mot invariable ?

- ☐ **A.** autrefois
- ☐ **B.** mais
- ☐ **C.** débarrasser
- ☐ **D.** ailleurs

36 Repérez la faute.

- ☐ **A.** J'ai lu une BD et un livre.
- ☐ **B.** Il mange un fruit et un gâteau.
- ☐ **C.** Le concombre n'ait pas un fruit.
- ☐ **D.** Il a pris une banane.

37 Repérez la faute.

- ☐ **A.** Se n'est pas juste.
- ☐ **B.** Il se prend les pieds dans le sable.
- ☐ **C.** Il s'est mis un pansement.
- ☐ **D.** On se promène souvent.

38 Repérez la faute.

- ☐ **A.** Il faut faire de la marche a pied pour rester en forme.
- ☐ **B.** Je vais à la plage.
- ☐ **C.** Nous allons à la piscine.
- ☐ **D.** Je vais au marché.

39 Quelle est la bonne orthographe ?

- ☐ **A.** acceil
- ☐ **B.** acueil
- ☐ **C.** accueil
- ☐ **D.** accueille

40 Complétez la phrase :
« Il faut .... mettre maintenant. »

- ☐ **A.** scie
- ☐ **B.** s'y
- ☐ **C.** ci
- ☐ **D.** si

41 Complétez la phrase :
« Nous avons assez de fruits, inutile .... acheter d'autres. »

- ☐ **A.** d'en
- ☐ **B.** dans
- ☐ **C.** dent
- ☐ **D.** d'ent

42 Complétez la phrase :
« Bien qu'elle .... occupée, elle s'est occupé de tout le monde. »

- ☐ **A.** soi
- ☐ **B.** soie
- ☐ **C.** sois
- ☐ **D.** soit

43 Repérez le verbe mal conjugué.

- ☐ **A.** nous vivrons
- ☐ **B.** nous joindrons
- ☐ **C.** nous pourons
- ☐ **D.** nous aimerons

44 Quel terme est mal orthographié ?

- ☐ **A.** glaçon
- ☐ **B.** passion
- ☐ **C.** saichoir
- ☐ **D.** palace

45 Quel terme désigne une fatigue intense ?

- ☐ **A.** neurasthénie
- ☐ **B.** asthénie
- ☐ **C.** atoplaxie
- ☐ **D.** blennoragie

46 Complétez la phrase :
« Marc .... levé très tôt aujourd'hui. »

- ☐ **A.** sait
- ☐ **B.** s'est
- ☐ **C.** ses
- ☐ **D.** ces

47 Quel terme est mal orthographié ?

- ☐ **A.** cheval
- ☐ **B.** facteur
- ☐ **C.** produit
- ☐ **D.** dantifrice

48 Repérez le verbe mal conjugué.

- ☐ **A.** je joue
- ☐ **B.** on gagne
- ☐ **C.** il perds
- ☐ **D.** nous vaincrons

49 Quel terme est mal orthographié ?

- ☐ **A.** offensif
- ☐ **B.** accorder
- ☐ **C.** afairisme
- ☐ **D.** appuyer

50 Complétez la phrase :
« Michel .... faire ses courses à midi. »

- ☐ **A.** va
- ☐ **B.** vas
- ☐ **C.** vat
- ☐ **D.** vais

Calcul

51 Dans cette brigade de 50 personnes il y a 30 % de femmes. Combien y a-t-il d'hommes ?

- ☐ **A.** 15
- ☐ **B.** 20
- ☐ **C.** 35

52 Un litre de soda contient l'équivalent de 25 morceaux de sucre. Combien de sucre contient un verre de 32 cL ?

- ☐ **A.** 4
- ☐ **B.** 6
- ☐ **C.** 8

53 Quelle est l'écriture en chiffre de : sept cent soixante-treize mille ?

☐ **A.** 70073000
☐ **B.** 7731000
☐ **C.** 773 000

54 Quel est à l'unité près l'arrondi inexact ?

☐ **A.** 0,95 = 1
☐ **B.** 1,81 = 2
☐ **C.** 6,70 = 6

55 Votre prime de 500 € est augmentée de 3 %. Quel est son nouveau montant ?

☐ **A.** 505 €
☐ **B.** 515 €
☐ **C.** 550 €

56 Un carré a une superficie de 64 cm^2. Quelle est la mesure de son périmètre ?

☐ **A.** 16 cm
☐ **B.** 32 cm
☐ **C.** 32 cm^3

57 Quelle est la plus grande longueur ?

☐ **A.** 1,5 m
☐ **B.** 155 cm
☐ **C.** 1 590 mm

58 Quel est le plus petit de ces nombres ?

☐ **A.** 5,502
☐ **B.** 5,025
☐ **C.** 5,052

59 Un sportif a couru 100 m en 10 s. Quelle est sa vitesse moyenne en km/h ?

☐ **A.** 10 km/h
☐ **B.** 36 km/h
☐ **C.** 60 km/h

60 Combien mesure la longueur d'un rectangle dont le périmètre est 60 m et la largeur 10 m ?

☐ **A.** 20 m
☐ **B.** 25 m
☐ **C.** 40 m

61 Quelle est l'écriture en chiffre de : six cent mille douze ?

☐ **A.** 600 000 012
☐ **B.** 600 012
☐ **C.** 610012

62 Quelle est la conversion inexacte ?

☐ **A.** 36 cm = 0,36 m
☐ **B.** 9 hm = 0,9 km
☐ **C.** 3 mm = 0,03 cm

63 Un robinet laisse goutter 1 mL toutes les 5 s. Quel est le volume d'eau perdu en 1 h ?

☐ **A.** 0,72 L
☐ **B.** 7,2 L
☐ **C.** 12 L

64 La production de 420 paquets doit être réduite de 5 %, quelle sera la nouvelle production ?

☐ **A.** 21
☐ **B.** 399
☐ **C.** 400

65 Dans ce club, on dénombre 120 inscrits et 24 hommes. Quel est le pourcentage de femmes ?

☐ **A.** 80 %
☐ **B.** 88 %
☐ **C.** 96 %

66 Le rayon d'un pneu de vélo mesure 25 cm. Quelle est la circonférence du pneu ? (utiliser $\pi = 3$)

☐ **A.** 175 cm
☐ **B.** 1,5 m
☐ **C.** 2 m

67 Le prix de cette marchandise est 15 € le kg. Quel est le prix de 300 g ?

☐ **A.** 4,5 €
☐ **B.** 5 €
☐ **C.** 5,25 €

68 Si le soleil se lève à 6h20 et se couche à 19h30, quelle est la durée de la nuit ?

☐ **A.** 10h09
☐ **B.** 10h50
☐ **C.** 13h10

69 Le prix du billet est de 15 € pour les adultes et les enfants paient demi-tarif. Quel est le coût pour un couple et 3 enfants ?

☐ **A.** 45 €
☐ **B.** 47,50 €
☐ **C.** 52,50 €

70 Une voiture consomme 6 L aux 100 km. Avec 27 L, combien de km peut-elle parcourir ?

☐ **A.** 222,22 km
☐ **B.** 370 km
☐ **C.** 450 km

71 Un candidat doit répondre à 30 questions en 10 min. Quelle est la durée moyenne d'une réponse ?

☐ **A.** 3 s
☐ **B.** 20 s
☐ **C.** 1,33 min

72 Les vacances ont débuté le 25/07 au soir et se sont terminées avec la reprise le 10/08 au matin. Combien de jours ont-elles duré ?

☐ **A.** 14 jours
☐ **B.** 15 jours
☐ **C.** 16 jours

73 Le tarif du péage actuellement de 22 € augmente de 3 %. Quel est le montant de l'augmentation ?

☐ **A.** 0,66 €
☐ **B.** 6 €
☐ **C.** 6,6 €

74 Voici les superficies de trois parcs : 1,5 ha, 25 000 m², 500 ares. Quelle est la superficie totale des trois parcs ?

☐ **A.** 3 150 m^2
☐ **B.** 4,5 ha
☐ **C.** 9 ha

75 À ce concours, 50 candidats sur 2 000 ont été reçus. Quel est le pourcentage de reçus ?

☐ **A.** 2,5 %
☐ **B.** 4 %
☐ **C.** 25 %

CULTURE GÉNÉRALE

76 Le héros de la bataille des Thermopyles, Léonidas, était un général :

☐ **A.** macédonien
☐ **B.** perse
☐ **C.** spartiate

77 En 60 av. J.-C., Crassus et Pompée forment le premier triumvirat avec :

☐ **A.** Auguste
☐ **B.** César
☐ **C.** Cicéron

78 Le pape Urbain II lance la première croisade en :

- ☐ **A.** 695
- ☐ **B.** 1095
- ☐ **C.** 1295

79 Le massacre de la Saint-Barthélémy a lieu en août :

- ☐ **A.** 1572
- ☐ **B.** 1672
- ☐ **C.** 1772

80 La Révolution islamique conduit au renversement du Chah d'Iran en :

- ☐ **A.** 1969
- ☐ **B.** 1979
- ☐ **C.** 1989

81 Santiago est la capitale :

- ☐ **A.** de la Bolivie
- ☐ **B.** du Chili
- ☐ **C.** de la Colombie

82 Les États-Unis n'ont pas de frontières communes avec :

- ☐ **A.** le Brésil
- ☐ **B.** le Canada
- ☐ **C.** le Mexique

83 Le plus long fleuve africain est le :

- ☐ **A.** Congo
- ☐ **B.** Niger
- ☐ **C.** Nil

84 Le volcan « la Soufrière » est situé :

- ☐ **A.** en Guadeloupe
- ☐ **B.** en Martinique
- ☐ **C.** à la Réunion

85 Quel peintre a représenté dans de nombreux tableaux son jardin à Giverny ?

- ☐ **A.** Eugène Boudin
- ☐ **B.** Édouard Manet
- ☐ **C.** Claude Monet

86 Le musée du Prado est situé à :

- ☐ **A.** Lisbonne
- ☐ **B.** Madrid
- ☐ **C.** Rome

87 *Madame Bovary* a été écrit par :

☐ **A.** Balzac
☐ **B.** Flaubert
☐ **C.** Maupassant

88 Victor Hugo publie *Les Misérables* en :

☐ **A.** 1762
☐ **B.** 1802
☐ **C.** 1862

89 La pyramide de Khéops est à base :

☐ **A.** carrée
☐ **B.** octogonale
☐ **C.** ronde

90 Le premier revolver est créé par :

☐ **A.** Beretta
☐ **B.** Colt
☐ **C.** Smith et Wesson

91 Otis invente en 1854 un dispositif de sécurité pour les :

☐ **A.** ascenseurs
☐ **B.** échelles
☐ **C.** machines à vapeur

92 On considère que le fondateur de la médecine est :

☐ **A.** Diogène
☐ **B.** Hippocrate
☐ **C.** Xénophon

93 Qui dans la Constitution française est responsable de la Défense nationale ?

☐ **A.** le président de la République
☐ **B.** le ministre des Armées
☐ **C.** le Premier ministre

94 Le traité fondateur de l'Union européenne est le traité :

☐ **A.** de Florence
☐ **B.** de Rome
☐ **C.** de Venise

95 Combien d'États membres compte l'ONU ?

☐ **A.** 93
☐ **B.** 193
☐ **C.** 293

96 Quelle personnalité française dirige l'UNESCO ?

- ☐ **A.** Audrey Azoulay
- ☐ **B.** Christine Lagarde
- ☐ **C.** Ségolène Royal

97 Combien de personnes ont perdu la vie sur les routes françaises en 2020 ?

- ☐ **A.** 2 550
- ☐ **B.** 3 550
- ☐ **C.** 4 550

98 L'indicateur de fécondité par femme est en France de :

- ☐ **A.** 0,89 enfant
- ☐ **B.** 1,49 enfant
- ☐ **C.** 1,89 enfant

99 Qui présente le journal télévisé de TF1 le midi en semaine ?

- ☐ **A.** Anne-Sophie Lapix
- ☐ **B.** Marie-Sophie Lacarrau
- ☐ **C.** Jean-Pierre Pernaut

100 La France a gagné la coupe du monde de football :

- ☐ **A.** une seule fois
- ☐ **B.** à deux reprises
- ☐ **C.** à trois reprises

Corrigé

Français

1 **Réponse B : j'appellerai.**

2 **Réponse D : parallèles.**

3 **Réponse B : oculaire.**

4 **Réponse B : différend.**

5 **Réponse A : Patrice as attrapé le ballon.**
Il faudrait écrire : « a attrapé ».

6 **Réponse C : un cruciverbiste.**

7 **Réponse A : bonheure.**
Il faudrait écrire : « bonheur ».

8 **Réponse C : d'autre pard.**
Il faudrait écrire : « d'autre part ».

9 **Réponse C : « je vécus ».**

10 **Réponse A : une billevesée.**

11 **Réponse C : Il y a plein de morceaux de verre dans la chambre, j'en ai ramassés plusieurs.**
Il faudrait écrire : « J'en ai ramassé ».

12 **Réponse D : prénon.**
Il faudrait écrire : « prénom ».

13 **Réponse C : areter.**
Il faudrait écrire : « arrêter ».

14 **Réponse C : Demain il va faire froid, je prendrai un pull est un short.**
Il faudrait écrire : « un pull et un short ».

15 **Réponse A : Il faut se méfier de lui, ont ne sait jamais.**
Il faudrait écrire : « on ne sait jamais ».

16 **Réponse C : Il est parti avec sont agenda.**
Il faudrait écrire : « avec son agenda ».

17 **Réponse A : succinct.**

18 **Réponse B : procrastination.**

19 **Réponse B : Il faut déplacer le canapé où le meuble.**
Il faudrait écrire : « le canapé ou le meuble ».

20 **Réponse B : Elle a pris ces vêtements dans son sac.**
Il faudrait écrire « ses vêtements ».

21 **Réponse D : Tout les matins, Patrice fait du sport.**
Il faudrait écrire : « tous les matins ».

22 **Réponse A : Lilia doit aller au travail, elle si rend en voiture.**
Il faudrait écrire « elle s'y rend ».

23 **Réponse A : Le temps est au soleil aujourd'hui mes la pluie arrive demain.**
Il faudrait écrire : « mais la pluie ».

24 **Réponse A : Laetitia est venue récupérer son téléphone, elle l'as laissé sur la table.**
Il faudrait écrire : « elle l'a laissé ».

25 **Réponse A : apocryphe.**

26 **Réponse B : vindicatif.**

27 **Réponse C : un scarabé.**
Il faudrait écrire : « un scarabée ».

28 **Réponse D : un parcour.**
Il faudrait écrire : « un parcours ».

29 **Réponse B : Le roi fut détrôné par la collision des ducs.**
Il faudrait écrire « collusion ».

30 **Réponse A : Il a les yeux verts bleus.**
Il faudrait écrire : « vert bleu ».

31 **Réponse B : Les vêtements qu'il a acheté sont magnifiques.**
Il faudrait écrire : « qu'il a achetés ».

32 **Réponse A : Cécilia et Ugo se sont souris.**
Il faudrait écrire : « se sont souri ».

33 **Réponse D : arboresence.**
Il faudrait écrire : « arborescence ».

34 **Réponse C : Pas d'alcool ici, c'est prescrit chez nous.**
Il faudrait écrire : « c'est proscrit ».

35 **Réponse C : débarrasser.**

36 **Réponse C : Le concombre n'ait pas un fruit.**
Il faudrait écrire : « n'est pas ».

37 **Réponse A : Se n'est pas juste.**
Il faudrait écrire : « Ce n'est pas ».

38 **Réponse A : Il faut faire de la marche a pied pour rester en forme.**
Il faudrait écrire : « marche à pied ».

39 **Réponse C : accueil.**

40 **Réponse B : s'y.**

41 **Réponse A : d'en.**

42 **Réponse D : soit.**

43 **Réponse C : nous pourons.**
Il faudrait écrire : « nous pourrons ».

44 **Réponse C : saichoir.**
Il faudrait écrire : « séchoir ».

45 **Réponse B : asthénie.**

46 **Réponse B : s'est.**

47 **Réponse D : dantifrice.**
Il faudrait écrire : « dentifrice ».

48 **Réponse C : il perds.**
Il faudrait écrire : « il perd ».

49 **Réponse C : afairisme.**
Il faudrait écrire : « affairisme ».

50 **Réponse A : va.**

Calcul

51 **Réponse C : 35.**
Il y a 70 % d'hommes, soit : 50 × 0,7 = 35.

52 **Réponse C : 8.**
1 L = 100 cL. Il s'agit d'une situation de proportionnalité : $\frac{32 \times 25}{100} = 8$.

53 **Réponse C : 773 000.**

54 **Réponse C : 6,70 = 6.**
6,7 s'arrondit à 7 à l'unité près.

55 **Réponse B : 515 €.**
Le nouveau montant représente 103 % de l'ancien : 500 × 1,03 = 515 €.

56 **Réponse B : 32 cm.**
Un côté mesure 8 cm (car 8 × 8 = 64). Le périmètre mesure : 8 × 4 = 32 cm.

57 **Réponse C : 1 590 mm.**
On choisit une unité commune : A = 1,5 m ; B = 1,55 m ; C = 1,59 m.

58 **Réponse B : 5,025.**

59 **Réponse B : 36 km/h.**
100 m = 0,1 km et 1 h = 3 600 s.
Il s'agit d'une situation de proportionnalité : $\frac{3\,600 \times 0,1}{10} = 36$ km.

60 **Réponse A : 20 m.**
Le demi périmètre mesure : 60 : 2 = 30 m.
La longueur : 30 – 10 = 20 m.

61 **Réponse B : 600 000 012.**

62 **Réponse C : 3 mm = 0,03 cm.**
3 mm = 0,3 cm

63 **Réponse A : 0,72 L.**
1 h = 3 600 s
Il s'agit d'une situation de proportionnalité : $\frac{3\,600 \times 1}{5}$ = 720 mL = 0,72 L.

64 **Réponse B : 399.**
La réduction est de 420 × 0,05 = 21.
La nouvelle production est de 420 – 21 = 399 paquets.

65 **Réponse A : 80 %.**
Le pourcentage d'hommes est de : $\frac{24}{120} \times 100$ = 20 %.
Le pourcentage de femmes est de 100 – 20 = 80 %.

66 **Réponse B : 1,5 m.**
Le diamètre du pneu est de : 25 × 2 = 50 cm.
La circonférence est de : 50 × 3 = 150 cm = 1,5 m.

67 **Réponse A : 4,5 €.**
1 kg = 1 000 g
Il s'agit d'une situation de proportionnalité : $\frac{15 \times 300}{1\,000}$ = 4,5 €.

68 **Réponse B : 10h50.**
Une journée compte 24 heures.
La durée du jour est de : 19h30 – 6h20 = 13h10 min.
La durée de la nuit est de 24h – 13h10 = 10h50 min.

69 **Réponse C : 52,50 €.**
Demi-tarif : 15 : 2 = 7,5 €.
Coût pour la famille : 2 × 15 + 3 × 7,5 = 52,50 €.

70 **Réponse C : 450 km.**
Il s'agit d'une situation de proportionnalité : $\frac{27 \times 100}{6}$ = 450 km.

71 **Réponse B : 20 s.**
10 min = 10 × 60 = 600 s.
Durée moyenne : 600 : 30 = 20 s.

72 **Réponse B : 15 jours.**
Du 25 au 31 juillet inclus = 7 jours.
Du 1er au 9 août inclus = 9 jours, soit un total de 15 jours.

73 **Réponse A : 0,66 €.**
L'augmentation est de : 22 × 0,03 = 0,66 €.

74 **Réponse C : 9 ha.**
On convertit en ha : 25 000 m^2 = 2,5 ha – 500 ares = 5 ha.
Le total est de : 1,5 + 2,5 + 5 = 9 ha.

75 **Réponse A : 2,5 %.**
Il s'agit d'une situation de proportionnalité : $\frac{50 \times 100}{2000} = 2,5$ %.

Culture générale

76 **Réponse C : spartiate.**

77 **Réponse B : César.**

78 **Réponse B : 1095.**

79 **Réponse A : 1572.**

80 **Réponse B : 1979.**

81 **Réponse B : du Chili.**

82 **Réponse A : le Brésil.**

83 **Réponse C : Nil.**

84 **Réponse A : en Guadeloupe.**

85 **Réponse C : Claude Monet.**

86 **Réponse B : Madrid.**

87 **Réponse B : Flaubert.**

88 **Réponse C : 1862.**

89 **Réponse A : carrée.**

90 **Réponse B : Colt.**

91 **Réponse A : ascenseurs.**

92 **Réponse B : Hippocrate.**

93 **Réponse C : le Premier ministre.**

94 **Réponse B : de Rome.**

95 **Réponse B : 193.**

96 **Réponse A : Audrey Azoulay.**

97 **Réponse A : 2 550.**

98 **Réponse C : 1,89 enfant.**

99 **Réponse B : Marie-Sophie Lacarrau.**

100 **Réponse B : à deux reprises.**

Épreuve de compréhension de textes

40 minutes

TEXTE 1

Ce matin sur l'île de la Réunion, le jour se lève avec une épaisse brume qui enveloppe une nature préservée. Un couple de jeunes randonneurs est déjà sur la route depuis deux heures. Ils sont plutôt expérimentés, mais ne se doutaient pas que le brouillard en haute montagne sur l'île était aussi intense. En effet, la météo est très changeante et surprend toujours les touristes.

La compagne du jeune homme, Mélanie, professeur d'EPS, qui suivait ses traces, s'est sérieusement blessée à la cheville et ne peut absolument plus marcher. Cédric appelle donc les secours plutôt habitués à ce genre de situation. En effet, le PGHM local (Peloton de la Gendarmerie de Haute Montagne), dirigé depuis 4 ans par le lieutenant Valentin, rompu à ce genre d'interventions qui arrive malheureusement très souvent. Il envoie immédiatement un hélicoptère pour secourir la jeune fille. La veille, ce fut un groupe de jeunes imprudents qui se sont aventurés tard dans la journée en montagne et se sont laissé surprendre par la nuit.

Mélanie est rapidement secourue, elle a en réalité une fracture assez sérieuse. La brigade rappelle au couple les règles de sécurité élémentaires en haute montagne.

1 La météo est à l'origine de l'accident de Mélanie.

☐ **A.** Vrai ☐ **B.** Faux ☐ **C.** Le texte ne permet pas de le dire

2 Le lieutenant Valentin travaille depuis 2 ans au PGHM.

☐ **A.** Vrai ☐ **B.** Faux ☐ **C.** Le texte ne permet pas de le dire

3 La Réunion possède une météo imprévisible.

☐ **A.** Vrai ☐ **B.** Faux ☐ **C.** Le texte ne permet pas de le dire

4 Mélanie s'est fait une fracture du poignet.

☐ **A.** Vrai ☐ **B.** Faux ☐ **C.** Le texte ne permet pas de le dire

5 Les accidents de haute montagne sont fréquents sur l'île de la Réunion.

☐ **A.** Vrai ☐ **B.** Faux ☐ **C.** Le texte ne permet pas de le dire

6 Le couple est verbalisé pour son imprudence après avoir été secouru.

☐ **A.** Vrai ☐ **B.** Faux ☐ **C.** Le texte ne permet pas de le dire

TEXTE 2

Il est 11h30 quand Gérald Loursin ouvre son restaurant sur l'avenue de Gironde dans la banlieue de Strasbourg. Cela fait plusieurs mois que son établissement est fermé à cause des mesures sanitaires en raison de la pandémie de Covid 19. Il a fait de la vente à emporter, mais rien n'y fait, il annonce sur les réseaux sociaux qu'il rouvre l'intérieur du restaurant malgré l'interdiction.
De nombreux habitués se pressent pour passer un moment convivial et retrouver le goût de son andouillette maison préparée par son épouse Jeanine. Le restaurant se remplit très vite mais le restaurateur signifie aux derniers arrivés qu'il souhaite faire respecter un minimum de mesures barrières.
Les attroupements n'échappent pas à la patrouille de police du secteur qui s'arrête pour effectuer un contrôle. Les officiers entrent et interpellent Gérald pour lui signifier qu'il est en infraction et qu'il va être verbalisé. Le patron rouspète et certains clients s'en mêlent. L'un d'eux lance : « Laissez-le travailler le pauvre homme, regardez on respecte les distances de sécurité ! » Une autre cliente nommée Martine, une habituée, dit : « Allez arrêter les bandits et laissez travailler les gens honnêtes ». L'un des officiers hausse le ton et demande aux clients de garder leur calme. Un autre explique à Gérald qu'il peut perdre le soutien financier de l'État à cause de son attitude. Au même moment, l'officier reçoit un projectile sur la tête. Son collègue repère l'origine du jet et interpelle un jeune homme afin de le conduire dehors pour procéder à un contrôle. Celui-ci résiste et refuse de sortir. Il s'agit de Pierre, connu des services de police. Son agressivité monte en puissance : il est donc menotté pour être emmené sous les sifflets de l'assistance attablée.

1 Le restaurant de Gérald est réputé pour servir de bons steak frites.

☐ **A.** Vrai ☐ **B.** Faux ☐ **C.** Le texte ne permet pas de le dire

2 Le restaurant de Gérald est situé dans le centre-ville de Strasbourg.

☐ **A.** Vrai ☐ **B.** Faux ☐ **C.** Le texte ne permet pas de le dire

3 L'une des habituées s'appelle Martine.

☐ **A.** Vrai ☐ **B.** Faux ☐ **C.** Le texte ne permet pas de le dire

4 Le restaurant de Gérald est situé dans le département de la Gironde.

☐ **A.** Vrai ☐ **B.** Faux ☐ **C.** Le texte ne permet pas de le dire

5 Le jeune Pierre qui a un comportement irrespectueux envers la police est connu pour avoir déjà fait de la prison.

☐ **A.** Vrai ☐ **B.** Faux ☐ **C.** Le texte ne permet pas de le dire

6 Les clients applaudissent à la sortie de la police.

☐ **A.** Vrai ☐ **B.** Faux ☐ **C.** Le texte ne permet pas de le dire

Texte 3

Dans la zone industrielle du Carrefour Pompadour à Créteil, les allées et venues se multiplient au niveau des entrepôts où se situe un garde meubles. Plusieurs fois dans la journée, des individus déchargent des marchandises avec des utilitaires imposants. Les commerçants de la zone ont commencé à s'interroger en voyant nombre de leurs clients passer par les boxes et revenir chargés de paquets à leur véhicule.

Michael Bashtraf, gérant de l'enseigne Troifoirien qui vend de multiples objets du quotidien, a compris rapidement ce qui se tramait derrière ces va-et-vient. Il contacte alors la police pour signaler un éventuel trafic. Celle-ci lui confirme que la zone est surveillée et qu'une enquête est en cours. En effet, le commissaire Saadi travaille depuis plusieurs mois sur un réseau qui semble important. La semaine suivante, c'est un vaste coup de filet qui est lancé. 12 personnes sont interpellées et les boxes perquisitionnés. C'est une véritable caverne d'Ali Baba : matériel hifi, ordinateurs, téléphones portables, vêtements de marque, parfums, articles de luxe en tout genre. Tout est saisi. 5 autres personnes sont interpellées à leur domicile.

L'enquête, menée conjointement avec la section cyber du commissariat de Créteil sous l'égide de l'inspecteur Fekri, a mis au jour une vaste escroquerie de fraudes aux cartes bancaires dérobées pour procéder à des achats en ligne dans tout le Val de Marne. Ceux-ci étaient ensuite revendus dans des zones industrielles et sur des sites de vente en ligne. Le commissaire Saadi a déclaré que ces trafics étaient endémiques et que d'autres enquêtes étaient en cours.

1 C'est l'inspecteur Saadi qui est chargé de l'enquête du trafic de marchandises.

☐ **A.** Vrai ☐ **B.** Faux ☐ **C.** Le texte ne permet pas de le dire

2 C'est au total 17 personnes qui sont interpellées.

☐ **A.** Vrai ☐ **B.** Faux ☐ **C.** Le texte ne permet pas de le dire

3 La zone du trafic est située dans le Val de Marne.

☐ **A.** Vrai ☐ **B.** Faux ☐ **C.** Le texte ne permet pas de le dire

4 Dans les objets saisis, la police trouve de faux médicaments.

☐ **A.** Vrai ☐ **B.** Faux ☐ **C.** Le texte ne permet pas de le dire

5 Beaucoup d'objets sont récupérés dans une caverne.

☐ **A.** Vrai ☐ **B.** Faux ☐ **C.** Le texte ne permet pas de le dire

6 L'enquête qui a mené aux arrestations durait depuis 6 mois.

☐ **A.** Vrai ☐ **B.** Faux ☐ **C.** Le texte ne permet pas de le dire

Texte 4

Cela fait maintenant plusieurs heures ce lundi soir que les hurlements et le bruit d'objets renversés se font entendre dans un appartement de la résidence des Canards située dans la banlieue lyonnaise. M. et Mme Maroual n'en peuvent plus. Leur lieu de travail éloigné les oblige à se lever très tôt. Malgré leurs tentatives répétées d'appel au calme, ils se décident à appeler la police.

Ils signalent le nom de leurs voisins qui sont déjà connus du commissariat pour tapage nocturne. Mais à présent, l'affaire est plus grave. M. Piallat, l'ex-mari est sous le coup d'une décision de justice et possède un bracelet anti-rapprochement. Il a été effectivement reconnu de violences volontaires sur son épouse. Malgré cette décision, il est revenu au foyer pour dit-il, voir ses enfants. Son problème d'alcoolisme et de prise de stupéfiants régulière n'arrange pas les choses. L'arrivée rapide d'une patrouille envenime la situation car il refuse d'ouvrir la porte aux agents. L'ex-femme du forcené qui se nomme Nadia K. réussit à déjouer son attention pour laisse entrer les forces de l'ordre. Il est rapidement menotté et emmené au poste. Il a de fortes chances de finir temporairement incarcéré car il s'agit d'un cas de récidive.

1 **M. et Mme Maroual se plaignent de tapage nocturne.**

☐ **A.** Vrai ☐ **B.** Faux ☐ **C.** Le texte ne permet pas de le dire

2 **M. Piallat est un délinquant sexuel**

☐ **A.** Vrai ☐ **B.** Faux ☐ **C.** Le texte ne permet pas de le dire

3 **Nadia K. est protégée par une décision de justice grâce à un bracelet anti éloignement.**

☐ **A.** Vrai ☐ **B.** Faux ☐ **C.** Le texte ne permet pas de le dire

4 **Le couple qui pose problème possède 3 enfants.**

☐ **A.** Vrai ☐ **B.** Faux ☐ **C.** Le texte ne permet pas de le dire

5 **L'ex-mari violent prend de la cocaïne.**

☐ **A.** Vrai ☐ **B.** Faux ☐ **C.** Le texte ne permet pas de le dire

6 **La scène se passe dans le centre de Lyon.**

☐ **A.** Vrai ☐ **B.** Faux ☐ **C.** Le texte ne permet pas de le dire

Texte 5

M. et Mme Deplanche, à la retraite depuis déjà six mois, ont décidé de s'acheter un camping-car afin de découvrir l'Europe. Ils se rendent donc chez le concessionnaire du centre-ville de Meudon où ils ont repéré un modèle d'occasion intéressant qui entre dans leur budget. Après avoir été autorisés à effectuer un essai et essayer de négocier un peu le prix, les époux Deplanche signent le contrat de vente et repartent la tête pleine d'images des futurs voyages qu'ils vont accomplir. D'ailleurs, la vendeuse Mme Jerry s'intéresse beaucoup aux projets de ses clients et aux trajets qu'ils vont effectuer. Les retraités souhaitent descendre à leur rythme dans le sud de la France et aller ensuite en Espagne pour rejoindre le Portugal. Elle précise qu'ils pourront récupérer dès le lendemain leur véhicule, après vérification de points de contrôle.

De retour au domicile, ils prennent le temps d'établir un premier parcours et se renseignent sur les zones accueillant les camping-cars. Le lendemain, ils sont très étonnés de voir la police sonner à leur porte. Le brigadier Melbel leur annonce une mauvaise nouvelle : le camping-car qu'ils ont acheté a été volé. De surcroit, il est possible que du cannabis ait été caché à l'intérieur du véhicule afin d'être récupéré plus tard. Les époux sont sous le choc.

Le brigadier Melbel et son équipe enquêtent effectivement depuis des mois sur un réseau d'escroquerie consistant à vendre des véhicules en tout genre, la plupart du temps volés, afin d'y dissimuler selon le profil des acheteurs de la drogue pour que ceux-ci fassent les « mules », c'est-à-dire les transporteurs. Les escrocs étaient bien organisés car ils installaient des balises GPS dans les sachets de drogue. Le concessionnaire du centre-ville a été perquisitionné, les époux Deplanche vont devoir être patients pour récupérer leur argent.

1 **Deux retraités sont soupçonnés de trafic de drogue.**

☐ **A.** Vrai ☐ **B.** Faux ☐ **C.** Le texte ne permet pas de le dire

2 **Les époux Deplanches veulent acheter un camping-car neuf pour voyager.**

☐ **A.** Vrai ☐ **B.** Faux ☐ **C.** Le texte ne permet pas de le dire

3 **Le trafic de drogue mis à jour par l'équipe du brigadier Melbel est du trafic de cocaïne.**

☐ **A.** Vrai ☐ **B.** Faux ☐ **C.** Le texte ne permet pas de le dire

4 **Mme Jerry, la vendeuse de la concession, était déjà connue des services de police.**

☐ **A.** Vrai ☐ **B.** Faux ☐ **C.** Le texte ne permet pas de le dire

5 **Les époux Deplanche envisageaient de rouler dans le sud jusqu'en Italie.**

☐ **A.** Vrai ☐ **B.** Faux ☐ **C.** Le texte ne permet pas de le dire

6 **La drogue cachée dans les véhicules devait être récupérée par Mme Jerry.**

☐ **A.** Vrai ☐ **B.** Faux ☐ **C.** Le texte ne permet pas de le dire

Texte 6

Il est 17h30 quand des flux d'adolescents sortent du portail principal du lycée Édouard Herriot de Gentilly. Deux jeunes stationnaient aux alentours bien avant la dernière sonnerie de la journée. Ils portent un sac à dos comme la plupart des élèves. Un groupe

de cinq jeunes, trois garçons et deux filles se dirigent vers eux. Ils semblent avoir rendez-vous. L'un des deux sort un paquet de gâteaux de son sac qu'il tend à chacun des autres élèves. Chacun plonge sa main dans le paquet et se sert pour mettre directement la confiserie dans sa poche. Chacun d'eux serre la main en retour du généreux donneur de gâteaux.
Non loin de là, un groupe de policiers en civil surveille la scène et intervient pour interpeller le groupe entier. Ils sont fouillés sur le champ et les agents découvrent dans les poches des adolescents des ballotins contenant de la résine de cannabis et des comprimés d'ecstasy. Les deux vendeurs qui se faisaient passer pour des élèves sont connus des services de police pour de multiples délits. Les agents trouvent 1 200 € en espèces sur eux ainsi que trois sachets de cocaïne. Les trafics de ces produits stupéfiants sont fréquents dans les établissements scolaires.

1 **Deux individus font du trafic de drogue à la sortie d'un collège.**

☐ **A.** Vrai ☐ **B.** Faux ☐ **C.** Le texte ne permet pas de le dire

2 **Des élèves achètent chacun pour 100 € d'ecstasy et de cannabis.**

☐ **A.** Vrai ☐ **B.** Faux ☐ **C.** Le texte ne permet pas de le dire

3 **Les produits vendus sont cachés dans un paquet de bonbons.**

☐ **A.** Vrai ☐ **B.** Faux ☐ **C.** Le texte ne permet pas de le dire

4 **La vente a lieu à l'heure du repas de midi.**

☐ **A.** Vrai ☐ **B.** Faux ☐ **C.** Le texte ne permet pas de le dire

5 **Deux garçons et trois filles sont les acheteurs.**

☐ **A.** Vrai ☐ **B.** Faux ☐ **C.** Le texte ne permet pas de le dire

6 **De l'argent en espèces est trouvé sur les deux individus incriminés.**

☐ **A.** Vrai ☐ **B.** Faux ☐ **C.** Le texte ne permet pas de le dire

Texte 7

Il est 8h lorsqu'un camion-citerne s'arrête sur le bas-côté de la route, le long de la Tardoire, une rivière de Charente. L'endroit est peu fréquenté et très calme, surtout à cette heure de la matinée. Le chauffeur descend de son véhicule et déroule un long tuyau qu'il laisse glisser vers la rivière. Il ouvre les vannes et un liquide jaunâtre s'écoule et se vide dans le cours d'eau. Il jette des coups d'œil répétés autour de lui.
Non loin de là, Roger, se promène comme tous les matins. Il comprend que la situation est anormale. Il appelle la gendarmerie pour signaler ce qu'il se passe. Il a le réflexe de communiquer le numéro de la plaque d'immatriculation et son interlocuteur lui explique qu'ils vont appeler l'OCLAESP qui va intervenir. Il s'agit de l'Office central de lutte contre les atteintes à l'environnement et à la santé publique. Roger est remercié de son intervention rapide car la Tardoire arrose les départements de la Haute Vienne et de la Charente et est limitrophe de la Dordogne. Une équipe du groupe environnement de la division investigations est dépêchée sur place.

1 Un chauffeur déverse dans une rivière des produits issus d'usines pharmaceutiques.

☐ **A.** Vrai ☐ **B.** Faux ☐ **C.** Le texte ne permet pas de le dire

2 La Tardoire coule en Haute Vienne.

☐ **A.** Vrai ☐ **B.** Faux ☐ **C.** Le texte ne permet pas de le dire

3 Roger prend des photos de la scène qui se déroule devant lui.

☐ **A.** Vrai ☐ **B.** Faux ☐ **C.** Le texte ne permet pas de le dire

4 Roger, le témoin de la pollution, est retraité.

☐ **A.** Vrai ☐ **B.** Faux ☐ **C.** Le texte ne permet pas de le dire

5 La gendarmerie locale va contacter l'OPRAESPE pour ce délit de pollution.

☐ **A.** Vrai ☐ **B.** Faux ☐ **C.** Le texte ne permet pas de le dire

6 Le déversement a eu lieu la nuit.

☐ **A.** Vrai ☐ **B.** Faux ☐ **C.** Le texte ne permet pas de le dire

TEXTE 8

Il est 10h20 lorsque les enfants de l'école Étienne Dolet de la banlieue de Saint-Nazaire partent en récréation. Ils crient et se dispersent dans la cour par dizaines. Le professeur des écoles M. Lantachau chargé de la surveillance ce mardi 21 novembre, se place au centre pour surveiller les élèves qui se défoulent. À proximité des sanitaires, un muret surplombe la cour sur lequel passe subitement deux jeunes apparemment très pressés. La jeune Naelle, accompagnée de Salem et Wanda, court vers l'adulte présent et l'interpelle pour lui signaler la présence des deux intrus. Le professeur exaspéré appelle le directeur M. Clopernic. C'est la quatrième fois ces deux derniers mois que, pour échapper à des contrôles de police, des jeunes se faufilent au-dessus du muret pour passer de l'autre côté de la rue.

Une demande a été faite auprès de la municipalité pour fermer l'accès à la cour avec du grillage mais l'installation tarde et l'école a peur pour la sécurité des enfants. Le mois dernier, l'un des jeunes a laissé tomber dans la cour un pochon de résine de cannabis ramassé fort heureusement par un agent de service. Le trafic de drogue reste important aux abords de l'établissement. L'association des parents d'élèves, présidée par Mme Nizardo, est très mobilisée face à cette problématique.

1 L'intrusion dans la cour de récréation a lieu au printemps.

☐ **A.** Vrai ☐ **B.** Faux ☐ **C.** Le texte ne permet pas de le dire

2 Deux jeunes ont sauté dans la cour pour échapper à la police.

☐ **A.** Vrai ☐ **B.** Faux ☐ **C.** Le texte ne permet pas de le dire

3 Le directeur, Mr Lantachau, appelle la police pour signaler l'intrusion.

☐ **A.** Vrai ☐ **B.** Faux ☐ **C.** Le texte ne permet pas de le dire

4 C'est la quatrième fois que l'école est ainsi prise d'assaut sur le muret de la cour.

☐ **A.** Vrai ☐ **B.** Faux ☐ **C.** Le texte ne permet pas de le dire

5 La jeune Naelle a couru prévenir le directeur dès qu'elle a vu les deux jeunes monter sur le muret.

☐ **A.** Vrai ☐ **B.** Faux ☐ **C.** Le texte ne permet pas de le dire

6 Un grillage va être installé dans un mois pour fermer l'accès à la cour.

☐ **A.** Vrai ☐ **B.** Faux ☐ **C.** Le texte ne permet pas de le dire

TEXTE 9

Mélanie passe énormément de temps sur les réseaux sociaux. Elle échange beaucoup de messages et de photos avec ses amis. La veille, elle s'est violemment disputée avec Sandra qui l'a accusée d'avoir courtisé son petit ami. Celle-ci s'est empressée de diffuser cette histoire sur Instagram. Comme Sandra est très populaire, elle a de l'ascendant sur beaucoup d'élèves du lycée Jean Zay dans le centre de Toulouse.
Mélanie vit très mal la situation car tout le monde l'évite désormais et certains se permettent même de l'insulter sur son passage dans les couloirs.
Ses résultats scolaires chutent et son comportement change à la maison. Ses parents sont très inquiets : elle finit par se livrer et expliquer ce qu'il se passe. Une plainte est déposée au commissariat à l'encontre de la jeune Sandra pour harcèlement moral.

1 Mélanie, qui est en classe de première, est harcelée.

☐ **A.** Vrai ☐ **B.** Faux ☐ **C.** Le texte ne permet pas de le dire

2 Sandra accuse Mélanie d'avoir courtisé son petit ami.

☐ **A.** Vrai ☐ **B.** Faux ☐ **C.** Le texte ne permet pas de le dire

3 La police intervient dans l'établissement pour harcèlement.

☐ **A.** Vrai ☐ **B.** Faux ☐ **C.** Le texte ne permet pas de le dire

4 L'histoire de harcèlement se passe dans un lycée parisien.

☐ **A.** Vrai ☐ **B.** Faux ☐ **C.** Le texte ne permet pas de le dire

5 Les messages postés sur les réseaux sociaux sont très suivis.

☐ **A.** Vrai ☐ **B.** Faux ☐ **C.** Le texte ne permet pas de le dire

6 Le lycée s'appelle Charles Nay.

☐ **A.** Vrai ☐ **B.** Faux ☐ **C.** Le texte ne permet pas de le dire

Texte 10

Il est 10h du matin quand Mme Lévêque entend sonner à la porte. Elle aperçoit par la fenêtre trois hommes avec un camion stationné devant son portail. Elle sort devant sa maison pour demander aux individus ce qu'ils veulent. Ceux-ci sont très avenants et expliquent qu'ils ont dans leur camion un stock de bitume à prix coûtant pour tapisser l'entrée de son garage, quelques centaines d'euros sans préciser le montant exact. Elle explique qu'elle pourrait être intéressée mais que son mari est absent et en déplacement à Tours pour la journée. Ils insistent sur le prix intéressant et la rapidité de l'intervention. Ils joignent le geste à la parole et s'empressent d'entamer le travail. Mme Lévêque, désarçonnée, est spectatrice de ce qu'il se passe. En une heure, le sol est lisse et bitumé et les individus réclament 1 500 €. Ils sont insistants et menaçants. La vieille dame cède en ayant l'impression de s'être fait avoir car tout s'est passé très rapidement.

1 Mme Lévêque a établi un devis avant l'intervention des ouvriers.

☐ **A.** Vrai ☐ **B.** Faux ☐ **C.** Le texte ne permet pas de le dire

2 Le bitume sert à tapisser l'entrée de son garage.

☐ **A.** Vrai ☐ **B.** Faux ☐ **C.** Le texte ne permet pas de le dire

3 Mme Lévêque accepte tout de suite la proposition.

☐ **A.** Vrai ☐ **B.** Faux ☐ **C.** Le texte ne permet pas de le dire

4 Son mari est parti travailler à Paris.

☐ **A.** Vrai ☐ **B.** Faux ☐ **C.** Le texte ne permet pas de le dire

5 Le prix de l'intervention est fixé au départ à 400 €.

☐ **A.** Vrai ☐ **B.** Faux ☐ **C.** Le texte ne permet pas de le dire

6 Mme Lévêque refuse de payer.

☐ **A.** Vrai ☐ **B.** Faux ☐ **C.** Le texte ne permet pas de le dire

Texte 11

C'est le début du week-end et Béchir, un résident de la banlieue parisienne, décide de faire un tour avec son épouse Fatima sur sa moto flambant neuve. Il la sort du garage et l'installe devant la porte de son parking, le temps d'aller chercher les casques au fond du garage.

Au même moment, deux jeunes garçons passent dans la rue et aperçoivent la moto sur laquelle les clés ont malencontreusement été oubliées. L'un des deux chevauche l'engin et démarre bruyamment. Il fait signe à son ami de grimper et lui dit distinctement : « Allez viens, on va faire un tour ! »

Shana et Lina, les deux voisines d'en face qui prennent le thé dans leur jardin sont témoins de la scène. Elles préviennent immédiatement Béchir qui appelle la police

et donne une description assez précise de l'accoutrement des deux jeunes, grâce aux témoignages des deux voisines.
La moto est retrouvée en fin de journée, rue des Pivoines, à proximité de la zone industrielle, éraflée sur tout le flanc gauche, mais aucune trace des deux individus.

1 Une moto est volée avec violence sur personne.

☐ **A.** Vrai ☐ **B.** Faux ☐ **C.** Le texte ne permet pas de le dire

2 Béchir a trois filles.

☐ **A.** Vrai ☐ **B.** Faux ☐ **C.** Le texte ne permet pas de le dire

3 La moto volée est une moto de grande marque.

☐ **A.** Vrai ☐ **B.** Faux ☐ **C.** Le texte ne permet pas de le dire

4 Les deux jeunes qui volent la moto sont connus des services de police.

☐ **A.** Vrai ☐ **B.** Faux ☐ **C.** Le texte ne permet pas de le dire

5 La moto est retrouvée le lendemain.

☐ **A.** Vrai ☐ **B.** Faux ☐ **C.** Le texte ne permet pas de le dire

6 La moto a été abimée sur le flanc droit.

☐ **A.** Vrai ☐ **B.** Faux ☐ **C.** Le texte ne permet pas de le dire

TEXTE 12

Mardi 12 avril, la brigade départementale est appelée pour une grave agression au domicile de M. et Mme Falera dans la banlieue de Rennes. La brigade départementale se déplace, accompagnée de deux jeunes gendarmes volontaires adjoints. Le brigadier Thibault arrive dans un secteur pavillonnaire où tout est apparemment calme. Les enfants de la victime sont sur place avec les pompiers qui prodiguent les premiers soins. Il était 18h quand la voisine, Mme Marchal, avait appelé la police, interpellée par les cris qui provenaient de chez ses voisins. Mme Falera est inconsciente, sur le sol. Et M. Falera est très confus et a plusieurs bleus au visage. Il n'arrête pas de répéter que l'un des deux agresseurs lui a dit qu'il méritait ce qui lui arrivait. Les deux GAV sont envoyés faire du porte-à-porte pour interroger les voisins afin de récolter des informations sur les individus entrés apparemment par effraction par la porte du jardin.

1 Les enfants des époux Falera sont deux.

☐ **A.** Vrai ☐ **B.** Faux ☐ **C.** Le texte ne permet pas de le dire

2 Le brigadier Talbaut est envoyé sur place.

☐ **A.** Vrai ☐ **B.** Faux ☐ **C.** Le texte ne permet pas de le dire

3 Deux GAV s'occupent de l'enquête de voisinage.

☐ **A.** Vrai ☐ **B.** Faux ☐ **C.** Le texte ne permet pas de le dire

4 Mme Maréchal, la voisine, a appelé les secours.
☐ **A.** Vrai ☐ **B.** Faux ☐ **C.** Le texte ne permet pas de le dire

5 L'agression a eu lieu au mois de mai.
☐ **A.** Vrai ☐ **B.** Faux ☐ **C.** Le texte ne permet pas de le dire

6 Le brigadier a interpellé l'un des deux malfrats.
☐ **A.** Vrai ☐ **B.** Faux ☐ **C.** Le texte ne permet pas de le dire

TEXTE 13

À la sortie du lycée Saint-Exupéry, la veille des grandes vacances scolaires, certains élèves se sont malheureusement distingués de la plus mauvaise des manières. En effet, un groupe d'élèves du lycée de la ville voisine leur a donné rendez-vous pour en découdre. Cinq de ces jeunes étaient équipés de barres de fer et de bombes lacrymogènes. Il semblerait que l'origine du conflit soit un vol de scooter tout neuf qui a dégénéré.
La rixe qui éclate entraîne des dégâts : deux véhicules de particuliers sont abîmés et la grille du lycée est endommagée. Des jeunes qui n'avaient rien à voir avec cette histoire sont aussi blessés.
Le proviseur du lycée, M. Robegruick, appelle une patrouille de police qui se rend sur place. Elle identifie trois jeunes, déjà connus des services de police. L'un d'entre eux a été détenu et ne semble pas s'être assagi.

1 La rixe a lieu dans un lycée de banlieue.
☐ **A.** Vrai ☐ **B.** Faux ☐ **C.** Le texte ne permet pas de le dire

2 Des jeunes se sont battus à cause d'une histoire de vol.
☐ **A.** Vrai ☐ **B.** Faux ☐ **C.** Le texte ne permet pas de le dire

3 Le proviseur a reconnu trois élèves connus des services de police.
☐ **A.** Vrai ☐ **B.** Faux ☐ **C.** Le texte ne permet pas de le dire

4 La bagarre a blessé des gens qui n'avaient rien à voir avec l'histoire.
☐ **A.** Vrai ☐ **B.** Faux ☐ **C.** Le texte ne permet pas de le dire

5 Des battes de baseball ont été utilisées lors de la bagarre.
☐ **A.** Vrai ☐ **B.** Faux ☐ **C.** Le texte ne permet pas de le dire

6 Le nom du lycée est Paul Valéry.
☐ **A.** Vrai ☐ **B.** Faux ☐ **C.** Le texte ne permet pas de le dire

TEXTE 14

La brigade fluviale de la Seine a fait une découverte assez surprenante ce jeudi 24 septembre au cours d'une patrouille de routine au niveau du pont de l'Alma à Paris. Des paquets suspects ont été repérés à proximité de l'un des piliers. Le brigadier Valentin, qui exerce depuis cinq ans sur la fluviale après avoir évolué 10 ans dans la gendarmerie mobile, est très étonné de sa découverte. Avec l'aide de son équipier, le brigadier Manivoz, ils remontent quatre petits paquets sur lesquels sont arrimés de petites bouées. Ils ouvrent les paquets et leur intuition est bonne, ils découvrent des pavés de cocaïne extrêmement bien emballés. Ils appellent le PC contact et l'informent de leur découverte. La veille, une patrouille de police était intervenue au niveau du pont et on suppose que l'un des fuyards a dissimulé les ballots sont le pont. Le brigadier constate qu'il y a environ 20 kilogrammes de marchandises, ce qui est une saisie importante.

1 **La brigade fluviale dont il est question est composée de deux brigadiers.**

☐ **A.** Vrai ☐ **B.** Faux ☐ **C.** Le texte ne permet pas de le dire

2 **Une importante saisie de drogue est réalisée.**

☐ **A.** Vrai ☐ **B.** Faux ☐ **C.** Le texte ne permet pas de le dire

3 **Le brigadier Manivoz exerçait avant dans la gendarmerie mobile.**

☐ **A.** Vrai ☐ **B.** Faux ☐ **C.** Le texte ne permet pas de le dire

4 **La patrouille se trouve sur le Rhône.**

☐ **A.** Vrai ☐ **B.** Faux ☐ **C.** Le texte ne permet pas de le dire

5 **Le brigadier Valentin est le chef des opérations.**

☐ **A.** Vrai ☐ **B.** Faux ☐ **C.** Le texte ne permet pas de le dire

6 **Les paquets de cocaïne sont trouvés à proximité d'un pont.**

☐ **A.** Vrai ☐ **B.** Faux ☐ **C.** Le texte ne permet pas de le dire

TEXTE 15

L'adjudant Macbel vient de prendre sa retraite. Il a exercé son métier de gendarme pendant près de 40 ans. Aucune monotonie dans son parcours. Aussitôt après avoir été reçu officier, il est parti en outre-mer plusieurs années, d'abord à la Réunion, puis en Guadeloupe en brigade maritime. Il est ensuite revenu en métropole pour exercer en brigade dans le Lot.

Il séjourne à présent dans un petit village à 50 km de Montpellier. Depuis son installation, il est intrigué par la circulation régulière de grandes berlines, ce qui est plutôt inhabituel dans le secteur. L'adjudant n'est plus en service, mais il n'oublie pas qu'il demeure au service de la population et qu'il se doit de signaler ce qui est suspect. Il contacte alors la brigade de gendarmerie la plus proche pour rendre compte de ce qu'il a vu. Il s'est avéré qu'un trafic de voitures volées sévissait dans la région depuis plusieurs mois.

1 Un trafic de voiture est démantelé suite à un signalement dans le sud de la France.

☐ **A.** Vrai ☐ **B.** Faux ☐ **C.** Le texte ne permet pas de le dire

2 L'adjudant qui a repéré le trafic est à la retraite depuis 3 ans.

☐ **A.** Vrai ☐ **B.** Faux ☐ **C.** Le texte ne permet pas de le dire

3 L'adjudant Macbel a fait toute sa carrière en métropole.

☐ **A.** Vrai ☐ **B.** Faux ☐ **C.** Le texte ne permet pas de le dire

4 L'adjudant passe sa retraite dans le Lot.

☐ **A.** Vrai ☐ **B.** Faux ☐ **C.** Le texte ne permet pas de le dire

5 Montpellier est la ville d'origine de l'adjudant.

☐ **A.** Vrai ☐ **B.** Faux ☐ **C.** Le texte ne permet pas de le dire

6 L'adjudant intervient sur le terrain pour démanteler le trafic.

☐ **A.** Vrai ☐ **B.** Faux ☐ **C.** Le texte ne permet pas de le dire

Corrigé

Texte 1 : 1C, 2B, 3A, 4B, 5A, 6B.

Texte 2 : 1B, 2B, 3A, 4B, 5C, 6B.

Texte 3 : 1B, 2A, 3A, 4B, 5B, 6C.

Texte 4 : 1A, 2C, 3A, 4C, 5C, 6B.

Texte 5 : 1B, 2B, 3B, 4C, 5B, 6C.

Texte 6 : 1B, 2C, 3B, 4B, 5B, 6A.

Texte 7 : 1C, 2A, 3B, 4C, 5B, 6B.

Texte 8 : 1B, 2A, 3B, 4A, 5B, 6C.

Texte 9 : 1C, 2A, 3B, 4B, 5A, 6B.

Texte 10 : 1B, 2A, 3B, 4B, 5C, 6B.

Texte 11 : 1B, 2C, 3C, 4C, 5B, 6B.

Texte 12 : 1C, 2B, 3A, 4B, 5B, 6B.

Texte 13 : 1C, 2A, 3B, 4A, 5C, 6B.

Texte 14 : 1A, 2A, 3C, 4B, 5C, 6A.

Texte 15 : 1A, 2B, 3B, 4B, 5C, 6B.

N° projet : 10279852 - Dépôt légal : Janvier 2022
Achevé d'imprimer en Décembre 2021 en Italie par L.E.G.O. S.p. A., Lavis (TN)